de la guerre

Directeur de la rédaction et rédacteur en chef :
Jean Lopez
Directeur éditorial :
Christophe Parry
Conception graphique :
Bertrand Le Port pour **Bleu Petrol**
Secrétaire de rédaction :
Pierre-André Orillard
Service photo :
Stéphane Dubreil
Chef de fabrication :
Carol Recouvreur

Ont collaboré à ce numéro :
Nicolas Aubin, Vincent Bernard, Frédéric Bey, Benoist Bihan, Hervé Borg, Emmanuel de Crouy-Chanel, Pascale Desclos, Emmanuel Deslouis, Michel Goya, Édouard Groult, Pierre Grumberg, Emmanuel Hecht, Alexandre Jubelin, Lasha Otkhmezuri, Julien Peltier, Maxime Petitjean, Antoine Reverchon, Jacques Semelin, Valérie Toureille

92, avenue de France
75013 Paris
Tél. : 01 44 16 08 00

ISBN : 978-2-262-09754-7
Dépôt légal : mai 2022

Chers lecteurs

Voici le deuxième opus de *De la guerre*. Du précédent, il conserve l'éclectisme des sujets ainsi que le foisonnement des modes de traitement – infographies, cartes, portfolio, interview posthume, etc. –, la qualité des textes, la sobriété de la mise en page. Bref, il demeure un mook, un livre-magazine si l'on préfère.

Il innove en outre sur trois points.

Premièrement, il est vendu exclusivement en librairie, et non plus en kiosque ET en librairie.

Ensuite il grossit, passant de 164 à 216 pages, ce qui explique d'ailleurs qu'il devienne annuel plutôt qu'un semestriel comme annoncé : il faut en effet plus de temps pour collecter, auprès des meilleurs spécialistes, et mettre en forme les 24 contributions ici rassemblées.

En troisième lieu, ce numéro 2 s'ouvre à de nouvelles approches du fait guerrier et militaire. Le premier article – « L'odyssée du *San Pedro* » – se veut ainsi une description quasi sensorielle du combat maritime au début du XVIIe siècle. L'auteur, Alexandre Jubelin, faisant fond sur l'énorme corpus factuel rassemblé pour sa thèse, nous place de plain-pied dans une situation faite d'attente angoissée, de manœuvres savantes et d'une longue, très longue heure de terreur absolue. Une autre section, intitulée « Album photo », traite de la légende du général Bigeard sous la forme d'un album. En réalité, chaque pose a été voulue, ou tout au moins sélectionnée, par ce diable d'homme qui fut aussi le premier communicant de l'armée française et celui qui a voulu en donner une nouvelle image en la forgeant… à son image. Emmanuel Hecht, pour sa part, a mis ses pas, et sa plume élégante, sur les sentiers des montagnes du nord de la Grèce, où il est allé chercher traces et souvenirs des poilus d'Orient, ces soldats en kaki qui ont remporté la victoire la plus nette – et peut-être, stratégiquement, la plus féconde – de la Première Guerre mondiale. Lasha Otkhmezuri a ramené un souvenir de Rome où le curieux comportement d'un groupe de rabbins sous l'arc de Titus a déclenché en lui une méditation sur les conséquences sismiques de la destruction du Second Temple de Jérusalem par les légions romaines. La très humiliante fin de l'intervention française au Mali nous rappelle que notre armée demeure surengagée, voire surexposée, et que porter l'uniforme se fait toujours au risque majeur : Michel Goya démonte ainsi les ressorts de l'embuscade d'Uzbin, en Afghanistan, qui coûta la vie à dix jeunes Français.

Enfin, le dossier ouvre un chapitre à la fois ancien et contemporain, celui des femmes-soldats. Ancien dans la mesure où, de tout temps, des femmes ont combattu les armes à la main. Mais c'était l'exception, souvent jugée contre-nature. Contre-nature, qu'est-ce à dire ? Historiens et anthropologues interrogés ne sont pas à l'unisson. Certains présentent l'affaire comme un tabou majeur de l'espèce, d'autres comme le simple résultat de la domination masculine. Même aujourd'hui, alors que, dans la plupart des armées modernes, l'on approche du seuil des 20 % de femmes dans les armées, les réticences à leur emploi dans les unités de combat ne sont pas toutes levées. Pourtant, les exemples, abondamment cités dans ce dossier, des femmes soviétiques – russes comme ukrainiennes – et des femmes kurdes, issues d'une société ô combien patriarcale, donnent à penser que, lorsque nécessité fait loi, les tabous, ou soi-disant tels, ne pèsent plus grand-chose.

Excellente lecture,

Jean Lopez
DIRECTEUR DE LA RÉDACTION

de la guerre

Sommaire été 2022

L'odyssée du *San Pedro*

Une approche du combat naval au début du XVIIe siècle

En l'an de grâce 1621, un navire d'Espagne doit rallier Ostende, aux Pays-Bas, à partir de sa base de Séville. Dans un Atlantique aux multiples dangers émerge alors la menace des corsaires hollandais. Et ce qui devait arriver arriva: une voile inquiétante paraît à l'horizon des Espagnols. Voici donc une tentative pour décrire au plus près de la réalité ce que pouvait être un combat naval à ce moment charnière, entre l'époque médiévale, où l'on prenait à l'abordage, et le XVIIIe siècle, où l'on se canonnait de loin.

PAR **ALEXANDRE JUBELIN** ILLUSTRATIONS **ÉDOUARD GROULT**

Grand beau sur le Guadalquivir! L'équipage du *San Pedro* s'affaire, chacun à son poste, alors que le navire descend en paresseux le fleuve depuis Séville, le port d'attache de la flotte des Indes, jusqu'à la mer. À n'en pas douter, voici le moment le plus paisible du voyage: le Guadalquivir est certes jonché d'embûches et de pièges – hauts fonds, débris et épaves en tous genres qu'on risque d'accrocher – mais au moins y est-on tranquille, plusieurs dizaines de kilomètres à l'intérieur des terres. Se faire surprendre ici par une flotte ennemie? Le danger est minime, raison précise pour laquelle le roi d'Espagne y a basé ses navires, et non à Cadix, un port ouvert sur la mer.

À l'ancre devant Sanlúcar

C'est un beau navire qui glisse sur le fleuve: quatre cents tonneaux environ, un peu moins de trente mètres de long pour huit de large. Avec une cinquantaine de pièces principales, le *San Pedro* est bien armé pour remplir son rôle d'escorte d'un convoi allant vers les Indes occidentales. Les navires marchands dont il est, avec d'autres, le berger, font la liaison deux fois par an à travers l'Atlantique, amenant en Amérique les ordres du roi et les produits manufacturés depuis l'Europe, revenant chargés de matières exotiques et de métaux précieux.

Mais le système du port fluvial a les défauts de ses qualités. Il est souvent difficile de sortir du Guadalquivir quand on a la taille du *San Pedro*. À Sanlúcar de Barrameda – à l'embouchure –, une barre de sable se dresse sous l'eau et menace de faire talonner les navires, si bien qu'il faut presque toujours décharger au moins une partie de la cargaison pour alléger le navire et le faire remonter sur l'eau, avant de recharger une fois la barre franchie. Ce qui semble une simple contrariété est en réalité une opération logistique de grande ampleur qui doit avoir lieu à Sanlúcar – qui tire sa fortune de ces arrêts prolongés des flottes, où marins et soldats vont brûler leur paie à tous les plaisirs d'une ville hors de prix. C'est aussi un moment de danger: il faut attendre des jours voire des semaines que le convoi ait franchi la barre et soit rassemblé au complet en mer, ce qui peut offrir l'occasion à une flotte ennemie embusquée d'attaquer les navires en attente sur leur mouillage. Même avec une escorte, cela n'a rien de rassurant.

Se libérer du joug espagnol

D'autant qu'en cette année 1621, la situation européenne n'est pas au beau fixe. Certes les corsaires anglais se tiennent plus tranquilles depuis la paix signée en 1604, après la désastreuse expédition de la Grande Armada en 1588. Mais beaucoup d'entre eux ont, à vrai dire, simplement changé de pavillon, et rejoint les forces des Provinces-Unies protestantes qui essaient de se libérer du joug espagnol depuis bientôt un demi-siècle. La situation s'était un temps apaisée avec la signature d'une trêve en 1609, mais celle-ci arrive à échéance cette même année 1621, alors que le roi Philippe III est mourant, et les rebelles hollandais en passe de se doter, dit-on, d'une véritable marine de guerre. C'est par la mer, en attaquant les liaisons entre Europe et Amérique et en tarissant ses revenus, qu'ils pourront affaiblir la monarchie ibérique et la contraindre à négocier en position de faiblesse.

Le *San Pedro* a bien passé la barre et attend à l'ancre devant Sanlúcar. Rien ne se dessine à l'horizon pour l'instant, mais cela ne signifie pas grand-chose : l'ennemi sait à quel moment de l'année les convois se mettent en place, et même s'il n'ose pas s'aventurer si près des côtes, rien ne dit qu'il n'attend pas au large, ou près des Açores – par où tous les navires doivent passer pour toucher les alizés qui les emmèneront de l'autre côté de l'Atlantique. Soudain, on sent une agitation sur le bâtiment : le bruit court parmi l'équipage qu'un courrier serait arrivé, porteur d'une lettre émanant du conseil du roi. La nouvelle s'est vite répandue : le *San Pedro* est détaché du convoi auquel il était assigné, et affecté à une nouvelle mission. Il s'agit maintenant pour lui d'amener une compagnie de soldats et quelques passagers officiels en Hollande, en prévision de la fin prochaine de la trêve. Réaffecter un navire de la flotte des Indes à une mission vers les Flandres est inhabituel mais pas exceptionnel. L'Empire espagnol, qui entend maintenir l'ordre dans toutes ses possessions à travers l'Atlantique, manque en effet de vaisseaux de façon chronique : tout navire est susceptible d'être dérouté ou réalloué en cas d'urgence, comme c'est le cas ici.

Après deux semaines d'attente, la compagnie d'infanterie se présente enfin à Sanlúcar. Avant même que la centaine d'hommes qui la composent ne pose le pied sur le navire, les marins se plaignent déjà : ils ont appris qu'il s'agissait de *soldados viejos*, vieux soldats qui ont déjà servi dans les Flandres, réputés pour leur bravoure au combat et leur caractère insupportable. Certains sont d'ailleurs aussitôt allés se perdre dans les tavernes et les bordels de Sanlúcar, et il faut deux jours de plus et de nombreuses patrouilles en ville pour que l'effectif soit au complet. Sitôt l'ancre levée, ils se révèlent fidèles à leur réputation en refusant de prendre part aux tâches du navire. Sans vergogne, ils passent leur temps à jouer aux dés ou aux cartes et à se disputer, et ils fument malgré l'interdiction stricte du commandant. Encore faut-il s'estimer heureux qu'ils ne cherchent pas querelle à l'équipage, tant ils sont à peine tenus par leur capitaine, bien impuissant face à une telle collection de caractères. Reste toutefois à l'équipage la joie mauvaise d'en voir quelques-uns rendre tripes et boyaux par-dessus bord, la plupart de ces gaillards n'étant jamais montés sur un navire. Le mal de mer les torturera jusqu'à ce que l'amarinage se fasse au bout de quelques heures ou quelques jours pour certains, et jamais pour d'autres qui maudiront jusqu'à l'arrivée le navire et son équipage. Il reste que leur présence à bord rassure en cas de mauvaise rencontre.

> Il s'agit pour le *San Pedro* d'amener une compagnie de soldats et quelques passagers officiels en Hollande, en prévision de la fin prochaine de la trêve.

La navigation le long des côtes portugaises se déroule sans accroc malgré un vent inconstant qui, c'est déjà certain, allongera le voyage de deux à trois semaines. Après un franc coup de tabac dans le golfe de Gascogne qui met à rude épreuve les estomacs du bord, le *San Pedro* passe au large de la Bretagne et s'engage dans la Manche, où le danger peut surgir de tous les points cardinaux : Anglais, Hollandais surtout, mais aussi Français. Si les relations sont théoriquement apaisées avec le roi de France, les navires bretons ou normands se montrent peu sensibles à ces évolutions politiques et tentent souvent des coups de main quand l'occasion se présente, quitte à devoir en répondre plus tard, sachant que le risque encouru est faible. Mais rien à l'horizon pour l'instant. Le *San Pedro* n'a guère aperçu que des pêcheurs et des transports de marchandises, reconnaissables à leur taille et à leur allure lente. Peu après avoir passé la longitude de l'île de Wight, et alors que les Flandres se rapprochent, une voile apparaît au loin. Il devient vite évident que ce navire-là est plus haut sur l'eau que les précédents et qu'il va plus vite. Étant donné les vitesses respectives, l'écart ne se comble que lentement ; il faudra du temps avant d'en avoir le cœur net, ce qui lâche la bride à toutes les spéculations. Les avis fusent, chacun essaie de deviner ce qu'est cette

autre voile qui grossit à l'horizon. Navire de commerce ou de guerre ? Quelle taille fait-il ? A-t-il deux ou trois ponts, ce qui déterminera pour une bonne part le profil du combat, s'il y en a un ? Quel pavillon arbore-t-il, s'il en fait flotter un ?

Il faut préparer pièces et munitions

Au bout d'une heure environ, la situation s'est décantée : le navire paraît de taille honorable mais il est probablement plus bas sur l'eau que le *San Pedro*, plus rapide aussi. Et il ne cherche pas à se défiler – c'est donc que l'inconnu envisage d'en découdre. Étant donné la région, il pourrait bien s'agir d'un Hollandais. L'atmosphère se tend sur le *San Pedro*, et les officiers doivent renvoyer l'équipage inquiet à ses tâches. Il y a en effet beaucoup à faire avant le combat, qui pourrait arriver en quelques heures si le vent ne faiblit pas et si les navires continuent de se rapprocher. Les artilleurs doivent préparer pièces et munitions ; ils seront bientôt aidés par les mousses et les matelots, mais ces derniers ont des tâches plus urgentes dans l'immédiat. Il leur faut débarrasser le pont supérieur, où il sera crucial de pouvoir circuler sans entraves pendant le combat. Pour l'heure c'est encore un capharnaüm encombré de quantité de bagages et même de toits et de cloisons qui ont permis de loger les hommes plus confortablement que dans un entrepont à l'air puant et vicié. On démolit à la hâte tous ces aménagements, on rapatrie dans l'entrepont les poules et les chèvres destinées à nourrir l'équipage, et l'on met le navire en ordre de bataille. Ce qui n'est pas une mince affaire : réparer puis remplir et répartir des baquets d'eau à intervalles réguliers, asperger les voiles d'eau de mer pour prévenir tout départ de feu, ramener à l'intérieur du navire ou jeter par-dessus bord le reste du désordre. Sans oublier quantité d'instruments et de pièges propres au combat naval qu'il est temps de mettre en place, au cas où un abordage serait au programme.

Pendant ce temps, les *soldados viejos* se préparent et se montent la tête : ils ne connaissent certes pas le fonctionnement du navire et seraient bien en peine d'aider à sa préparation, mais le combat est leur domaine et ils savent qu'ils vont bientôt entrer en scène, ce qui aide à les sortir de leur torpeur et – peut-être – à atténuer le mal de mer. Arquebuses et mousquets sont nettoyés avec soin comme à l'accoutumée, mais ils confectionnent aussi des cartouches de papier supplémentaires, donnent leurs avis sur la localisation des tonneaux de poudre pour le moment où il faudra recharger, et parfois offrent des conseils sur le maniement des armes aux autres passagers et aux membres d'équipage. Surtout, les soldats parlent entre eux et s'encouragent. Ils maudissent les Hollandais, évoquent leur traîtrise proverbiale, « *infieles* » et « *hijos de puta* », jurent de vaincre et de bien mourir « *por Díos y Rey* » - pour Dieu et le roi. Si le ton est à la bravade, des rumeurs inquiétantes circulent également

sur ces impies, à qui l'on ferait boire de la poudre à canon avant le combat, ce qui les rendrait comme fous durant la bataille.

Observer l'ennemi, anticiper le combat

Un moment compliqué approche. Les *soldados viejos* vont recevoir des ordres de la part du commandant du *San Pedro*. Car c'est bien lui qui va les placer sur tout le navire, afin de répartir le feu des armes légères et de défendre tous les côtés en cas d'abordage. Or il n'est pas habituel pour ces durs à cuire de prendre des ordres de qui n'est pas des leurs, surtout lorsqu'il s'agit de scinder le groupe compact qui les rend si puissants sur terre, le *tercio*. Leur capitaine d'infanterie pourrait, s'il le voulait, opposer au capitaine du navire sa propre autorité. Par bonheur, les choses se passent de manière à peu près satisfaisante. En maugréant, en s'indignant, les soldats se répartissent en petits groupes aux endroits suggérés, et disposent leur équipement à proximité.

Le navire ennemi est désormais à portée de vue – à une lieue et demie (2 km) à peu près, et il est temps de collecter les informations visibles de l'extérieur. C'est un navire récent, de toute évidence, à deux ponts seulement contre trois pour le *San Pedro*, et rapide, comme les Hollandais savent les construire depuis quelques décennies. Probablement pas plus d'une trentaine de canons, mais sûrement de bonne qualité et précis, d'après leur réputation. Surtout, le pont supérieur est construit de plain-pied: c'est-à-dire que le navire ne possède pas de châteaux avant et arrière comme c'est le cas du *San Pedro*. Ces deux superstructures alourdissent l'Espagnol et le rendent moins marin, mais elles lui donnent l'avantage de combattre en hauteur en cas d'abordage.

La situation se présente donc bien. Le navire ennemi est certes plus agile, mais moins puissant et moins armé, et le duel d'artillerie comme l'abordage pourraient tourner à l'avantage de l'Espagnol. C'est d'ailleurs le dilemme tactique que le capitaine va devoir bientôt trancher. Souhaite-t-il se tenir à distance et essayer de pilonner le Hollandais avec son feu supérieur, ou au contraire se rapprocher aussi vite que possible, quitte à essuyer une salve ennemie, afin d'imposer sa masse et son nombre, et combattre au corps à corps? Le premier choix apparaît toujours plus rassurant à l'équipage, car un abordage implique des combats très sanglants et incertains, où aucune reddition n'est possible – même si le rapport de forces permet ici d'envisager une issue favorable. Seuls les *soldados viejos* plaident pour une bataille de près où ils pourraient se distinguer, mais la question n'est à vrai dire pas tranchée. Il faudra voir ce que l'ennemi souhaitera faire une fois le combat engagé, et réagir en fonction. À une demi-lieue de distance, il est encore trop tôt pour tirer les premiers coups de canon. Les pièces principales ont une portée théorique qui le permettrait, mais leur imprécision est telle qu'elles manqueraient la cible de manière à peu près certaine. Dans le meilleur des cas, un coup au but ferait peu de dégâts étant donné la faible vitesse du boulet à l'impact, et recharger représenterait un effort inutile. Le commandant sait qu'il reste une heure tout au plus avant d'être à portée de canon et, le navire étant en ordre de combat, il est désormais temps de préparer l'équipage à l'épreuve.

C'est l'heure des rituels de règle avant tout combat. En premier lieu, sur un navire à équipage catholique, il convient de célébrer une messe. Il aurait été commode de disposer d'un religieux, mais le *San Pedro* n'a pas de chapelain. C'est le commandant qui dirigera la prière commune, ce qui renforce sa prééminence. La montée en puissance avant le combat est en effet un moment de recentrement général sur la personne du capitaine. C'est une métamorphose importante pour un personnage plutôt absent au quotidien, voire presque invisible, et qui se contente de vérifier l'état général du navire et de l'équipage, et d'indiquer à ses officiers (et notamment au maître du navire, qui est en général bien plus expérimenté en navigation) ses décisions sur la route à prendre. On ne le voit vraiment que lorsqu'il s'agit de punir, l'une de ses prérogatives essentielles. Mais le combat est le moment qui justifie sa position et ses privilèges: la prière collective le place symboliquement en père spirituel des membres de l'équipage et même s'il est un laïc, il peut inviter chacun à se confesser et à se repentir de ses péchés.

> C'est l'heure des rituels de règle avant tout combat. En premier lieu, sur un navire à équipage catholique, il convient de célébrer une messe.

Pas de combat le ventre vide

Après avoir présidé à ce précieux instant de communion face à l'angoisse du combat, le capitaine se fait père nourricier en distribuant avec largesse à l'équipage nourriture et boisson. Si on ne laisse jamais les hommes aller au combat le ventre vide, il y a un dosage subtil à maîtriser. Il est bon de donner du vin ou de la bière – selon ce que l'on a à bord –, l'alcool agissant comme un anxiolytique qui peut éviter d'être paralysé lorsque la poudre parle. C'est aussi la dernière ivresse de beaucoup de ces hommes, et l'idée de conserver des stocks suffisants pour le reste du voyage n'apparaît pas particulièrement importante quand tout le navire pourrait disparaître quelques heures plus tard. Mais il faut prendre garde aux excès : on retrouve régulièrement des membres d'équipage ivres morts au milieu du combat, qui déstabilisent ainsi tout le dispositif en oubliant les consignes et la place qui leur a été donnée.

Rien ne vaut un bon discours

Le moment de bravoure de la préparation au combat est celui du discours du capitaine. Celui-ci doit mobiliser et exalter les hommes, les amener à se battre sans arrière-pensée et avec la certitude de mourir pour une juste cause. L'éloquence est certes un attribut traditionnel du chef militaire, de tout temps et dans toutes les batailles, mais le discours du capitaine de navire a l'originalité d'être vraiment écouté, car il peut être entendu : même sur les plus grands navires, il est rare de ne pas se trouver à portée de voix, surtout si l'équipage est rassemblé et fait silence – ce qui est loin d'être le cas dans la plupart des batailles terrestres. Un bon discours a donc un réel effet sur l'état d'esprit et la combativité. Don Iñigo de Lecoya prend la parole, debout sur le château arrière, devant l'équipage rassemblé en contrebas, dans le tronçon central du navire : « Hermanos ! *Voici le jour où les hommes d'honneur et de honte devront se distinguer, car vous voyez que le navire qui vient est celui de corsaires, et qu'ils viennent avec enthousiasme et détermination nous voler et nous faire perdre notre navire, notre honneur, nos vies et nos biens. Et puisqu'ils viennent à nous il est juste que nous nous défendions et que nous nous disposions à mourir ici, et cela est nécessaire car il vaut mieux mourir en hommes de bien plutôt que dans les souffrances en nous rendant car ils nous battront à mort ou nous tueront d'autre vile manière. Et si nous faisons notre devoir, nous triompherons d'eux de la même manière qu'ils prétendent triompher de nous – car ils sont des voleurs, et ont moins de courage qu'ils ne montrent de forfanterie et d'audace. Et je promets que j'honorerai et donnerai mes biens à celui qui se battra et fera son devoir en homme de bien ; et que celui qui ne se battra pas comme il le doit se prépare, car il mourra de mes mains – et c'est pour trouver celui-là que je devrai marcher avec une grande vigilance parmi vous.* »

Le discours se prolonge par d'autres admonitions et des références à Dieu, à la Vierge et au roi d'Espagne, pour qui il faut se battre contre ces ennemis protestants, avec le même mélange de promesses et de menaces qui caractérise l'exhortation au combat. Après des cris d'approbation et d'excitation, il est temps pour chacun de revenir à son poste, car l'ennemi approche et l'on est maintenant à portée utile de canon.

C'est alors que commence la partie vraiment nautique de l'affrontement. Contrairement au combat naval du Moyen Âge où il n'existait pas d'autre solution pour décider d'une bataille que d'aborder ou d'éperonner l'ennemi – et où donc tous les navires cherchaient à se rapprocher aussi vite que possible – cette première partie de l'époque moderne est celle d'une époque transitoire qui fait la part belle aux marins. Si l'apparition des canons permet d'espérer conclure le combat à distance, leur notoire imprécision et la difficulté à les recharger rendent la chose incertaine. Il est donc toujours probable que les navires se retrouveront bord à bord à un moment ou à un autre. Plus tard, au XVIIIe siècle, viendront les duels d'artillerie à distance, qui se prolongent jusqu'à ce qu'un des adversaires abandonne. En 1621, il faut manœuvrer beaucoup et très habilement pour se rapprocher et aborder ou se tenir à distance, selon la tactique adoptée. Il faut surtout essayer d'obtenir l'atout maître qu'est l'avantage du vent. Compte tenu de la difficulté des navires de l'époque à naviguer contre le vent, le navire qui se trouve en amont du vent de son adversaire (« au vent ») possède un atout considérable : il peut se tenir à distance s'il le décide, ou bien décider de fondre sur son adversaire au moment opportun, voire l'immobiliser en déventant ses voiles, quand l'autre navire (« sous le vent ») dispose d'un éventail bien plus réduit pour arriver au contact dans de bonnes conditions. Malheureusement pour le *San Pedro* et son équipage, c'est le Hollandais qui a l'avantage du vent, et qui risque donc de dicter les termes du combat. L'adversaire continue d'ailleurs de se rapprocher et a l'air de vouloir en découdre à courte distance. C'est heureux, tant il aurait été difficile d'aller le chercher dans le cas contraire, car il manœuvre bien mieux et, pour l'Espagnol, entamer une succession de virements de bord pour essayer de reprendre l'avantage du vent aurait probablement été voué à l'échec.

Puis vient l'attente. Le temps qui se dilate cruellement, alors que l'équipage est massé à ses postes de combat sur le côté du navire qui fera face à l'adversaire, alors que celui-ci se rapproche si lentement, et peut tirer à tout moment. Les hommes aimeraient être ailleurs,

> Quatre projectiles touchent le *San Pedro* : trois ont fait exploser le bois au point d'impact, ce qui a projeté partout alentour de grosses échardes acérées.

ou à la rigueur déjà au cœur du combat, certainement pas dans cette tension invraisemblable qui précède les premiers coups de canon. D'autant que les capitaines connaissent leur affaire, et ordonnent aux équipages de retenir le feu pour ne pas gâcher les munitions. Les pièces d'artillerie d'un navire de guerre sont un assemblage si disparate de calibres différents, auxquels les artilleurs doivent faire correspondre à peu près les boulets dont ils disposent, que le tir relève largement plus de la discipline artistique que de la technique éprouvée, et tirer à plus de cent mètres est des plus aléatoire.

Soudain, alors que les protagonistes se trouvent à peine à quelques longueurs, le navire hollandais fait donner sa bordée, une dizaine environ des plus gros canons situés sur l'un de ses bords. Quatre projectiles touchent le *San Pedro*. Une voile est trouée, deux boulets ont traversé le pont et emporté avec eux des cordages qui traînaient là. Le quatrième coup a donné dans la coque, mais très au-dessus de la ligne de flottaison. Surtout, les trois boulets qui ont touché les parois – deux le franc-bord et un la coque – ont fait exploser le bois au point d'impact, ce qui a projeté partout alentour de grosses échardes acérées, de véritables pieux qui font une demi-douzaine de blessés. On descend les malheureux – certains littéralement transpercés – dans l'entrepont. Le navire hollandais redresse alors son cap pour conserver de la distance – il veut, semble-t-il, éviter l'abordage – puis entame un virement de bord, afin de présenter son autre flanc, où les canons sont encore chargés, alors que ceux qui ont tiré mettront plusieurs dizaines de minutes à être à nouveau opérationnels. Pendant quelques instants, il se trouve par conséquent presque à l'arrêt et fournit une cible idéale. Iñigo de Lecoya ne laisse pas passer l'occasion et ordonne de décharger les canons. Le résultat est assez similaire malgré un nombre supérieur de pièces, signe que les performances de l'artillerie espagnole sont aussi médiocres que le dit leur réputation. Il paraît donc clair qu'il faudrait se rapprocher, et combattre bord à bord pour tirer parti d'un équipage plus nombreux et de la présence des *soldados viejos*. Mais le Hollandais a l'air de vouloir garder la distance et il conserve l'avantage du vent. Il n'y a rien d'autre à faire pour l'instant que de virer en même temps que lui pour ne pas le laisser s'éloigner.

À l'assaut d'une forteresse flottante

Voici plus d'une heure maintenant que le combat est engagé, et il est clair que cette affaire ne va nulle part. Chaque navire a déchargé ses canons plusieurs fois – au prix d'immenses efforts pour les recharger, car les canons ne se rentrent pas toujours à l'intérieur du navire et il faut parfois se pencher à l'extérieur pour placer le nouveau boulet. À part une production considérable de fumée, qui enveloppe les deux navires, les dégâts sont secondaires de part et d'autre. Bref, la décision semble toujours lointaine. Les navires se sont malgré tout un peu

rapprochés, assez pour que les soldats aient l'espoir de toucher quelque chose en déchargeant leurs arquebuses. Mais malgré une profusion de tirs qui ajoute encore au brouillard, à la vérité rien n'est moins sûr. Il faudrait passer à l'abordage, et le Hollandais le sait aussi. Tout est paré à bord : les armes légères sont rechargées, épées et piques sont sorties – surtout ces dernières, bien plus efficaces au combat bord à bord – et la *jareta* est mise en place. Il s'agit d'un filet qui recouvre le pont et l'équipage et gênerait un ennemi qui souhaiterait entrer. Voici qu'un chant religieux monte du navire ennemi, probablement un psaume de l'Ancien Testament : c'est l'indice que le Hollandais se prépare à aborder. Le psaume joue le rôle d'une prière propitiatoire – en plus d'être un excellent outil pour souder l'équipage et le préparer au combat rapproché, en forçant les hommes à respirer pendant qu'ils chantent, ce qui leur évite d'arriver au contact essoufflés.

Le navire hollandais fond d'un coup sur le *San Pedro*, en visant le quart avant du vaisseau. À raison : c'est la partie la plus vulnérable, à la fois relativement basse et hors de la protection des canons de la bordée. L'ennemi décharge une dernière fois ses pièces à très courte distance, juste avant l'impact. Cette fois, les dégâts sont importants : plusieurs artilleurs espagnols du pont inférieur sont touchés, et leurs pièces rendues inutilisables. Il va falloir combattre main à main, et c'est là que le *San Pedro* peut faire valoir tout l'avantage de sa hauteur sur l'eau : les Hollandais doivent en effet grimper le long de la coque pour parvenir sur le pont, ce qui les laisse exposés pendant l'escalade. Mais ils connaissent leur affaire, et font autant que possible le vide sur le pont espagnol avant de tenter une entrée : leurs arquebuses et mousquets donnent à plein, même s'il faut du temps pour recharger – entre deux et trois minutes selon l'habileté de celui qui l'opère –, ce qui empêche tout tir de barrage ou tout espoir de feu continu.

Engins incendiaires de bric et de broc

Lorsque l'on se trouve ainsi à très courte portée, d'autres instruments de mort entrent en jeu : flèches enflammées, cruches en terre ou pots de fer remplis de combustibles, autant de projectiles qui existent depuis des siècles mais qui sont rendus plus efficaces par l'ajout de poudre à canon, ce qui démultiplie l'effet destructeur. Ces engins incendiaires sont d'autant plus dangereux qu'un navire est un véritable bûcher de bois, de toile et de chanvre, sur lequel traîne une quantité astronomique de poudre, et que tout départ de feu risque de faire tout sauter. Provoquer l'incendie chez l'adversaire immobilise donc une partie de l'équipage ennemi qui doit s'en préoccuper toutes affaires cessantes. C'est aussi un jeu dangereux, car l'incendie peut se communiquer d'un navire à l'autre, d'autant qu'à l'intérieur du nuage de fumée provoquée par la poudre noire, il est parfois difficile de s'en rendre compte à temps.

Des canons chargés de mitraille

Les armes qui font le plus de dégâts à ce stade sont des pièces de calibre moyen, que les Anglais appellent *fowlers* et que tous les navires possèdent. Ils tirent d'habitude de petites balles de cuivre ou de plomb mais on les charge à très courte portée de ce que l'on n'appelle pas encore mitraille : un mélange de clous, de dés de fer et de toutes les petites pièces de métal que l'on peut trouver. L'effet est ravageur mais la portée ne dépasse pas quelques mètres.

Les blessés et les morts se comptent désormais par dizaines de part et d'autre. L'équipage hollandais se révèle bien plus important que prévu. Les Espagnols voient sans cesse de nouveaux combattants sortir sur le pont pour prendre la place de ceux qui sont hors de combat. Après de longues minutes passées à affaiblir les défenseurs du *San Pedro*, ils semblent considérer que l'attrition est suffisante pour passer à l'abordage, par plusieurs voies d'accès. Ceux qui essaient d'escalader la coque espagnole sont facilement repoussés à coups de piques et de projectiles divers, mais cela mobilise du monde. Simultanément, d'autres Hollandais passent par les mâtures des deux navires qui sont désormais complètement enchevêtrées, dans un amas désordonné de cordages et de voiles. Leur habileté à cet exercice indique qu'il ne s'agit pas de soldats d'infanterie, mais bien de membres de l'équipage – peut-être même d'un groupe spécialisé dans l'abordage, comme il en existe parfois sur certains navires. Les Espagnols ont tardé pour leur part à mettre en place cette organisation centrée autour des marins, en raison du poids institutionnel de l'armée. Pourtant, chaque combat contre des navires anglais ou hollandais, qui ont eux adopté ce système, révèle son efficacité. Une fois les abordeurs parvenus dans la mâture espagnole, il leur est toutefois plus difficile de redescendre jusqu'au pont en raison de la *jareta*, dont c'est précisément le rôle. Tandis qu'ils essaient de découper

Les mâtures des deux navires sont désormais complètement enchevêtrées, dans un amas désordonné de cordages et de voiles.

ou de trouver une faille dans cette barrière de cordages qui recouvre le pont, ils s'exposent suffisamment pour être blessés ou tués à coups de mousquet ou de pique.

Un répit propice à la contre-attaque

Le premier assaut est repoussé. On peut sentir un flottement sur le navire hollandais, face aux pertes et aux blessés du premier groupe parti à l'abordage. C'est un répit relatif dans la furie du combat : chacun reprend des forces. On n'entend plus que de rares tirs, et des insultes jetées d'un navire à l'autre, incompréhensibles en raison de la distance et de la barrière de la langue. Il est toutefois clair que l'ennemi s'interroge sur la résistance espagnole. Peut-être regrette-t-il son audace de s'être jeté sur un navire plus puissant. Voudrait-il décrocher et s'éloigner pour limiter ses pertes ? Mais ce n'est plus possible : les navires sont arrimés l'un à l'autre et enchevêtrés, et ils ne se quitteront plus jusqu'à ce qu'un vainqueur émerge.

C'est le moment idéal pour une contre-attaque espagnole. Tout le monde est certes épuisé, mais les Hollandais ont subi plus de pertes du fait de leur abordage raté. Le navire espagnol conserve cet avantage énorme d'être bien plus haut que son adversaire : il sera plus aisé de descendre sur le pont ennemi – on pourrait presque sauter, si l'on ne craignait de glisser et de tomber entre les deux coques, et si l'on n'avait pas la certitude que le premier arrivé sur le pont ennemi se fera abattre sur-le-champ. Il faut donc préparer l'assaut. S'il est désormais impossible de recharger les canons principaux avec les navires collés l'un contre l'autre, il reste quelques bombes et projectiles incendiaires dont on peut faire bon usage, et les petites pièces et armes antipersonnel peuvent être rechargées encore une fois. Le capitaine monte donc sur le pont et prévient tout le monde que l'assaut est imminent. Il distribue ses consignes aux officiers, qui ont chacun la responsabilité d'une partie du navire et qui doivent veiller à ce que personne ne tourne les talons au moment de l'abordage, sous peine d'exécuter le fautif illico. Un tiers de l'équipage restant – et notamment une bonne partie des *soldados viejos* – est désigné pour tenter l'abordage, tandis que les autres resteront pour défendre le bord, au cas où la tentative échouerait.

Quand tout le monde semble prêt, un coup de sifflet déclenche la salve espagnole. Tout l'équipage tiraille en direction de l'ennemi avec ce qu'il a sous la main. Cela a bien dû tuer un peu de monde, mais l'essentiel est ailleurs : cette débauche de poudre provoque une quantité astronomique d'une fumée noire, âcre et épaisse, qui prend au nez et pénètre les bronches. C'est ce brouillard qui fournit les meilleures conditions pour passer sur le pont ennemi ! Un deuxième coup de sifflet déclenche le mouvement général, bientôt suivi d'un hurlement collectif. L'idéal serait bien sûr de passer tous en même temps pour faire masse mais la réalité est qu'il n'y a que peu de passages commodes. On peut tenter sa chance par le point d'impact originel où les coques sont encastrées, ou par quelques passerelles instables jetées à la hâte entre les ponts. On passe surtout par les haubans, ces cordages qui maintiennent les mâts en place en les accrochant aux bordages, et forment des échelles de cordes qui servent à monter dans la mâture au quotidien et ici peuvent permettre de descendre sur le pont adverse.

Depuis le *San Pedro*, dans le brouillard et la confusion, difficile de savoir où en sont les choses. Les cris de douleur qui redoublent venant du pont ennemi indiquent que les camarades sont attendus, et que la défense a l'air efficace. Mais on ne voit pas les hommes faire demi-tour et ressortir de la nappe de fumée, ce qui indique qu'ils ont dû réussir à prendre pied sur le pont du Hollandais. Si une tête de pont est prise, la partie est pour ainsi dire gagnée : l'équipage espagnol étant encore fourni, on pourra envoyer plusieurs vagues de combattants par cette entrée jusqu'à ce que le pont soit conquis, mètre par mètre si besoin. C'est alors que l'atmosphère change rapidement : aussi bien dans la fréquence des cris que dans les bruits d'entrechoquement de bois et de fer, il semble que le combat ait basculé. On croit entendre des cris de reddition, des « *gracia ! gracia !* » en mauvais espagnol, qui indiqueraient que la bataille est finie et que les ennemis se rendent. Le problème est que la chose n'est pas si simple dans un abordage, car il n'y a nulle part où fuir.

> Quelques heures après, le *San Pedro* a repris sa route vers Ostende. Il est bien abîmé, mais les voies d'eau ont pu être colmatées à la va-vite par le charpentier.

Le massacre des hérétiques

Celui qui dépose les armes est à la merci du vainqueur, et dans le cadre d'un corps à corps jusque-là sans pitié, ce dernier est rarement dans l'état d'esprit de faire grâce – surtout quand l'ennemi est considéré comme un hérétique, comme c'est le cas des protestants hollandais. Depuis le *San Pedro*, on entend donc les bruits d'armes baisser, mais les cris redoubler pendant de longues minutes. Tout le monde a conscience que les *soldados viejos* sont en train de massacrer les Hollandais qui ont mis bas les armes. Enfin, après un long moment, don Iñigo de Lecoya fait signe d'arrêter, consigne que

les officiers relaient vers le pont ennemi. La victoire est acquise, et il serait bon de faire quelques prisonniers pour en obtenir des informations.

Quelques heures après, le *San Pedro* a repris sa route vers Ostende. Il est bien abîmé, mais les voies d'eau ont pu être colmatées à la va-vite par le charpentier du bord, en clouant des planches et de la toile cirée, et en pompant énergiquement l'eau accumulée dans les cales. Le vainqueur laisse derrière lui un navire hollandais prêt à sombrer, n'ayant ni les moyens ni l'équipage pour le ramener. Étant donné les trous laissés dans sa coque, il est difficile de lui donner plus de deux heures de vie. Côté espagnol, on déplore une vingtaine de morts et une cinquantaine de blessés sérieux sur un équipage de 350 personnes : le bilan n'est pas si mauvais comparé à celui de l'adversaire. Seuls une dizaine de prisonniers hollandais ont été épargnés *in extremis* et se trouvent désormais à fond de cale, en attendant d'être ramenés et traités comme des rebelles au roi d'Espagne, sort peu enviable mais qui leur assure un temps de survie. Leur interrogatoire se révèle instructif malgré la barrière de la langue, en ce qu'il révèle de cette rencontre et de leur ardeur à combattre : il semblerait que les Provinces-Unies protestantes aient désormais pour ambition de perturber sans cesse dans la Manche les liaisons entre Espagne et Pays-Bas espagnols, grâce aux navires qu'ils réussissent à produire en grand nombre. Le capitaine hollandais est en revanche introuvable : les prisonniers affirment qu'il a été tué dans l'assaut final, ce qui expliquerait la baisse soudaine de combativité de l'équipage. Le décès du chef est en effet souvent le signe qu'attendent les combattants pour baisser les armes et tenter une reddition – mais peut-être le capitaine hollandais espère-t-il simplement passer inaperçu au milieu de ses hommes et éviter le châtiment exemplaire qui lui serait sans doute réservé. Peut-être compte-t-il aussi tenter une évasion, ou espère-t-il qu'un autre navire hollandais les délivrera lors d'une attaque contre un *San Pedro* affaibli. La route est encore longue, et les dangers rôdent en permanence dans l'Atlantique du début de l'époque moderne. /

Cette histoire est fictive, mais décrit le combat naval de la première modernité avec la plus grande justesse possible. Le *San Pedro* et son équipage n'ont pas navigué et combattu dans la Manche à cette époque-là, mais bien des navires l'ont fait dans les conditions exposées. En cela, cette semi-fiction est plus précise que ne le serait une monographie sur un combat particulier, forcément lacunaire. Les archives navales du début du XVIIe siècle sont rares, souvent imprécises, et émanent généralement d'acteurs très directement intéressés aux récits (presque toujours les capitaines). Pour saisir ce que pouvait être ce combat naval, il faut donc croiser quantité de ces récits, les confronter à des sources normatives (traités et instructions navals) afin d'éliminer ou atténuer les angles morts que présente toute source narrative. C'est ce qui a été fait par l'auteur dans une thèse soutenue en 2019, *Par le fer et par le feu. Pratiques de l'abordage et du combat rapproché dans l'Atlantique du début de l'époque moderne*, consultable en ligne et en cours de publication, ainsi que dans plusieurs articles de la *Revue d'histoire maritime*. C'est là qu'il est possible de trouver les sources et les documents qui ont permis d'évoquer le combat du *San Pedro*, qui n'est qu'un des combats possibles.

La Trébie - 218
Trasimène - 217
ROME
Cannes - 216
CARTHAGE

La Trébie, le lac Trasimène et Cannes

Rome par trois fois mise à genoux

Les trois grandes victoires d'Hannibal constituent le plus sévère avertissement jamais donné à Rome sur le sol de l'Italie. Ses armées de légionnaires soi-disant invincibles sont en l'espace de trois années prises de vitesse puis écrasées par le plus doué de tous ses adversaires.

PAR **FRÉDÉRIC BEY** DATA DESIGN **JULIEN PELTIER**

Au départ était le ressentiment. C'est dans l'humiliation des défaites de la première guerre punique et de leurs conséquences – perte de la Sicile, de la Sardaigne et de la Corse – qu'Hannibal puise son désir de vaincre Rome et plus encore de la punir pour son arrogance. Virgile s'en fera plus tard l'écho dans l'*Énéide*, avec les propos de Didon prophétisant presque le surgissement d'un Hannibal : « *Exorare aliquis nostris ex ossibus ultor* » *(Prier pour qu'un vengeur surgisse du plus profond de nous-mêmes)*. L'historien Tite-Live (v. -60-17) le confirme avec des paroles attribuées à Hannibal en personne : « *Ce qui attise et excite notre colère, c'est l'humiliation, l'injustice, l'indignation* ». Le fils d'Hamilcar Barca concrétise l'envie de venger sa patrie dans un implacable projet personnel qui va bien au-delà : abattre Rome ! Hannibal est aussi le maître du contre-pied. Rome l'imagine guerroyant en Espagne ? Il marchera directement sur l'Italie à travers les cols des Alpes. Les légions romaines sont nombreuses et alignent presque exclusivement des fantassins lourds ? Il rassemblera contre elles des contingents variés de phalangites africains, d'infanterie légère, de cavaliers numides, d'alliés espagnols et gaulois et même des éléphants de guerre. Les consuls de Rome ont toujours réussi à tenir tête en rase campagne à leurs adversaires les plus habiles ? Il ira encore plus loin qu'aucun général de son temps dans l'art de la surprise, de l'embuscade ou du stratagème. Enfin, Hannibal a défini sa stratégie. Connaissant la richesse en hommes et les ressources immenses de son ennemie, il ne veut pas attaquer directement la ville de Rome mais porter la guerre à ses portes, lui ravir ses alliés italiens, l'isoler diplomatiquement, l'étouffer économiquement et l'humilier militairement pour la convaincre de négocier. Les trois victoires initiales d'Hannibal stupéfient les Romains par leur ampleur. À la Trébie et plus encore à Cannes, le chef punique parvient, grâce à ses « manœuvres pièges » et la supériorité de sa cavalerie, à encercler les vaincus, les massacrer ou les capturer. Au bord du lac Trasimène, c'est grâce à une embuscade soigneusement préparée qu'il détruit intégralement l'armée du consul Flaminius. Chacune de ces batailles restera pour longtemps ancrée dans l'inconscient des Romains, avant de servir de modèle aux « écoles de guerre » de nombreuses époques et de nombreux pays. Même s'il parvient à se maintenir invaincu pendant quinze ans en Italie, il n'aura finalement manqué à Hannibal que la prescience de l'adage formulé par son contemporain Ennius : « *le vainqueur n'est pas victorieux si le vaincu ne se tient pas pour tel* ». Les Romains ne se tiendront jamais pour vaincus… /

HANNIBAL BARCA

Né en 247 av. J.-C., Hannibal consacre sa vie à combattre Rome. Général surdoué, finalement vaincu par Scipion à Zama en 202, il meurt en exil en 183, après avoir poursuivi sa lutte en tant que conseiller militaire du roi séleucide Antiochos III, puis de Prusias Ier de Bithynie.

L'armée d'Hannibal

Hannibal ne dispose que de 20 000 fantassins, 6 000 cavaliers et 27 éléphants lorsqu'il atteint la vallée du Pô. Il se renforce en recrutant des Gaulois cisalpins et aligne à la Trébie une armée de la même taille que celle des Romains. Même si ses pertes sont faibles lors de ses premières batailles, Hannibal aura du mal à les remplacer, ne pouvant compter que sur les peuples italiens l'ayant rejoint dans sa lutte contre Rome. Après Cannes, les deux expéditions conduites par ses frères Hasdrubal et Magon pour lui acheminer des renforts se solderont par des échecs.

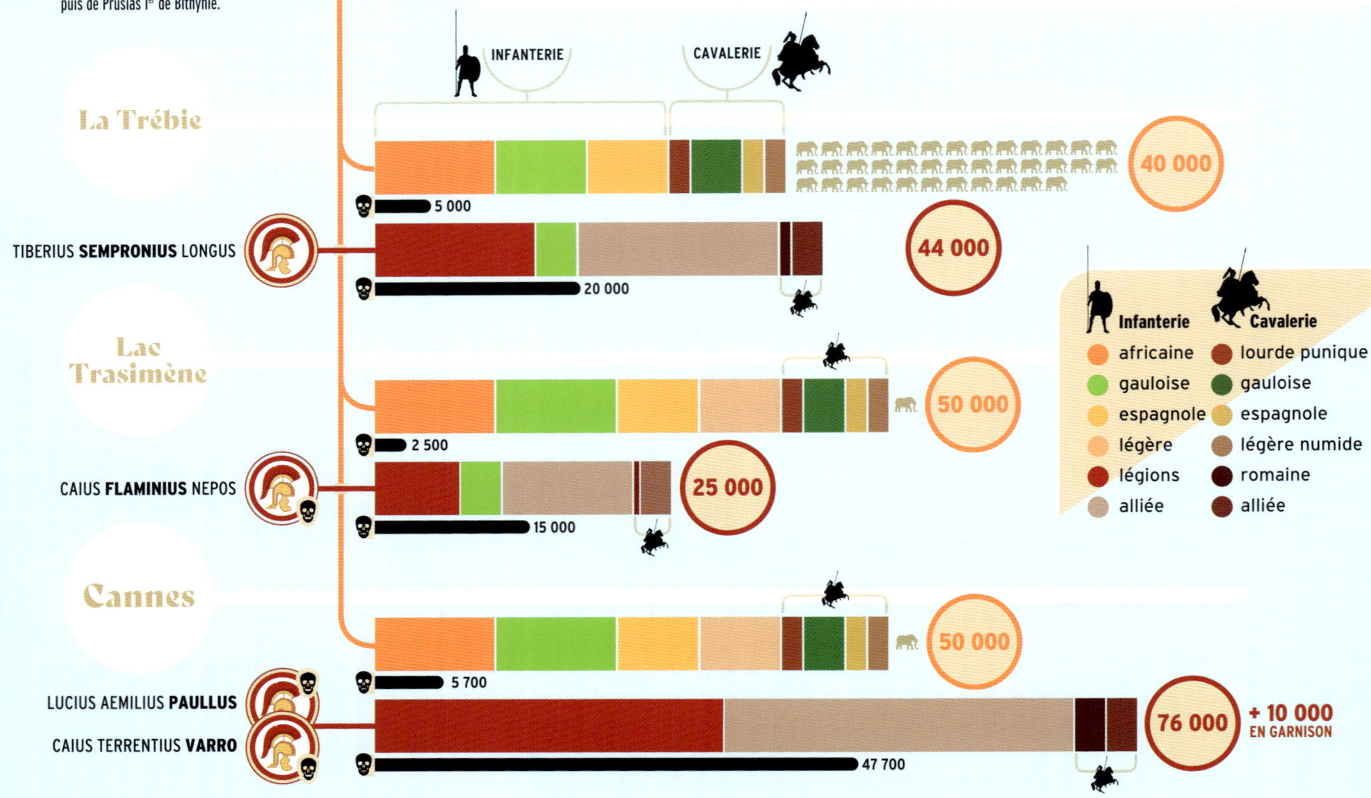

Un siècle de lutte pour la domination de la Méditerranée occidentale

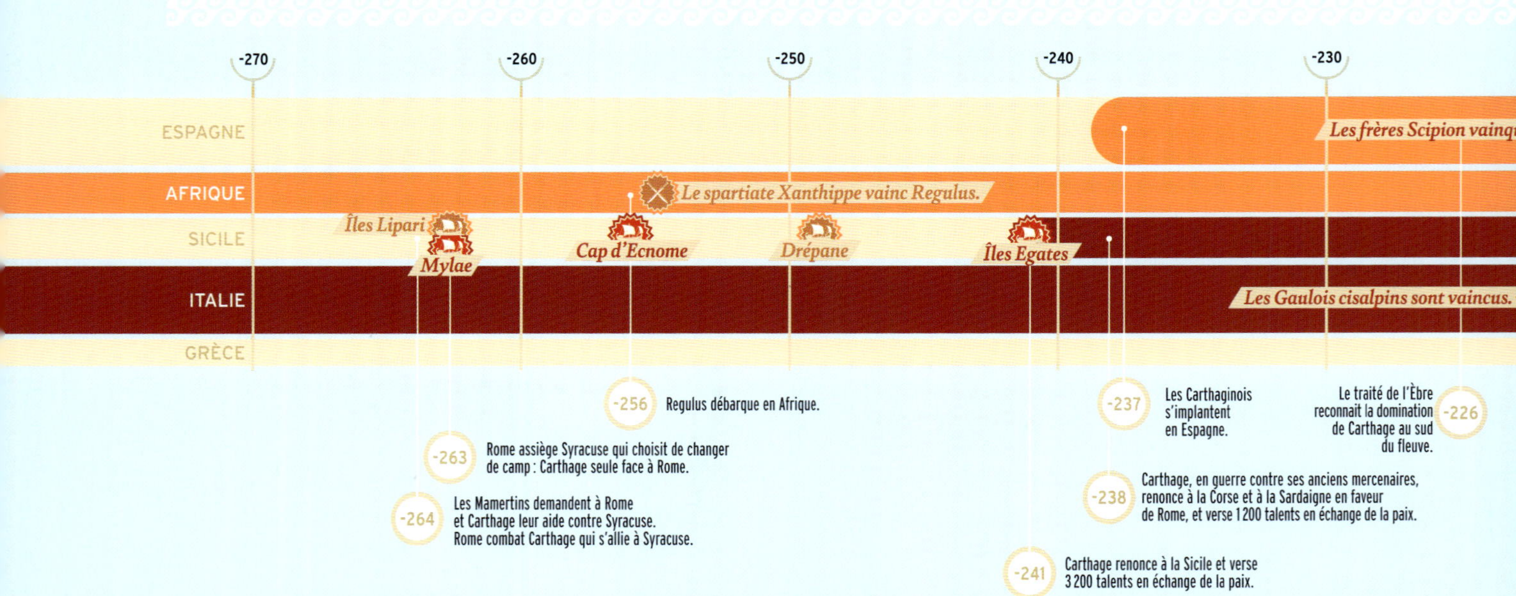

Deux armées bien différentes

L'armée d'Hannibal possède certaines caractéristiques de l'armée d'Alexandre le Grand ou de Pyrrhos. Ses soldats sont des professionnels déjà aguerris en Espagne. Chaque contingent possède une spécialité tactique : frondeurs des Baléares, infanterie légère et archers numides pour le harcèlement, infanterie moyenne espagnole ou gauloise et infanterie lourde africaine pour le combat en rangs serrés, cavalerie légère numide pour les manœuvres rapides, cavalerie espagnole ou gauloise et cavalerie lourde africaine pour le choc et la poursuite. À l'inverse, l'armée romaine est une armée de conscrits. C'est aussi une armée de légionnaires aux capacités tactiques uniformes. Seuls les vélites et les cavaliers de chaque légion viennent enrichir les possibilités d'emploi des troupes romaines.

Le **phalangite africain** constitue le socle de l'armée d'Hannibal. Le **cavalier numide** est son plus redoutable atout.

Le **triaire**, gardé en réserve, est le légionnaire le plus lourdement équipé. Le **cavalier romain** est de son côté le point faible de la légion.

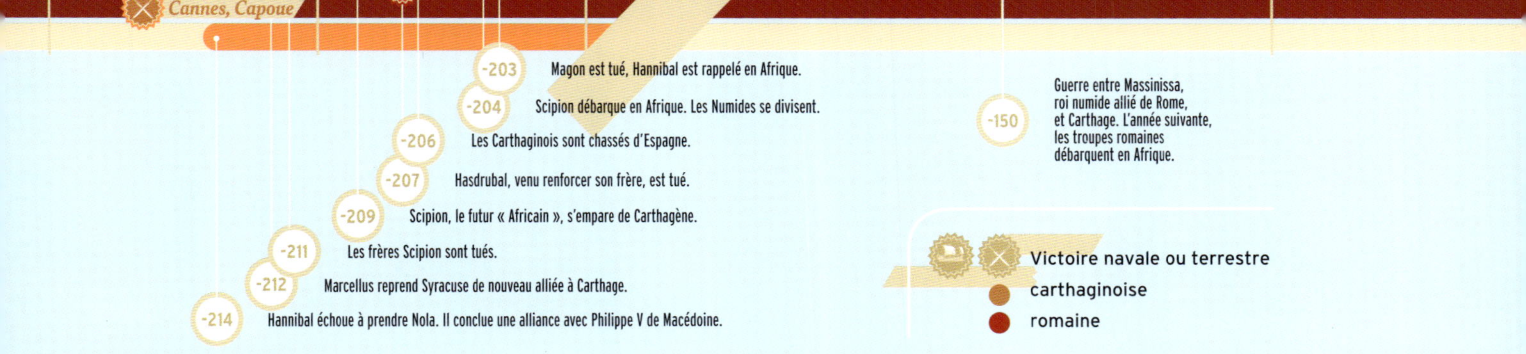

Radiographie
La Trébie, le lac Trasimène et Cannes

La campagne d'Hannibal

Hannibal prend le chemin de l'Italie au printemps -218, à la tête d'une armée de 90 000 hommes. Il livre de nombreux combats contre les autochtones au nord de l'Èbre puis dans le sud de la Gaule. Il franchit ensuite le Rhône et traverse les Alpes par un itinéraire qui n'a jamais pu être reconnu avec certitude. Une hypothèse récente évoque de manière convaincante un passage par le col de la Traversette. Après de premières victoires éclatantes, Hannibal s'enlise en Italie du Sud. En -203, il est rappelé à Carthage menacée directement par Scipion.

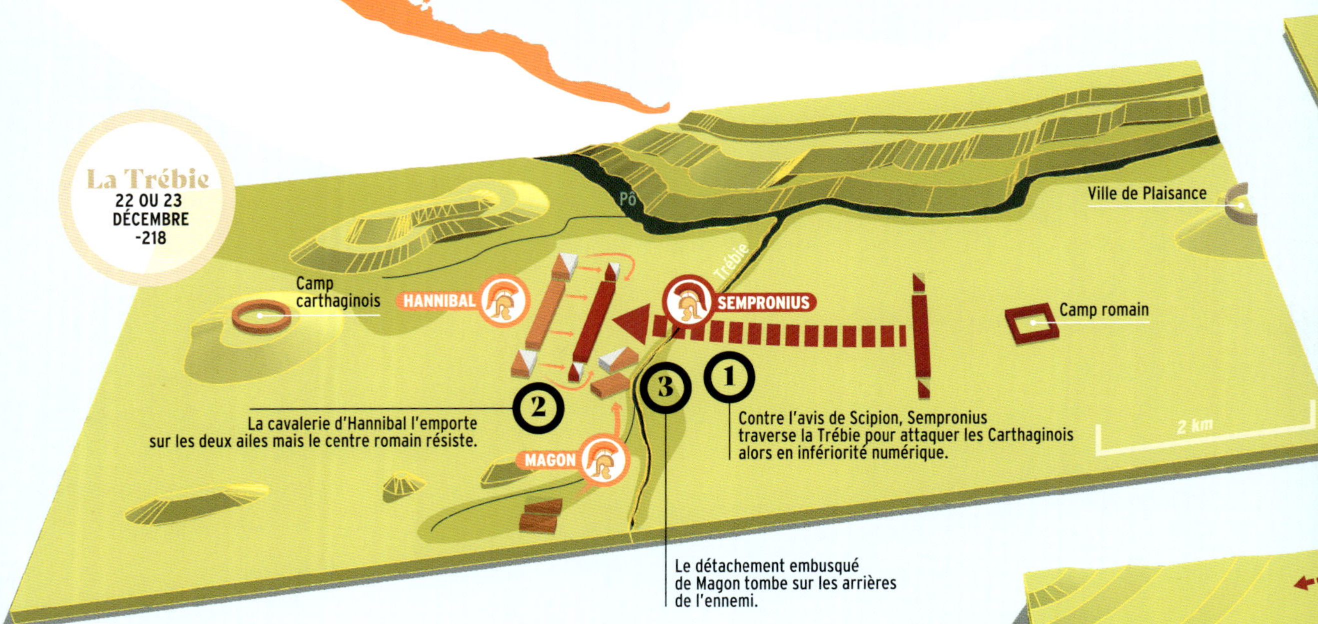

Rome incapable de reprendre l'initiative

Le plan initial des Romains visant à porter la guerre en Espagne et en Afrique est rendu caduc lorsque l'armée d'Hannibal franchit les Alpes. Après une première victoire lors d'un combat de cavalerie sur le Tessin (novembre -218), le général carthaginois obtient le renfort des Gaulois de la vallée du Pô.

La Trébie — L'armée romaine qui a échoué à intercepter Hannibal en Gaule méridionale, et celle déployée en Sicile en partance pour l'Afrique, sont précipitamment redirigées en Gaule cisalpine pour lui livrer bataille.

Lac Trasimène — Après la défaite de la Trébie, Rome cherche à piéger Hannibal entre ses deux nouvelles armées consulaires, celles de Flaminius concentrée à Arretium (Arezzo) et celle de Servilius rassemblée à Ariminum (Rimini).

Cannes — Rome envoie cette fois ses deux armées consulaires, préalablement réunies, à la rencontre d'Hannibal dans le but de lui livrer une bataille décisive et de l'écraser sous le nombre.

Trois chefs-d'œuvre tactiques

La bataille de la Trébie et la bataille de Cannes présentent de nombreux points communs, comme si la première avait constitué une sorte de brouillon de la seconde. À la Trébie, Sempronius se lance de lui-même à l'attaque. Hannibal organise sa défense, son infanterie au centre doit tenir et sa cavalerie sur les deux ailes doit prendre l'offensive pour effectuer un double encerclement. Le facteur décisif est obtenu par une attaque sur les arrières des Romains par un détachement de 1000 hommes confiés à Magon. À Cannes, largement inférieur en nombre, Hannibal améliore son plan : il provoque l'attaque des Romains en exposant dans un saillant son centre formé de ses troupes les plus faibles (Gaulois et Espagnols). Il aspire ensuite le gros des légions en faisant reculer son centre, avant de rabattre ses phalangites africains sur les flancs ennemis. La cavalerie, une nouvelle fois victorieuse sur les deux ailes, referme le piège en se retournant dans le dos des Romains, plutôt qu'en poursuivant leurs cavaliers. Cet art du double enveloppement, porté à son paroxysme à Cannes, avait également été mis en pratique au lac Trasimène en maximisant l'effet de surprise et en organisant une véritable embuscade.

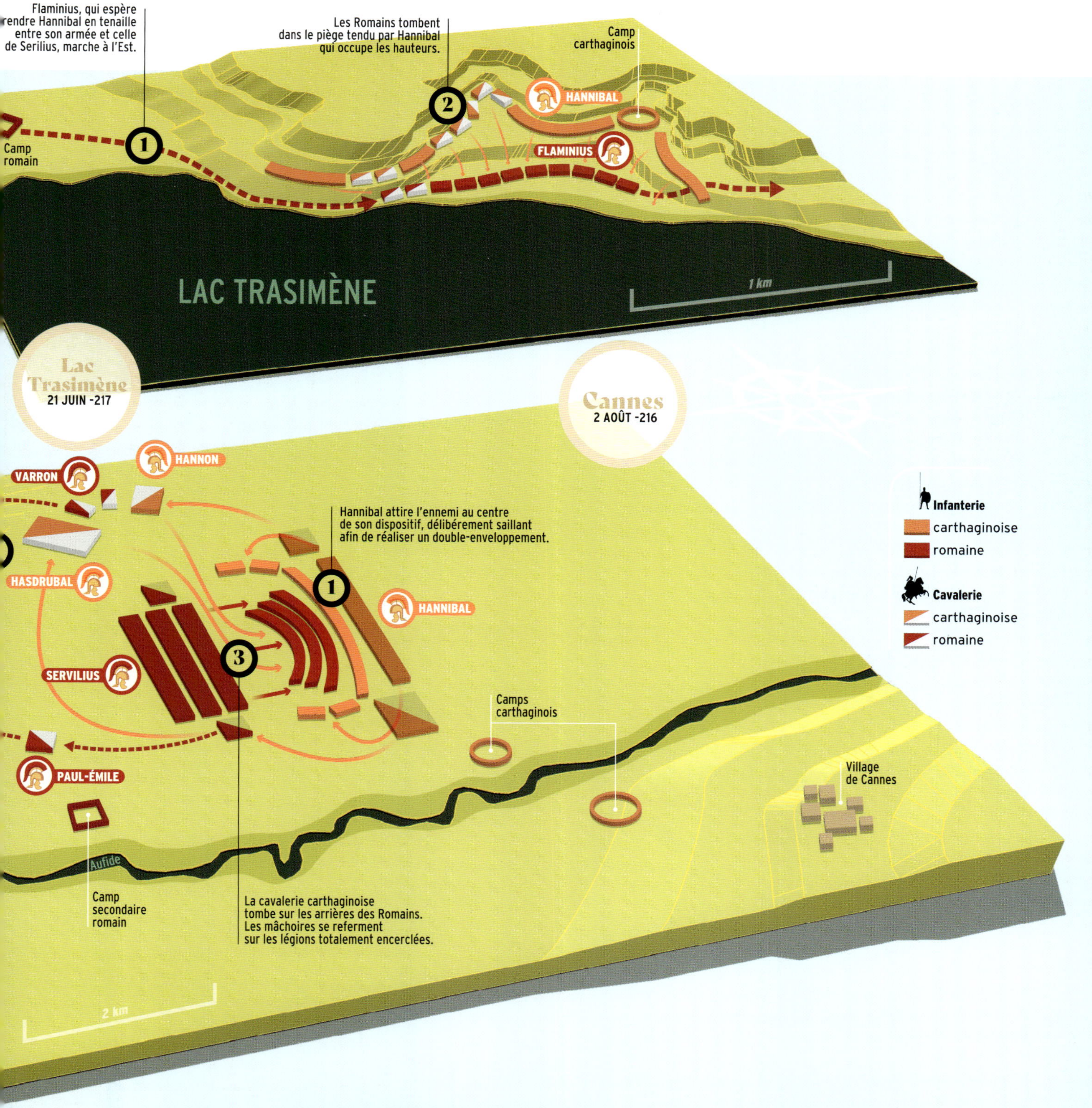

Pourquoi Hannibal ne marche-t-il pas sur Rome?

Après son impressionnante victoire à Cannes, 4 Hannibal ne s'attaque pas à Rome et préfère s'installer dans la riche ville de Capoue 5 qui lui ouvre ses portes. Dépourvu de matériel de siège, il reste fidèle à sa stratégie en privilégiant les pressions indirectes sur Rome, en quête d'ouverture de négociations en position de force. La grande cité de Tarente est conquise en -212 6 et le sud de l'Italie passe alors également sous domination carthaginoise. En revanche, le général punique échoue par trois fois en Campanie devant Nola, en -216, -215 et -214. 7 Hannibal marche néanmoins et pour de bon sur Rome 8 en -211, mais son raid, à la tête de sa cavalerie, n'est qu'une diversion pour tenter de soulager Capoue que les Romains cherchent à reconquérir. Capoue est finalement perdue en -211 et Tarente en -209. Après la destruction de l'armée de renfort d'Hasdrubal au Métaure en -207, 9 Hannibal se retrouve confiné dans l'extrême sud de l'Italie et embarque vers l'Afrique depuis Crotone en -203. 10

Des pertes effroyables... côté romain

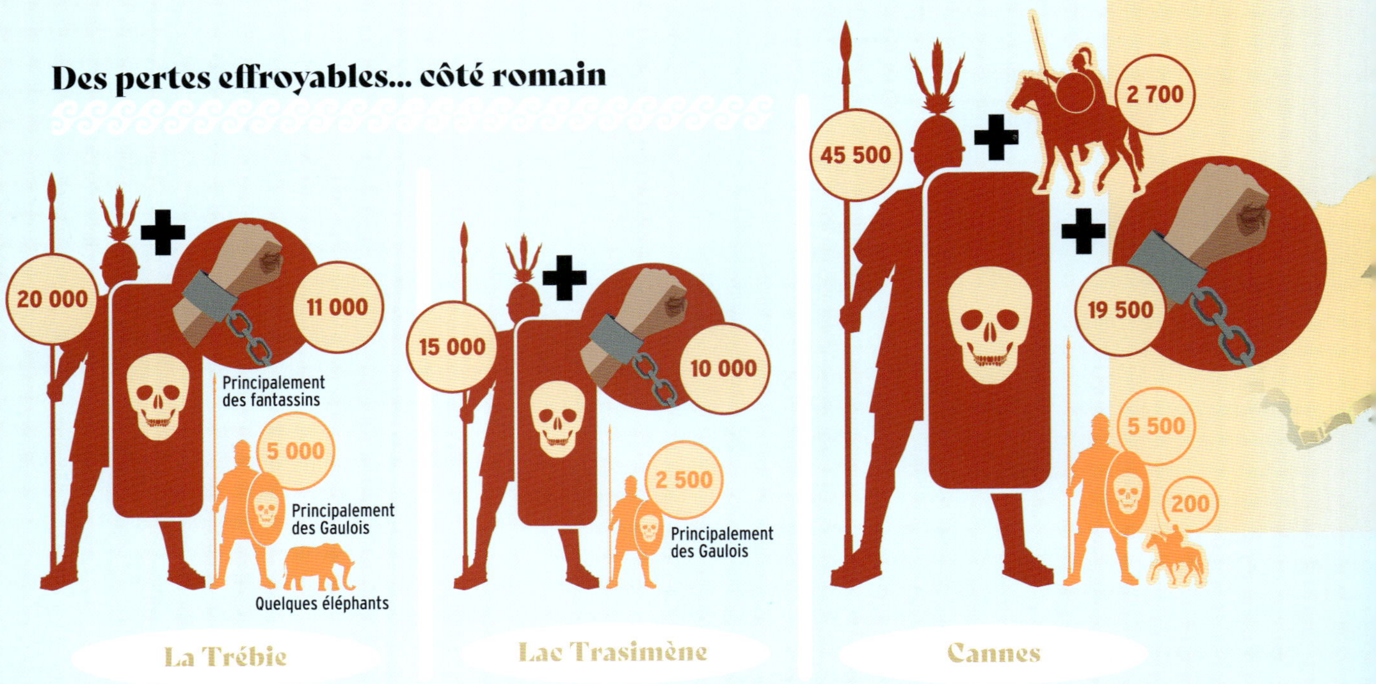

Carthagène et Zama, la réponse romaine

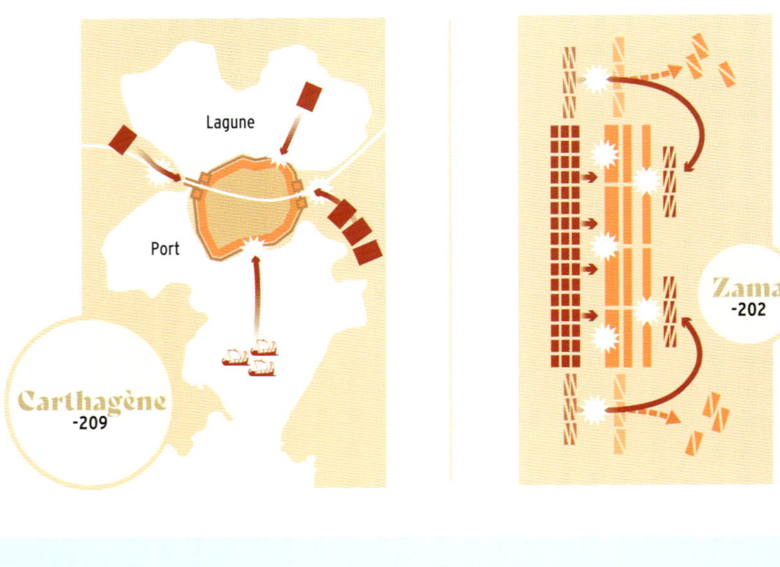

Scipion trouve les clés qui permettent à Rome de surmonter le traumatisme de Cannes:

- **AUDACE** en -209, Scipion monte une opération amphibie « coup de poing » contre Carthagène (la nouvelle Carthage) en Espagne et prend de vitesse ses adversaires.
- **DIPLOMATIE** en -204, Scipion obtient l'alliance du roi numide Massinissa qui lui apporte un fort contingent de cavaliers capables de rivaliser avec ceux de Carthage.
- **TACTIQUE** en -202 à Zama, Scipion retourne contre Hannibal sa tactique de double enveloppement grâce à sa supériorité en termes de cavalerie (6100 cavaliers pour Scipion contre 4000 pour Hannibal).

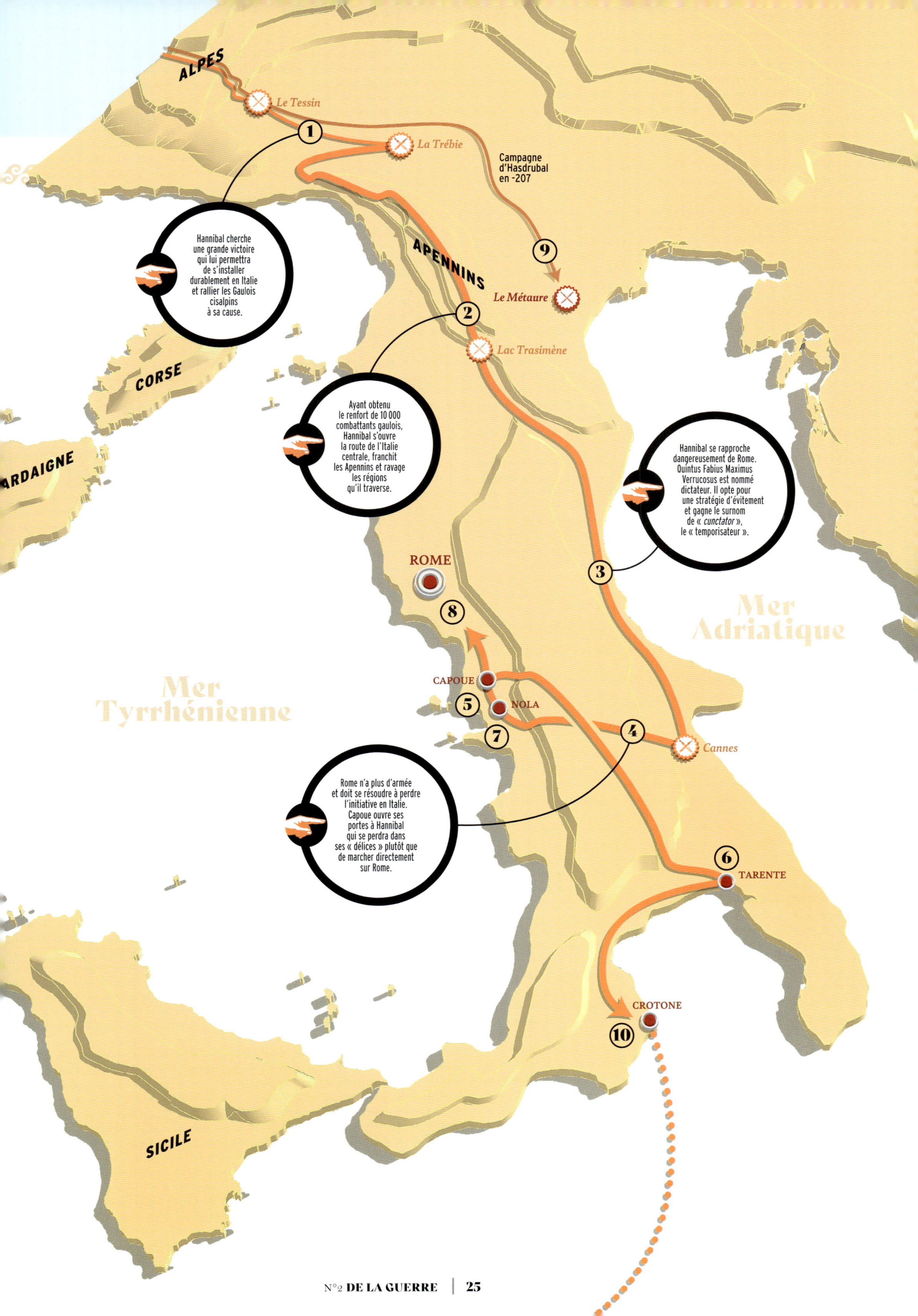
ALPES
Le Tessin
La Trébie
Campagne d'Hasdrubal en -207
APENNINS
Le Métaure
Lac Trasimène
CORSE
ARDAIGNE
Hannibal cherche une grande victoire qui lui permettra de s'installer durablement en Italie et rallier les Gaulois cisalpins à sa cause.
Ayant obtenu le renfort de 10 000 combattants gaulois, Hannibal s'ouvre la route de l'Italie centrale, franchit les Apennins et ravage les régions qu'il traverse.
Hannibal se rapproche dangereusement de Rome. Quintus Fabius Maximus Verrucosus est nommé dictateur. Il opte pour une stratégie d'évitement et gagne le surnom de « cunctator », le « temporisateur ».
ROME
Mer Adriatique
Mer Tyrrhénienne
CAPOUE
NOLA
Cannes
Rome n'a plus d'armée et doit se résoudre à perdre l'initiative en Italie. Capoue ouvre ses portes à Hannibal qui se perdra dans ses « délices » plutôt que de marcher directement sur Rome.
TARENTE
CROTONE
SICILE

Léon Cuffaut
le chasseur chanceux

Étonnant témoignage que celui de Léon Cuffaut ! L'itinéraire de ce pilote de chasse-né, engagé à 20 ans, épouse les circonvolutions les plus dramatiques de trente années d'histoire militaire française. Entre la pacification du Maroc en 1931 et l'opération Écouvillon en 1959 contre ce même Maroc, il aura convoyé des avions vers l'Espagne républicaine, affronté les Messerschmitt durant la campagne de France, vu de près les affrontements fratricides de Syrie, le débarquement américain en Algérie, l'épopée du Normandie-Niémen, les guerres d'Indochine et d'Algérie. Professionnalisme, sang-froid, baraka : Léon Cuffaut a été béni par Notre-Dame de Lorette, patronne des aviateurs !

TRANSCRIT ET ÉDITÉ PAR **JEAN LOPEZ**. ILLUSTRATIONS AVIONS : **LUCIO PERINOTTO**

Le texte qui suit est la transcription de fichiers audio détenus par le Service historique de la Défense. Ces fichiers contiennent 3 h 30 d'interview de Léon Cuffaut réalisée en 1977. Pour rendre la lecture plus aisée, la transcription a été allégée des répétitions et des détails qui l'alourdissaient. Le récit a, par endroits, été rétabli dans l'ordre chronologique.

Léon Cuffaut assis sur l'aile de son chasseur Yak-9T, escadrille Normandie-Niémen, 1944. Apparue en 1943, cette variante du Yak-9 emporte un canon de 37 mm monté dans le nez.

Léon Cuffaut, le chasseur chanceux

Parlez-nous de votre milieu familial, de vos études…

Ma vocation aérienne naît en 1917. J'ai… 6 ans ! Je suis dans le bois de Vincennes et j'avise un avion désemparé… qui s'écrase à quelques mètres de nous ! Je le revois encore, il avait perdu une aile, ça m'a beaucoup frappé. J'assiste un peu plus tard à un raid de dirigeables allemands du côté de Montargis. L'un d'eux s'abat dans la campagne et prend feu. Et encore ceci : un Caudron G.3, venu du front, se pose à Beaumont-du-Gâtinais, sous mes yeux. Le pilote descend, me demande d'aller chercher un bidon de pinard puis redécolle. Je suis enthousiasmé ! Ma jeunesse se passe en Bourgogne, dans la région d'Auxerre. Mes grands-parents sont vignerons, de ceux qui ont terriblement souffert du phylloxéra en 1886. Une grosse partie de ma famille a d'ailleurs émigré aux États-Unis. Et moi, je regarde évoluer les avions depuis les coteaux d'Auxerre. Les coucous viennent d'un aéro-club fondé par Jean Moreau, futur ministre de l'Air, un as de la guerre de 14 à cinq victoires. C'est lui qui me donne le baptême de l'air. Je suis fasciné par son uniforme, ses grandes bottes lacées, son képi de travers, le bruit des moteurs. Je lave à longueur de journée les pare-brise des machines et on me paie en m'embarquant comme passager pour des vols de dix minutes. Tout gosse, je suis les combats de Guynemer, de Fonck, de Dorme, je baigne littéralement dans les exploits de ces as. Mon père, ingénieur, sert en escadrille comme mécanicien. Il a entre autres très bien connu André Maroselli [*futur ministre de l'Air sous Paul Ramadier, NDLR*]. Je l'écoute parler de la vie du front… Je crois que c'est de là que vient mon amour pour l'aviation. J'en suis même persuadé. Et ça n'a pas changé ! À 66 ans, je suis toujours pilote instructeur. Je n'ai jamais arrêté de voler, sauf quand j'ai été grièvement blessé.

Aviez-vous une idée précise du rôle que l'aviation pouvait tenir pendant la guerre ?

Au début, pour moi, l'avion c'est d'abord une arme de combat. L'intérêt pour l'aviation sportive et de transport viendra ensuite, avec des stages sur DC 4 et sur Caravelle. Pour revenir à l'aviation de guerre, j'ai vite compris que les récits héroïques, c'est bien gentil mais les héros sont tous morts. Je dois reconnaître que j'ai acquis un sixième sens, beaucoup d'anciens en parlaient et je pense qu'il existe. C'est grâce à ce sens supplémentaire que j'ai duré. Si j'ai survécu, je le dis franchement, c'est aussi parce que j'ai fait demi-tour au cours de certains combats quand nous étions en infériorité. Je n'ai jamais été un Bayard. Mon rôle était de durer et de représenter la France. Quand on est tué, on ne peut plus rien représenter. Une telle action d'éclat ne permet pas de parvenir au but qu'on s'est fixé.

Vous vous engagez en 1930 au titre du 2e groupe d'aviation d'Afrique, mais durant cinq ans vous ne faites pas partie du personnel navigant…

Si. En août 1930, en Algérie où je m'engage, je suis élève mitrailleur sur Breguet XIV. J'appartiens donc au personnel navigant. D'ailleurs, je descends à Colomb-Béchar à plusieurs reprises pour participer à des opérations menées au Tafilalet (*voir encadré ci-dessous*). Nous y perdons plusieurs équipages sur Breguet XIV et Potez 25. Je vis dans une ambiance de guerre dès le départ, celle dont j'ai rêvé… mais sans avions adverses ! En 1933, je réussis le concours d'entrée à l'École de l'air d'Istres et, en 1935, je suis breveté pilote militaire.

Quelle est l'ambiance quand vous arrivez à Oran en 1930 ?

Je trouve l'ambiance qui existait dans les escadrilles en 1918, et qui est très différente de celle de 1939 puis de celle d'après 1945. Les officiers paradent beaucoup dans leur belle tenue, il faut le dire. Ils portent le prestige de la Victoire. Leurs exploits, ils ne les racontent pas mais on les devine. Au mess ou au bar de l'escadrille, il leur échappe quelques fois des détails sur leurs combats. Nous admirons ces anciens.

TAFILALET, MARS 1931

En 1912, le Maroc est *de facto* placé sous protectorat français. Néanmoins, de vastes régions montagneuses et/ou désertiques demeurent hostiles à la présence d'un pouvoir chrétien, et il faut plusieurs campagnes, jusqu'en 1937, pour les contraindre à l'obéissance. Léon Cuffaut, mitrailleur à bord d'un biplan Bréguet XIV de reconnaissance, participe aux combats qui se déroulent dans le haut Atlas entre 1931 et 1934. Son unité intervient notamment lorsque le général Giraud, commandant de la région militaire des confins algéro-marocains, chasse le chef Belkacem N'Gadi de la palmeraie de Tafilalet, porte du Sahara, en mars 1931. Contrainte de descendre très bas du fait des vents de sable, l'unité de Léon Cuffaut aura deux tués.

Les **récits héroïques**, c'est bien gentil mais les héros sont tous morts. Et quand on est tué, **on ne peut plus rien représenter.**

Les équipages volent beaucoup ?

Non. Jusqu'en 1935, la moyenne est de 50 heures par an. Nos Breguet sont équipés de moteurs Liberty américains qui prennent feu. J'ai vu un équipage brûler en vol. Les heures de maintenance sont très nombreuses en proportion des heures de vol. Les réglages sont délicats, il y a des tendeurs pour les toiles, des choses de ce genre qui ont disparu par la suite. Les moteurs n'ont pas la même durée de vie ni la même fiabilité qu'aujourd'hui.

Vous êtes donc à Istres en 1933. Comment se passe alors l'instruction d'un élève pilote ?

L'instruction est assez sommaire. Nous volons sur des Morane 138 avec des haubans, un moteur rotatif, une manette pour l'air et une pour l'essence : c'est quasiment un retour à 1918. Pour nous, tout va très vite : l'instruction au sol, assez sporadique, dure un mois puis on nous lâche. Le grand jour est venu pour moi en février 1934. Je suis à Istres depuis 5 mois et on me lâche en solo au bout de 5 h 10 de vol, c'est peu. L'ambiance est aussi mauvaise que la nourriture, la discipline très stricte. Heureusement, nous faisons beaucoup de sport : rugby, culture physique pratiquement tous les jours. L'encadrement laisse à désirer. Certains sous-officiers sont de véritables ivrognes. La plupart n'ont pas fait la guerre, ils sont restés à l'arrière, en instruction. Ce sont des espèces de petits dictateurs qui prennent une revanche sur ce qu'ils n'ont pas pu faire. À côté de ça, nous avons des officiers instructeurs qui sont des seigneurs de la guerre, notamment le commandant François Battesti, un compagnon de Guynemer avec une dizaine de victoires. Il nous fait des amphis de morale d'une très haute élévation. Le colonel Pinsard est lui aussi formidable ; il nous donne un cours en amphi sur la dignité de l'officier. « *Vous êtes ici pour perdre votre peau de sous-officier,* nous dira-t-il, *pour devenir des hommes d'abord, des officiers ensuite.* » C'est ainsi que je commence à préparer les EOA [*élèves officiers d'active, NDLR*].

Sur le plan de la distraction, Istres c'est pas extraordinaire. Nous allons de temps en temps à Salon où nous nous amusons beaucoup plus. Il y a les bals. Charles Trenet fait son service en même temps que moi, en 1936, et il nous chante des tas de chansons à la cantine. Nous lui offrons souvent le café car il n'a pas d'argent à l'époque. En 1936, avant de quitter l'école, nous montons une tour à parachutes. Le capitaine **Geille** fait les premiers sauts, il revient de faire un stage en Union soviétique. J'ai le privilège d'être un des premiers à sauter. Par la suite, je ferai une quinzaine de sauts, en Indochine notamment, ou je serai breveté parachutiste militaire. Un saut spécial est mentionné dans mes citations : le 27 octobre 1944, après avoir combattu deux Messerschmitt, je suis descendu à 7 200 mètres par un obus de 88 mm [*au-dessus du Niémen, NDLR*]. Mon avion reçoit un choc puis part en vrille. J'ai pu sauter… pour tomber au beau milieu d'un combat de chars.

Quelle est votre impression quand vous arrivez à Étampes, à l'école des pilotes de chasse ?

Je suis sorti premier à Istres, et les premiers demandent la chasse. Pour moi, il n'y a que ça qui compte. L'atmosphère est très différente à Étampes. Officiers et sous-officiers sont très bien. À l'époque, il y a la célèbre **patrouille d'Étampes** sur Morane 225, et les fameux autogires La Cierva [*très à la mode dans les années trente, NDLR*]. Mais surtout, surtout, nous voyons les derniers avions sortis : les Mureaux, les Dewoitine 501. À la fin du cours, on recevra le 510, sur lequel on tournera un peu. On vole d'abord – et on voltige – sur les Morane 138 et 230 puis sur Nieuport 62. Ah, il y a toute la gamme, y compris des LeO 20. L'école est sévère, on ne passe rien. Il faut être sérieux, avoir une vie rangée. L'école est fermement

• **Frédéric Geille** (1896-1976) procède dès 1918 aux premiers sauts en parachute, devient moniteur en 1935 au cours d'un stage en URSS et est à l'origine de la création des deux premières unités, les 601e et 602e GIA. Il prend, en juillet 1943, le commandement du premier régiment de paras, le 1er RCP.

• La **patrouille d'Étampes** est la première formation acrobatique militaire française, fondée à Étampes-Mondésir en 1931. Elle déménage en 1937 à Salon-de-Provence et se transformera en 1953 en Patrouille de France.

tenue par le colonel Augereau, le capitaine de Mac Mahon et le lieutenant Henri Arnaud qui deviendra un crack de la chasse. À la sortie d'Étampes, j'ai vraiment conscience d'être devenu un chasseur.

Vous n'y avez passé que trois mois en définitive...

C'est vrai, mais nous avons fait plus de 100 heures de vol ! Plus qu'en trois ans à Istres. En revanche, nous n'avons jamais tiré ! C'est bien après que j'ai fait du tir en vol.

On peut donc former des chasseurs sans faire de tir ?

Oui. Nous faisons du vol groupé à 3, mais très peu de vol en formation. Nous pratiquons le pilotage sans visibilité (PSV) sur Morane 230. À l'arrière, il y a une capote qu'on rabat par-devant, si bien qu'on ne voit plus rien à l'intérieur. Des petits malins font des trous dans la capote pour voir quand même. Mais ça ne sert à rien : du moment qu'on voit les instruments lumineux, on arrive à faire des prises de terrains complètes. Devant, un moniteur nous indique nos erreurs. Nous effectuons environ 25 heures de PSV chacun. Nous avons vraiment conscience d'être sur des avions modernes, surtout avec le Morane 230, les Mureaux 115 et 117. Ensuite, ça s'accélérera avec le Dewoitine D.520, un chasseur très moderne.

Après Étampes, vous partez pour Bizerte, en Tunisie. Qu'y faites-vous ?

Je suis bien accueilli par le capitaine Murtin, un patron très sévère, ancien de 14-18. Il me demande ce que je sais faire. Je lui dis que je suis sorti premier d'Étampes et que je sais... tout faire ! Prenez un Nieuport 62, m'ordonne-t-il. Je fais une présentation à 1 000 mètres. Interdit de descendre plus bas, selon le règlement. Je me présente à lui, et il me répond qu'il a en effet entendu un avion, mais qu'il n'a rien vu. Je recommence. Cette fois, je descends au ras des hangars et... je prends quinze jours d'arrêt de rigueur, que j'ai faits sur parole.

Vous êtes détaché à Oran. Pour quoi faire ?

Pour assurer la surveillance des côtes algériennes, à partir de la base de La Senia, du fait de la guerre d'Espagne. On a vu atterrir sur notre piste un chasseur I-15 soviétique ! On m'a aussi demandé d'aider l'Aviation populaire (*voir encadré p. 31*), c'est-à-dire d'être moniteur sur petits avions pour former des pilotes, donner le goût de l'aviation à des jeunes. J'y suis presque tous les après-midi. Je brevette une trentaine de jeunes en l'espace d'un an et demi. On a beaucoup critiqué l'Aviation populaire. Elle a pourtant été nécessaire : elle a fourni beaucoup de pilotes. Ainsi à l'escadrille Normandie, beaucoup en viennent, comme Albert ou Lefèvre. C'est vrai qu'il y a peu de discipline mais les moniteurs sont très bons. Les brevets étaient moins sévères qu'ils ne le sont devenus, je le reconnais. À l'époque, on le décroche avec 15 heures de vol. Mais c'est indispensable, la France manque de pilotes. Quand, à partir de 1938-1939, nous recevrons beaucoup d'avions modernes et formerons de nouvelles escadrilles, nous serons bien contents d'avoir ces gens-là ! (...)

Quand vous passez chef de patrouille en 1938, pensez-vous avoir appris votre métier de chasseur ?

Oui, j'ai conscience de savoir parfaitement mon métier. Mais comme je me trouve engagé dans des combats aériens dès le début de la guerre, je dois préciser que j'avais, en réalité, encore beaucoup à apprendre. Ne serait-ce que le sens du combat, que j'acquière par la suite. Avant 1940, nous avons de bons instructeurs, mais nous ne volons pas assez.

Pouvons-nous parler de votre mission en Espagne ?

En 1937, je me trouve à l'École de l'air. Le vice-ministre convoque plusieurs gars pour convoyer des avions vers les républicains espagnols. Je fais deux convoyages de Vultee V-1 américains sur Toulouse et Tarragone – nous perdons un avion qui prend feu au décollage. À Tarragone, je fais la connaissance du colonel **Malraux**, puis du capitaine Zakharov qui dirige deux escadrilles de chasseurs Iliouchine 15 et 16. Malraux est un idéaliste, pas du tout un aviateur, pas pilote non plus. Comme les Russes, il est convaincu qu'il va gagner la guerre, que les Brigades internationales vont tout emporter. Quand il parle, on a l'impression qu'il est tout seul. Ses équipages sont très hétéroclites. Les Espagnols sont valables, les Russes très entraînés, notamment ceux du capitaine Zakharov que je retrouverai plus tard [*en URSS, NDLR*]. Quelques-uns viennent pour l'argent, mais dans l'ensemble, ils ne se battent pas pour ça. C'est une équipe héroïque : ils n'ont aucun moyen de combattre efficacement les Italiens et les Allemands.

Vous aviez une opinion sur la non-intervention en Espagne ?

Nous avons appliqué la non-intervention, mais pas les Italiens ni les Allemands. Si l'Espagne franquiste

•
André Malraux recrute depuis Paris en juillet 1936 des pilotes mercenaires, avec l'aide de Jean Moulin. Il organise leur transfert à Barcelone, où ils forment l'escadrille España dotée de vieux matériels – Dewoitine 371 et Potez 540. L'unité cesse pratiquement d'exister en février 1937 avant de se reformer sous le nom d'André-Malraux, cette fois sur la base du volontariat.

Le biplan biplace Breguet XIV sur lequel Léon Cuffaut occupait la place du mitrailleur, à l'arrière. Cet appareil, le premier de grande série à avoir une structure métallique, était destiné à la reconnaissance ou au bombardement.

n'avait pas eu les moyens fournis par ces deux pays, elle ne s'en serait pas sortie. J'assiste à des combats entre communistes et anarchistes espagnols. C'est lamentable. Ça manque d'ordre chez les républicains, c'est invraisemblable, alors que chez Franco il y en a, et aussi des unités solides. Les Russes ont amené des moyens. Est-ce que le matériel annoncé est arrivé ? Je ne pense pas, même si l'or espagnol a payé bien des choses. La république a aussi quelques matériels français mais très anciens. Ce qui me fait de la peine en tant qu'officier, c'est la tenue des troupes républicaines. Une troupe non disciplinée ne peut pas gagner une guerre, ce n'est pas possible. Il faut de la cohésion. Là, ils se tirent dessus entre eux, il y a des exactions, dont je ne veux pas parler. Et pourtant, moi j'étais d'esprit républicain.

Lors de la remilitarisation de la Rhénanie par Hitler, en 1936, vous étiez à Istres. En avez-vous parlé entre pilotes ?

Entre élèves, non. Mais on entend les officiers en parler. Surtout ceux qui ont fait 14-18. Battesti n'arrête pas de dire qu'il faut faire quelque chose tout de suite ! En revanche, en 1938 au moment de l'Anschluss de l'Autriche, on sera tous très conscients qu'on se dirige vers la guerre.

L'AVIATION DU FRONT POPULAIRE

L'Aviation populaire est un mouvement lancé en 1936 par Pierre Cot, ministre de l'Air, et Jean Zay, ministre de l'Éducation nationale, au sein du gouvernement du Front populaire : l'État prend à sa charge les frais d'obtention du brevet de pilotage d'avions légers. L'objectif est de démocratiser l'accès à un sport très élitiste et d'élargir le vivier de recrutement de l'armée de l'air. L'Aéro-Club de France soutient l'initiative, à la différence des militaires qui craignent la politisation. Faute d'appareils et d'instructeurs volontaires, il n'y a que 130 brevetés en 1936. Mais, en 1937, la livraison de 1100 appareils, dont 444 Caudron C.275 Luciole, permet la formation de jeunes notamment venus du monde ouvrier. En 1939, les Sections d'aviation populaire auront breveté 3500 jeunes pilotes. La plupart iront grossir les rangs des personnels navigants de l'armée de l'air et une toute petite minorité, dont sera Marcel Albert, second as des Forces aériennes de la France libre (23 victoires), entrera à l'École de l'air.

Quand Daladier revient de Munich, notre commandant, Merlin, dit : tout ça, c'est du cinéma, on aura la guerre avant un an.

Vous aviez une opinion sur le Front populaire ?

Il y a des choses à dire sur l'émeute du 6 février 1934 [*une manifestation d'extrême droite qui fait 15 morts provoque la chute du cabinet Daladier, NDLR*], et nous en parlons entre nous. Mais je peux vous affirmer que notre principale préoccupation est de devenir pilote et ensuite, pour la majorité, d'être versé dans la chasse. Un petit groupe de camarades, de la promotion d'Istres 1933, est franchement d'Action française, et on en parle beaucoup, de Léon Daudet, de Charles Maurras. Il y a des frictions là-dessus dans les chambres. On entendait à table des « *Vive le roi !* » On envoyait des quolibets mais ça n'était pas méchant. Quant au Front populaire, on n'en parle pas du tout, surtout pas avec les officiers. Il faut dire qu'on était très fatigués. Nous faisions énormément d'instruction au sol, entrecoupée de très nombreux vols, très courts, de 15 à 20 minutes. Les montées rapides à 6 000/8 000 mètres sans cabine, la voltige incessante, c'était épuisant.

Vous entrez en 1938 à l'école des élèves officiers de Versailles, où vous restez deux ans. Qu'en avez-vous pensé ?

L'enseignement est excellent ! Il y a même des cours communs en amphi, entre nous les EOA, et la filière du recrutement direct, et c'est très bien car nous avons une expérience que ces jeunes futurs officiers n'ont pas. Cette promotion 1937-39 est excellente. Beaucoup seront tués pendant les combats de 1940, beaucoup feront le sacrifice de leur vie comme de Gervilliers qui après avoir abattu deux avions allemands en percutera volontairement un troisième. Il y a beaucoup d'affinités entre nous, une sorte d'esprit frondeur. Les instructeurs sont en général très bons, comme le commandant Merlin, un homme extraordinaire, qu'on appelait l'Enchanteur, bien sûr. Nous l'aimons terriblement. Nous nous serions jetés au feu pour lui. Il y a aussi le colonel Guillot, qui sera un grand patron de la Résistance. Ceux-là nous préparent à la guerre, car on en parle, elle est imminente, on la sent, on le sait. Quand Daladier revient de Munich, Merlin dit : tout ça, c'est du cinéma, on aura la guerre avant un an. Côté hygiène, Versailles ce n'est pas terrible. Nous sommes 108 élèves sous-officiers et il y a trop peu de toilettes et de lavabos. Un bon point : on fait beaucoup de sport, notamment du tir au sol, de la natation. (…) Je fais quelquefois le mur. Il faut un certain tempérament pour monter dans un arbre et ensuite sauter à 4 ou 5 mètres de là, sur le faîte d'un mur, et récupérer un copain qui attend avec une voiture de l'autre côté. Je me fais d'ailleurs pincer par le sergent de garde… Cette époque est importante pour notre éducation militaire. Elle nous a littéralement transformés.

Comment sentiez-vous la montée des périls ?

Par la presse. On écrit alors beaucoup sur la rencontre entre Daladier, Chamberlain et Hitler. Nous

LA SYRIE, TERRE DE DIVISIONS

Le général de Gaulle tente, en mars 1941, de convaincre les Britanniques de le laisser entrer au Liban et en Syrie, deux territoires sous mandats français fidèles à Vichy. Londres accepte à cause du coup d'État pro-allemand de Rachid Ali en Irak et à l'accord Hitler-Darlan du 11 mai 1941, qui met les bases du Levant au service de la Luftwaffe et permet la livraison d'armes françaises aux révoltés. L'intervention britannique – avec participation de la 1re division légère française libre, soit 5 400 hommes – débute le 8 juin 1941. Les forces commandées par le général Dentz – 30 000 hommes, 90 chars – opposent une vive résistance. Français et Britanniques entrent à Damas le 21 juin et il faut encore cinq semaines pour réduire Dentz au Liban. Les forces vichystes comptent 1 066 tués, les Français libres 156, les Britanniques environ 500. L'affaire ne fera que creuser le fossé entre l'armée fidèle à Vichy et les gaullistes, et entre ces derniers et Londres soupçonnée de vouloir éliminer l'influence française au Levant.

sentons très bien que la mainmise sur la Tchécoslovaquie, l'Autriche, la revendication sur la Pologne, sur le couloir de Dantzig, que tout ça donnerait la guerre… On sent tous que ça approche. Les Français et les Anglais tentaient d'éviter la guerre, mais elle était inéluctable.

Continuez-vous votre formation de pilote de chasse ?

Nous volons sur Potez 25 pour passer le brevet d'observateur et de pilote. Nous volons toujours trop peu. À mon retour de Syrie, en 1941, je compterai 1 000 heures, ce qui n'est pas beaucoup en sept ans. En fait, je volerai surtout pendant la guerre. À l'école de Cazaux je fais du tir aérien et du tir au sol pendant un mois. On tire sur des péniches, des canots à moteur, puis en vol. Avec des Nieuport 62, on tire sur cibles fixes et sur cibles remorquées qu'on appelait « biroutes ». Je sors de l'École de l'air 8e sur 108. Je choisis la chasse. Et me voilà à Dijon, à la 7e escadre, sur Morane 406. Je passe par différents groupes de chasse, pour finir au **II/6** où, très vite, je commence les combats.

Quelle impression vous font les appareils allemands ?

Une impression démoralisante ! Je vois à plusieurs reprises leurs appareils arriver sur moi – jamais un Allemand ne m'a surpris –, je manœuvre, j'essaie d'éviter, mais j'ai constamment le sentiment de ne pas avancer. J'ai l'impression qu'ils font du 650 à l'heure ! Le Messerschmitt a sur nous une supériorité de vitesse écrasante. Quand je peux les accrocher, c'est en combat tournoyant, le 22 novembre 1939, avec Bremond d'Ars. Nous en descendons deux [*ce qui vaut à Léon Cuffaut la croix de guerre, NDLR*] dont un qui prend un obus dans son poste radio. Il s'est posé sur le ventre. L'avion est intact, et Rozanoff viendra le récupérer ensuite. Je reste dans le même groupe II/6 jusqu'au 27 mars 1940. On demande à mon escadrille de fournir un chef de patrouille ayant l'expérience des combats. Comme à l'époque, il y a très peu de victoires, je suis désigné d'office. Je pars, pas content du tout, pour le centre d'instruction de Chartres où je retrouve les as de 14-18 que je connaissais. Mon patron est le colonel Waddington, un gars avec 12 victoires de la Grande Guerre ! Très bonne ambiance, beaucoup d'avions, beaucoup d'élèves, et des pilotes tchèques exceptionnels. Je vole énormément sur Curtiss P-36 et sur bimoteur Potez 631. Nous avons des combats après le 10 mai 1940. Malheureusement on nous enlève nos Curtiss P.36 pour les remplacer par des Bloch 151 peu fiables. À plusieurs reprises je me trouve à 50 m derrière la queue d'un Dornier 17, mais les armes ne marchent pas ! Je forme beaucoup d'élèves pour le front dont le futur général Fabre-Garrus et surtout une escadrille composée de Tchèques, dont **Vasatko**. Ces gars-là se sont très bien conduits, de vrais seigneurs de la guerre, qui passeront tous en Angleterre. Nous évacuons seulement le 14 ou le 15 juin sur l'ordre non pas d'un militaire mais du préfet de Chartres, Jean Moulin, après avoir incendié les dépôts d'essence. C'est la seule fois où je l'ai rencontré. Après, toute l'escadrille descend vers Bordeaux, puis Cazaux puis Toulouse et, sans ordres, vers l'Afrique du Nord. À Toulouse, un personnage étonnant vient me trouver, **Didier Daurat**, pour savoir si je sais piloter le Lockheed Electra bimoteur. Je sais. Toute mon escadrille embarque là-dessus, en cachette. Je demande à Daurat quand je dois décoller, il me répond : immédiatement ! Il récupère nos valises, les gars se couchent dans l'avion. Des gendarmes sont là, qui ont l'ordre de tirer sur les appareils. C'est le 25 juin. Le décollage se déroule sans histoire.

Vous n'auriez pas pu passer en Afrique du Nord avec des Bloch ?

Certainement pas. Qu'est-ce que nous avons eu comme ennuis avec ces engins ! D'ailleurs, s'ils restent en France ce n'est pas pour rien. Le 152 est un bon avion mais pas le 150 ni le 151. D'ailleurs, on nous les a livrés à Chartres sans collimateur de visée ! Livrés incomplets ! Tous les combats se font avec une grille de visée ! En plus, au-dessus de 4 000 ou 5 000 mètres, aucune arme ne fonctionne, tout est gelé. Il faut tirer en rase-mottes. Quand j'ai attaqué des camions et des motocyclistes allemands, là, ça a marché, mais c'était déjà la débâcle.

•
En 1939-1940, environ 900 Tchécoslovaques dont 112 pilotes sont engagés, sur ordre du gouvernement Bénès en exil, aux côtés de l'armée de l'air. Le plus célèbre, **Alois Vasatko**, est le 2e as de la campagne de France, avec 12 avions allemands abattus sur Curtiss H-75 (groupe de chasse I/5), auxquels il ajoute une quinzaine d'autres appareils, en solo ou en groupe, durant la bataille d'Angleterre. Il se tue en mission en juin 1942.

•
L'armée de l'air française est à cette époque organisée en escadres, groupes (plus tard renommés escadrons) et escadrilles. Une escadre comprend deux ou trois groupes, un groupe entre deux et quatre escadrilles de 10 appareils chacune. **II/6** signifie 2e groupe de chasse de la 6e escadre.

•
Didier Daurat (1891-1969), ancien pilote de reconnaissance de la Grande Guerre, est une figure légendaire de l'aviation française. Fondateur des lignes Latécoère, future Aéropostale, c'est lui qui repère et emploie Saint-Exupéry, Mermoz ou encore Guillaumet.

Plus tard, je deviendrai gaulliste : mais en juillet 1940 je suis les instructions du gouvernement et j'exécute les ordres.

Comment réagissez-vous à la défaite ?

Nous pensons que la guerre va continuer, nous ne sommes pas démoralisés. À l'arrivée à Oran, notre DCA nous tire dessus. Nous sommes alors tous persuadés que la guerre va continuer en nous ralliant à l'Angleterre. Mais le 27 juin, le général Noguès, commandant en chef des troupes françaises en Afrique du Nord, accepte les conditions de l'armistice et se rallie à Vichy. On m'affecte au groupe de chasse d'Oran. Quand je prends l'air pour Mers el-Kébir, c'est en pleine connaissance de cause : je ferai ce qu'on m'a demandé de faire. Et si cela avait été nécessaire, j'aurais descendu des avions anglais. Le gouvernement français a décidé d'arrêter la guerre : j'estime donc que, sur le plan discipline, nous devons rester ensemble et ne pas partir en Angleterre. C'est mon point de vue à l'époque. Donc je décolle le 3 juillet pour la rade de Mers el-Kébir. Nous assistons à la canonnade. Je vois le cuirassé *Bretagne* se retourner : je suis au-dessus mais il n'y a pas d'avion anglais. Je rentre, on fait les pleins d'essence, on réarme et on redécolle, toujours sur nos Morane 406. Mais on n'engage pas le combat car il n'y a pas un avion anglais en vue, et on ne verra pas non plus les Swordfish quand ils reviendront le 6 juillet.

Comment se passe la vie à Oran ?

On discute de la politique française. Dire qu'il y a des gaullistes, ce serait exagérer. Quant à moi, je le deviendrai plus tard, mais pour l'instant je suis les instructions du gouvernement. Je suis là pour exécuter les ordres, pas pour les discuter. Dans ma conscience d'officier, il est hors de question de prendre parti pour les uns ou pour les autres. Et puis il y a le départ pour Gibraltar d'Albert, Lefèvre et Durand, que je connais bien. D'autres, comme Risso et Mahé, partent du terrain de Tafraoui. Je leur facilite bien la tâche. Je suis mis à l'index pendant quelques jours car, le 6 juillet,

Un Morane-Saulnier 406, épine dorsale de la chasse française en 1939. Quoique bien armé (1 canon de 20 mm et 2 mitrailleuses de 7,5 mm), cet appareil trop complexe et trop lent est très inférieur aux Messerschmitt Bf 109E.

dans mon escadrille, deux pilotes tentent de s'en aller avec un Bloch 174, mais ils se cassent la figure dans les hangars. J'ai également dans mon équipe un pilote du nom d'Almanzin ou Almanza, je ne me souviens pas bien, qui sera ensuite dans les FFL, et qui, lui, s'échappe en 1941 avec un Goéland Caudron 449, un avion de la commission d'armistice. Je deviens encore plus suspect car lui aussi est un de mes amis.

En Syrie [*où Léon Cuffaut arrive en mai 1941 (voir encadré p. 32), NDLR*], il est difficile de prendre parti. Ce qui me marque beaucoup, c'est le mitraillage d'Homs. Nous sommes justement stationnés dans cette ville. En mai, nous recevons des tracts d'une escadrille australienne qui passe au-dessus de nous. En les lisant, nous apprenons qu'il existe des facilités pour passer au Caire puis dans l'armée de la France libre. C'est à ce moment-là que **Tulasne** part: il ne veut pas combattre les Anglais. Tout de suite après se produisent le mitraillage et le bombardement de nos camions et de nos trains en gare de Homs. Où je perds un camarade de promotion et mon mécanicien. À partir de là, je ressens de la haine contre les gars qui nous ont mitraillés. Si à l'époque, nous étions prêts à passer à la France libre, ce mitraillage nous refroidit. Une heure avant, ils nous envoyaient des tracts pour nous dire de nous rallier et voilà qu'ils nous tuent des gars ! Mon escadrille n'a pas été engagée dans des combats aériens: nos chefs ne l'ont pas vraiment cherché, et nous n'avons fait que 7 ou 8 missions chacun. (...)

De retour à Alger, je prends contact avec Fourastié et Frison-Roche – deux résistants qui s'illustreront lors du débarquement des Américains en novembre 1942 – et nous commençons à faire du renseignement pour les Anglais. Je suis alors avec le capitaine Boileau, dont le frère est dans l'armée anglaise. Boileau, futur aide de camp du maréchal Juin, est gaulliste à 100 %. Il m'endoctrine à fond (...) ! Comme je suis suspect aux yeux des autorités, le général Hartemann me fait nommer au centre de haute montagne à Tikjda. Je forme beaucoup de skieurs et de varappeurs de l'armée de l'air. Mais c'est une couverture. Nous sommes abrités dans l'immense bâtiment du centre de colonie de vacances de la SNCF, avec Fourastié et Frison-Roche. On installe dans ma chambre un poste émetteur radio qui travaille avec les Anglais à Gibraltar. Je suis dénoncé par un officier. Me voilà muté au Maroc. Je reviens à Maison-Blanche [*l'aérodrome d'Alger*] en septembre 1942. J'entre dans le **réseau Alliance**. Je suis chauffeur des commandants Dartois et Faye que j'emmène à **Cherchell**. J'ignore pourquoi. Ils ne me mettent au courant du débarquement américain que le... 8 novembre à 4 heures du matin. Ce jour-là, ils m'envoient sur les hauts de Fort l'Empereur pour diriger la première colonne américaine qui descend vers Alger.

•
Fils d'aviateur, **Jean Tulasne** (1912-1943) fait Saint-Cyr, l'École de l'air de Versailles puis entre dans la chasse. Basé en Syrie, le 5 décembre 1940, il passe aux Anglais. En novembre 1942, il est le premier commandant de l'escadrille Normandie en URSS. Il est tué lors de la bataille de Koursk, en juillet 1943.

•
Lancé dès la fin 1940 par un officier d'extrême droite, Georges Loustaunau-Lacau, et par Marie-Madeleine Méric-Fourcade, le réseau **Alliance**, qui travaille avec les Britanniques, se spécialise dans le renseignement militaire. Il ne comprend pratiquement que des officiers, dont l'un des deux hommes cités par Léon Cuffaut, le commandant Léon Faye, qui mourra aux mains de la Gestapo.

•
L'entrevue de **Cherchell** se tient les 21 et 22 octobre 1942 entre le général américain Mark Clark, adjoint d'Eisenhower, débarqué par un sous-marin, et le général français Mast, représentant le général Giraud. L'objectif de cette réunion secrète est de préparer le débarquement en Afrique du Nord.

UNE ESCADRILLE LÉGENDAIRE

Le refus initial des Britanniques d'employer en Afrique du Nord les deux divisions légères libres qui se morfondent au Levant amène de Gaulle, en décembre 1941, à accepter l'idée, proposée par le colonel Luguet et Albert Mirlesse, d'envoyer un « groupe de chasse n° 3 » se battre, sous commandement français, aux côtés de l'Armée rouge. En fait de groupe, il s'agit d'une unique escadrille dont les 19 officiers aviateurs et 24 mécaniciens débarquent sur l'aérodrome d'Ivanovo le 30 novembre 1942. Commandée par Jean Tulasne puis, après sa mort au combat en juillet 1943, par Pierre Pouyade, l'unité peine à maintenir ses effectifs, du fait des pertes, jusqu'à décembre 1943, date à laquelle elle recevra d'importants renforts permettant de créer 3 escadrilles supplémentaires. Au total 106 pilotes passeront par le « régiment » Normandie, qui deviendra Normandie-Niémen en octobre 1944. La formation, qui appartient à la 303e division de chasse soviétique, est engagée au centre du front, participant aux opérations vers Smolensk et Orel, à l'opération Bagration et aux deux assauts contre la Prusse-Orientale. Avec 273 victoires homologuées, au prix de 43 tués, elle devient l'unité aérienne française la plus capée. Équipée d'abord de Yak-1 et Yak-9 inférieurs aux matériels allemands, l'unité donne sa pleine mesure en 1944 après son équipement en Yak-3.

Comment s'est passé le débarquement ?

Les Français l'accueillent plus ou moins bien. Aucun groupe de chasse n'est engagé. Ça se termine par la bataille dite de Fort l'Empereur où un colonel d'aviation est tué. Nous avons continué à voler sur des Dewoitine D.520. En mai, le général Valin vient faire une inspection. C'est là qu'il nous annonce qu'il a besoin de pilotes pour l'Union soviétique. Y a-t-il des volontaires ? Il y en a six dans notre groupe de chasse II/3, dont Jacques André, Roger Sauvage, Cazeneuve, Felser. Nous sommes partis le 13 octobre 1943, après bien des tractations, de Maison-Blanche pour la Syrie, Téhéran puis l'URSS, à Toula [*200 km au sud de Moscou, NDLR*] .

Quand vous arrivez à Toula, l'escadrille Normandie est-elle déjà constituée ?

Oui. Nous sommes bien accueillis par les camarades de l'escadrille Normandie (*voir encadré p. 35*), et j'ai le plaisir de retrouver Zakharov, maintenant général 3 étoiles, qui commande la 303e division aérienne. Nous étions d'abord passés par Moscou. La mission militaire française nous décrit ce qu'on attend de nous. Le général Petit, qui la commande, nous dit surtout que notre arrivée était espérée depuis longtemps et les renforts bienvenus – nous étions treize. Le groupe Normandie se trouve alors en reconstitution. Il y a deux escadrilles, on en forme une troisième puis il y en aura une quatrième. Chaque escadrille comprend 10 pilotes. On débute l'entraînement sur Yak-7 à double commande. C'est Marcel Lefèvre qui m'initie. L'apprentissage va vite car nous avons déjà une grosse expérience du combat, nous sommes tous des chasseurs accomplis. La seule différence importante est la manette des gaz. En France, on tire la manette, les Soviétiques la poussent. Ce qui cause quelques difficultés au début. L'entraînement sur neige est également assez rapide ; il s'agit d'apprécier la hauteur pour arriver sur la neige mais on s'est adapté très vite, sans problème important, notamment grâce aux anciens qui sont là depuis un bout de temps. Je pilote aussi des biplans U 2 avec des skis et, là encore, on s'adapte très vite. La grande différence est sur le plan radio car les Russes ont des installations loin d'être parfaites, si bien que si l'on s'éloigne trop du terrain, on n'entend plus la station émettrice. Avec le risque de se perdre dans la nature et de se poser sur le ventre, c'est arrivé. Sur le plan des transmissions en 1943, les Russes ont encore beaucoup à faire.

Près de la base, nous habitons dans des casernements faits de bois coupé dans les forêts alentour, ou dans des casemates enterrées, très chaudes. (…) On n'a pas à se plaindre. C'est plus dur pour les mécanos, à cause du froid, car certaines révisions doivent se faire en plein air. Nous obtenons que la maintenance soit assurée par des Soviétiques, ce qui permet de laisser rentrer les Français. Leur niveau technique est certes supérieur à celui des Russes – lesquels sont souvent d'anciens cultivateurs ou des employés de bureau –, mais ceux-ci connaissent bien le matériel. Notre mission militaire à Moscou a très bien compris ça, notamment pour des questions de rendement : nous n'avons tout simplement pas besoin de mécaniciens français pour l'ensemble des avions. Nos mécanos sont partis en Égypte pour servir des escadrilles françaises.

Et votre vie en Union soviétique ?

Je me suis mis au russe, avec l'aide de Marcel Lefèvre qui le parle assez correctement. Eichenbaum, d'origine russe – son père était le célèbre anarchiste Voline – et interprète du régiment, nous donne aussi beaucoup de ficelles. Le cirque est la distraction majeure, même en pleine guerre. Le cinéma est désuet, les films usés jusqu'à la corde. Nous fréquentons aussi la maison de l'Armée rouge, où nous rencontrons des gens du peuple ainsi que des jeunes femmes, ou des dames, qui habitent la région de Toula. Nous « faisons connaissance » dans toute l'acception du terme et dans tous les domaines. Pensez donc ! On est tous très jeunes, on a abandonné nos foyers depuis très longtemps. Nous avons de bonnes aventures, comme nos camarades qui sont en Angleterre. Le Français est très apprécié. C'est une des raisons pour lesquelles nous avons bon moral. En plus, nous arrivons après la bataille de Stalingrad, après celle de Koursk et, avec ces dames, c'est sûr, nous sommes d'attaque pour affronter l'ennemi. Nous ne le savons pas, mais les Allemands nous ont condamnés à mort. De temps en temps, nous recevons de Syrie ou du Caire des cigarettes ou des boîtes de conserve envoyées par les amis. Avec un de mes camarades, nous fréquentons deux jeunes femmes dont les maris ont disparu au front. Elles ont l'autorisation de nous garder chez elles un soir. C'est toujours un moment agréable car elles nous préparent un petit dîner, en général du lapin à la vodka. Mais voilà qu'on les entend parler du *crissa*, du rat. Et elles nous répondent : tu ne te figures pas qu'on te fait manger du lapin tous les jours ?! Je dis ça à mon copain qui demande : rat des villes ou rat des champs ? Mais non, je lui dis : c'est du rat d'égout. Comment veux-tu qu'elles se ravitaillent ailleurs ? Nous avons aussitôt arrêté de manger du rat.

Comment étiez-vous habillés ?

Les Américains avaient déjà fourni des vestes doublées de mouton, très chaudes. Nous sommes très bien pourvus à la différence du peuple russe. Les gens portent une sorte de veste en kapok faite de bourrelets, très chaude aussi, avec des bottes en feutre. Alors que nous, nous avons des bottes en peau de chien ou en cuir. Très bien faites, d'ailleurs. Grâce à Marcel Lefèvre, je rencontre des gens de tous les milieux. Des gens du cirque, des conducteurs de locomotive qui ravitaillent le front, mais aussi des artistes du théâtre aux armées, pas mal de civils qui habitent Toula. Ces gens-là vivent pauvrement. (...) C'est une guerre patriotique, bien orchestrée sur le plan de la propagande et bien acceptée parce que les Russes ne peuvent faire autrement que se défendre contre l'envahisseur. La radio d'État est diffusée dans les rues par de grands haut-parleurs, et on entend tout le temps: mort à l'envahisseur fasciste! Les gosses sont imprégnés de ça, ils voient des photos d'atrocités commises par les Allemands, enfin, je dirais plutôt les nazis que les Allemands. Nous vivons dans cette atmosphère patriotique. Il y a de temps en temps des petites piques contre l'envahisseur historique, c'est-à-dire le Français. Mais, au fond, Napoléon n'a pas laissé un souvenir trop mauvais (...). Et puis avec lui il n'y a jamais eu de camp de concentration. Il y a un monument aux morts français près de Moscou, on trouve souvent des souvenirs français dans les musées: il n'y avait pas de haine. (...) Dans tous les milieux, l'objectif est de vaincre l'envahisseur.

Sur quels appareils volez-vous?

À l'entraînement, d'abord sur Yak-7 puis sur Yak-9, qui est un bon appareil assez lourd quoique maniable, solide, bien armé et avec une autonomie assez grande; mais il est loin d'avoir les performances des Messerschmitt ou des Focke-Wulf. Nous avons chacun un appareil attitré, on s'en occupe personnellement avec les mécaniciens et l'ingénieur qui y sont attachés, sous la direction du capitaine Agavelian. Un peu frustre tout de même par rapport aux appareils américains que nous avons pilotés en Afrique du Nord. Le Yak-9 est conçu pour vivre entre 50 et 100 heures, pas plus: ils étaient faits pour la guerre, très simplement, sans doubles circuits. En matière d'armement, il a un canon de 37 très efficace plus 2 canons de 23.

Les premières opérations auxquelles j'ai participé ont lieu entre Smolensk et Vitebsk, à partir du 22 ou 23 juin 1944. C'est une offensive générale [*l'opération Bagration, NDLR*]: *Na zapad!* (vers l'ouest) était écrit sur les flancs de tous les camions! Ce jour-là, nous sommes réveillés par un concert d'orgues de Staline et de canons. Une concentration d'artillerie énorme! L'aviation allemande n'est pas en force. On en rencontre de temps en temps, nous avons quelques victoires, mais rien d'extraordinaire. À la fin de cette offensive, nous avions réalisé un bond de 400 kilomètres en avant puisque nous nous sommes retrouvés au bord du Niémen. Sur 400 kilomètres, nous avons eu le temps de voir des destructions partout, la terre brûlée, les exactions, des gens martyrisés, torturés. Je me doute bien que ça devait être similaire des deux côtés. Les Russes ne sont pas des enfants de chœur. Ils ne perdent sans doute pas de temps avec les SS, fusillés tout de suite, mais le prisonnier lambda est envoyé à l'arrière pour travailler à la reconstruction des villes et des lignes ferroviaires. Je ne vous parlerai pas des combats aériens. Vous avez eu déjà des récits par mes camarades, nous en avons tous connu, mais pas beaucoup. L'Allemand n'engage pas le combat, on l'aperçoit, on le voit et le temps d'arriver, il fuit déjà. De temps en temps, on abat un Ju 87 ou un Focke-Wulf, mais c'est assez rare.

Un Curtiss H-75 au décollage. Ce chasseur robuste et maniable est commandé en 1938 par l'armée de l'air au fabricant américain Curtiss qui le commercialisait sous l'appellation P-36 Hawk. 416 seront en service en mai 1940.

Est-ce qu'il y a des pilotes allemands à qui vous auriez pu serrer la main après la guerre?

Ils ont des pilotes de grande valeur qui ont déjà bénéficié d'un entraînement durant la guerre d'Espagne. Ils sont bien organisés, disciplinés. Les avions sont très bons. Au début de la guerre, les pilotes sont parfaitement entraînés, mais à la fin nous tombons sur des jeunes qui n'ont reçu qu'une formation très rapide. Beaucoup se tuent à l'entraînement. Quant à la chevalerie allemande... je suis très réservé. Déjà le 24 septembre 1939, j'avais vu un de nos pilotes tiré au bout de son parachute et j'ai revu ça dans les combats de 1944 sur le Niémen, des pilotes de Sturmovik également tués en parachute. Si vous appelez ça de la chevalerie… (…) À l'époque de Richthofen ou de Guynemer, j'y crois, mais pas dans cette guerre-là.

Vous avez parlé d'une offensive d'été: mais l'hiver, comment ça se passe ?

L'hiver est plutôt une période pour se remettre en forme, se réentraîner tout en assurant des missions de défense aérienne du territoire. Sauf dans la dernière partie, c'est-à-dire de janvier à mars 1945. On sentait alors que c'était la fin puisque nous avons volé de victoire en victoire, nous n'avons jamais reculé. Pour la **seconde offensive du Niémen**, celle du 16 octobre 1944, très importante, nous sommes sur Yak-3. Voilà un avion superbe, rapide – 630 km/h, avec des pointes à 740/750. Mais à cette vitesse, il y a des accidents, ce qui n'est pas étonnant: il est en contreplaqué pressé, comme les Mosquito britanniques. Il est aussi rapide, sinon plus rapide que les Messerschmitt et les Focke-Wulf en dessous de 5 000 mètres. Il est fait pour des missions d'une heure maximum. Mais il nous a valu pas mal de victoires. Cette offensive du Niémen nous permet d'avoir 103 victoires dans un laps de temps très court. L'aviation allemande est cette fois en force. Ça grouille d'avions dans le secteur et nous avons, quasiment à chaque sortie, affaire à une Flak intense car nous survolons la Prusse-Orientale; or Göring avait dit que l'aviation soviétique ne passerait jamais au-dessus des villes allemandes. Nous avons eu le privilège d'être parmi les premiers à avoir mitraillé cette région. C'était une revanche pour nous qui avions subi ça en juin 1940. Cette fois, nous étions de l'autre côté (…). [*Léon Cuffaut est crédité de 9 victoires avec le groupe de chasse Normandie-Niémen. Après avoir été abattu par la Flak allemande, il quitte l'URSS le 30 octobre 1944*].

Quid de vos chefs et de vos camarades ?

Quand j'arrive, c'est le colonel **Pouyade** qui commande, puis le commandant **Delfino** viendra en renfort. On peut dire que ces deux cyrards sont des chefs de grande valeur. Delfino est sûrement supérieur à Pouyade sur le plan tactique. Mais Pouyade est un entraîneur d'hommes et tellement brave que nous l'aimons d'affection vraie. Il est un père pour moi, même si nous sommes de la même année, 1911. C'est un homme très compréhensif. Si Pouyade autorise parfois une discipline relâchée, Delfino est d'une rectitude et d'une rigueur absolues. Un certain film l'a dépeint un peu dur et colérique. Il n'était pas très content mais il y avait là-dedans une grande part de vérité. Dans ce film, on représente Lefèvre en instituteur un peu débraillé. Alors là, je m'insurge. Nous étions toujours très propres, rasés. Aussi bien Pouyade que Delfino exigeaient que nous servions d'exemple aux gens autour de nous, surtout aux Russes. Sur ce plan, le film est mauvais. Je n'ai pas compris les conseillers français qui ont toléré ça. Plus tard, avec Delfino, devenu colonel, nous ferons des stages sur avions à réaction. C'est vraiment un grand seigneur de la guerre. Il compte 16 victoires officielles et 4 probables. C'est la preuve qu'il sait, sur le plan tactique, travailler d'une façon presque parfaite. J'ai l'occasion de faire des missions avec lui: il me prend comme équipier car il sait que je vois très clair, et qu'on ne risque pas de se faire surprendre. Pouyade n'aurait jamais osé vous faire de la peine alors que Delfino n'y va pas par quatre chemins. Deux méthodes différentes mais deux chefs excellents. (…)

La guerre se termine. Vous rejoignez la France. Quel est votre état d'esprit à ce moment ?

Un état d'esprit de vainqueur, mais nous sommes aussi un peu fatigués de la guerre, comme Napoléon et ses généraux. La seule différence avec eux est qu'on avait combattu pour la liberté et que nous n'étions pas des envahisseurs. Nous avons envie de revoir nos familles. Que la guerre soit terminée est un vrai soulagement, une délivrance.

À votre retour, vous êtes affecté au cabinet de Charles Tillon.

Monsieur **Charles Tillon**, que je ne connaissais pas, me convoque avec quelques anciens du Normandie.

•
Ce que Léon Cuffaut appelle la **seconde offensive du Niémen** est en fait le premier assaut soviétique contre la Prusse-Orientale, du 16 au 27 octobre 1944, mené par le 3e Front de Biélorussie du général Tcherniakhovski. C'est un échec cuisant pour l'Armée rouge mais c'est l'heure de gloire du régiment Normandie qui devient Normandie-Niémen.

•
Pierre Pouyade (1911-1979) fait la campagne de France dans la chasse de nuit puis est muté en Indochine après la défaite. Organisateur de la résistance aux Japonais, il parvient à fuir vers la Chine sur un Potez 25. Il rejoint l'URSS via Londres en juin 1943 et prend le commandement du régiment Normandie-Niémen de juillet 1943 à décembre 1944.

•
Louis Delfino (1912-1968), ancien footballeur de l'OGC Nice, obtient 7 victoires durant la campagne de France. Il abat un appareil britannique au large de Dakar en septembre 1940. Il rejoint le groupe Normandie-Niémen en février 1944, dont il devient le chef en décembre, abattant 13 avions allemands. Il grimpe ensuite au sommet de la hiérarchie militaire, promu général d'armée aérienne en 1964.

•
Célèbre dès 1919 pour sa participation à la mutinerie du croiseur *Guichen*, **Charles Tillon** (1897-1993) s'impose comme un des principaux dirigeants du PCF dans l'entre-deux-guerres. Il devient le chef de la résistance militaire après le 22 juin 1941. En 1944, il est successivement ministre de l'Air, de l'Armement et de la Reconstruction. Il est écarté de la direction du PCF en 1952 puis exclu en 1970.

Le premier jour de **l'offensive Bagration**, nous sommes réveillés par un concert d'**orgues de Staline** et de canons.

Quand je suis parti en 1943, j'avais des idées politiques bien arrêtées, plutôt du côté du progressisme. J'estimais que le communisme, c'était ce qui se rapprochait le plus de la doctrine du Christ. Partager ce que l'on a, ne pas laisser à certains des propriétés immenses alors que, à côté, d'autres manquaient de moyens, je suis parti avec cette idée. À mon retour, j'ai révisé mon point de vue. Le Soviétique n'a pas du tout le même tempérament que le Latin. Il suffit de lire les lettres du marquis de Custine pour voir que l'état d'esprit des Slaves n'a pas changé et que le communisme, ou le bolchevisme, en fait, c'est du panslavisme, pour dire les choses telles qu'elles sont. Bref, quand je rentre, je ne suis plus progressiste. Je suis toujours dans un état d'âme socialiste cependant. On a souvent dit que les membres du Normandie étaient communistes, c'est faux. Quand Charles Tillon me demande de travailler à son cabinet comme conseiller technique, il a un chef de cabinet adjoint qui est de l'Action française. Charles Tillon est très apprécié du général de Gaulle. Le général me dit qu'il est un parfait honnête homme. D'ailleurs, sur le plan politique, il rompra avec le Parti communiste pour ne pas avoir à recevoir des ordres de l'étranger. Son idée est de profiter du matériel que les Allemands ont laissé sur place pour le réutiliser, et de développer l'industrie aéronautique. Dans ces conditions, je marche avec lui. Il y a aussi avec nous Bouvier, et Eichenbaum grâce à qui je peux essayer les nouveaux avions à l'étranger. Par exemple j'ai présenté le Languedoc en 1946 au shah d'Iran. Il s'agissait de vendre nos productions, je faisais de la représentation. Pour finir sur Charles Tillon, quand il a quitté le ministère de l'Air après le départ du général de Gaulle, j'ai assisté à la répartition des fonds dits secrets. Tillon n'a rien gardé pour lui. Il a tout donné aux œuvres sociales de l'armée de terre, à des veuves de guerre de l'aviation à qui il a remis de petites

Le Dewoitine D.520 est le meilleur chasseur français en 1940. Très bien armé et maniable, il a pour seul défaut d'être arrivé trop tard et en trop petit nombre.

sommes d'argent. Quinze jours après son départ, il n'avait plus de voiture personnelle. Il m'a téléphoné pour savoir si je pouvais lui prêter ma Traction avant. Je lui ai prêté ainsi qu'un pardessus car il n'avait rien à se mettre sur le dos pour l'hiver. Je l'ai revu quelques fois par la suite. Nous avons eu des rapports de plus en plus espacés mais je me rappellerai toujours une de nos rencontres en Bretagne, vers Quimper. Le curé lui est tombé dans les bras ! C'était des camarades d'enfance. Tillon avait les larmes aux yeux.

Quelle était l'atmosphère au cabinet Tillon à la Libération ?

Il y a pas mal de bolcheviks, de communistes à tous crins dans ce ministère. Certains ne veulent pas recevoir de directives comme Pierre Daix, son chef de cabinet. Ça a été un tort de Tillon d'avoir tous ces gens-là, et il a été mal jugé à cause de ça. Oh ça n'a pas empêché certains colonels de venir lui faire la cour pour avoir des étoiles ! J'en ai vu beaucoup de ce genre en 45 et 46. Au départ tous ces gens-là sont staliniens, y compris Charles Tillon. Par la suite, il devient évident que la politique de Staline, si cruelle mais peut-être inévitable pendant la guerre, n'est plus nécessaire après 1945, que ce soit de continuer à mettre des gens en camp de concentration ou, surtout, de s'immiscer dans les affaires des peuples européens. Je crois que c'est ça qui a fait que Charles Tillon (…) s'est peu à peu insurgé. Pendant un certain temps il a subi, mais ce garçon calme et réfléchi a fini par claquer la porte.

Vous faites des missions dans les pays étrangers (URSS, Allemagne, Iran) mais aussi des stages…

J'essaie tous les nouveaux matériels que nous construisons, notamment les SO 30. Au début, c'est Charles Tillon que je renseigne là-dessus puis Bechard qui lui succède et enfin Maroselli. Je voyage en URSS grâce aux rapports de camaraderie avec les Russes du Normandie : il n'est jamais question de politique avec eux, nous y allons pour porter des cadeaux mais en même temps voir l'évolution de leur matériel. Je suis très ami avec **Yakovlev** et son fils qui maintenant a pris la suite ; c'est lui qui a fait le Yak-40, une très belle machine. Nous ramenons des informations sur les constructions civiles, pas militaires. Les Soviétiques copient beaucoup les réacteurs anglais dans un premier temps, puis allemands. Ces renseignements sont, je crois, intéressants. Le but est surtout d'entretenir cette amitié qui s'est créée sur le front et à laquelle le général de Gaulle tient beaucoup. Il le redira en 1966 quand j'irai avec lui en Union soviétique. Il faut voir avec quelle chaleur il a été reçu ! J'y suis retourné pour les championnats du monde de voltige, puis en 1976 pour un nouveau championnat du monde : le peuple soviétique parle toujours avec chaleur du général de Gaulle qui est pour lui un très grand homme. Je pense que cela découle du **pacte franco-soviétique de 1944**, renouvelé par la suite. Le général de Gaulle l'a fait avec sincérité je pense. Il nous avait dit en décembre 1944 que la France ne pouvait pas ignorer l'Union soviétique, pas plus, plus tard, qu'elle n'ignorerait la Chine. Ces rapports d'amitié, on les a entretenus surtout à cause de la présence du régiment Normandie sur le front soviétique. Nous étions tous d'origines différentes, de religions différentes, d'idéaux politiques différents et pourtant nous avons formé un bloc entre nous, et c'est ça que les Soviétiques ont considéré. Ces amitiés il faut les conserver, je pense qu'elles sont nécessaires.

ESPAGNE ET MAROC S'AFFRONTENT AU RIO

Dès son accession à l'indépendance, en 1956, le Maroc émet des revendications sur la colonie espagnole du Rio de Oro qui prolonge son territoire le long de la côte atlantique. L'année suivante, des bandes d'irréguliers s'infiltrent et repoussent peu à peu les Espagnols vers la côte. Les Français s'alarment lorsqu'elles empiètent sur le territoire de la Mauritanie à l'époque encore partie de l'Afrique-Occidentale française (A-OF). Une opération conjointe, baptisée Écouvillon, est décidée entre Paris et Madrid. Son objectif est le rétablissement de la souveraineté espagnole sur le Rio de Oro et la destruction des bandes marocaines. L'affaire, gardée secrète, dure 15 jours. Parti de Fort Trinquet, dernière fenêtre de la Mauritanie vers le nord, un groupement motorisé français de 600 véhicules et 10 000 hommes fonce sur Es-Semara où des Nord 2502 de l'armée de l'air ont largué des parachutistes espagnols. Es-Semara investie, le groupement français fait sa jonction avec les forces espagnoles vers Laâyoune et disperse les derniers groupes armés qui repassent au Maroc. Pour soutenir les troupes au sol, Léon Cuffaut a fait intervenir généreusement 4 bombardiers bimoteurs Martin B-26 Marauder et 70 T-6 en appui feu.

Avec le début de la **guerre froide**, j'ai vite compris que les mêmes histoires allaient recommencer, que des **intérêts puissants** allaient jouer.

Qu'avez-vous pensé de l'atmosphère de la Libération ?

À l'époque de la Libération nous étions au bord du Niémen ! Nous éprouvons un sentiment de reconnaissance non seulement pour les Soviétiques mais aussi pour les Américains et pour l'Angleterre, surtout, qui a tenu le coup. Mon père était anti-anglais. Quand on parlait de Trafalgar ou de Waterloo, il voyait rouge ; mais ce sont bien eux qui ont tenu bon et qui ont fait que les Américains ont pu venir à notre secours, avec les Russes. Ce sentiment n'a pas changé. (…) On a pensé en 1945 que les peuples s'assagiraient, qu'il n'y aurait plus de guerre – comme mon père en 1918 – mais avec le début de la guerre froide j'ai vite compris qu'on allait recommencer les mêmes histoires, que des intérêts puissants allaient jouer autant chez les Soviétiques, qui avaient récupéré les républiques baltes, que chez les Américains sur le plan commercial, comme le prouve aujourd'hui encore l'affaire du **Concorde**. Nous, Français, sommes repartis de presque zéro. Notre reconnaissance doit aller aussi au général de Gaulle qui a tout sacrifié pour la patrie. On ne peut pas dire qu'il en a profité pour devenir maréchal ou avoir des biens sur cette terre ! Il a recréé une unité, et je lui en suis reconnaissant tout en restant un homme de gauche. Cette libération aurait dû nous permettre de voir clair dans les affaires de la France. Malheureusement la guerre des partis a recommencé, (…) on a manqué le coche, on a manqué d'une vision plus étendue de l'égalité – l'égalité nous n'y sommes pas encore –, sur la fraternité – elle n'apparaît que lorsqu'on sort d'une guerre –, sur la liberté – elle, on l'a. (…)

Vous êtes nommé commandant du Normandie-Niémen, puis vous allez à Bamako…

En effet, après mon passage au cabinet de Charles Tillon, je suis nommé commandant du groupe aérien Normandie-Niémen. Nous sommes installés à Toussus-le-Noble et nous passons des Yak aux bimoteurs Mosquito. Toussus-le-Noble ne convenait pas du tout aux Mosquito, alors nous sommes partis à Rabat-Salé. Nous perdons au passage les trois quarts de l'effectif. Beaucoup de camarades ne veulent pas voler sur bimoteur. Je reste avec Risso comme adjoint qui, lui, est là depuis le début. Nous nous réadaptons vite. Quand je quitte le commandement du Normandie, peu de temps après, je demande ma mutation comme commandant de la base de Bamako. J'y reste trois ans. Je commande quatre escadrilles, et alors là on sillonne toute l'Afrique noire ! On crée beaucoup de terrains d'aviation, notamment à des fins sanitaires, on fait beaucoup de recherche archéologique par photo aérienne. J'ai bien connu Houphouët-Boigny, Monsieur Senghor, qui deviendront des leaders africains importants. C'était des missions pacifiques. En 1951, je reviens dans la chasse. Delfino me fait demander à Versailles dans son état-major puis je prends le commandement du centre de tir et de bombardement de Cazaux qui passe alors sur avion à réaction. Risso redevient mon adjoint, avant de me succéder. Nous avons réussi dans notre tâche puisqu'à partir de ce moment-là les campagnes de tir se sont succédé sur avion à réaction de tout type, et nous avons créé un autre champ de tir aérien en Corse, à Solenzara.

Entrez-vous alors à l'École de guerre ?

Non, je passe le concours de l'École de guerre à Bamako. Une des questions porte sur le syndicalisme… Je dis ce que je pense et j'apprendrai par la

•
Alexandre Sergueïevitch Yakovlev (1906-1989) est l'ingénieur aéronautique qui dirige le bureau d'études qui portera son nom. Il est célèbre pour la lignée d'avions Yak et deviendra ministre de l'Industrie aéronautique.

•
Le 10 décembre 1944, le général de Gaulle signe à Moscou, en présence de Staline, un **traité d'alliance et d'assistance mutuelle** avec l'URSS, qui a principalement pour but de s'assurer que l'Allemagne ne sera plus jamais une menace pour ses voisins. Moscou dénoncera le traité en 1955 quand les accords de Paris aboutiront à recréer une armée ouest-allemande.

•
Le supersonique commercial franco-britannique **Concorde** est mis en service en 1973 au moment du premier choc pétrolier. C'est sa trop forte consommation de carburant, la pollution et les nuisances sonores qui ont tué sa carrière commerciale, plus que la mauvaise volonté américaine, par ailleurs indéniable.

Je suis rentré en mai 1955 très déçu par la **guerre en Indochine.** On a fait tuer beaucoup de monde **pour rien.**

suite que, même si je suis très apprécié, même si un des correcteurs m'a bien noté, l'autre m'a très mal noté. Je suis allé à l'École de guerre, j'ai même donné des cours à l'École de guerre – avec Bigeard –, mais je ne suis pas diplômé de l'École de guerre.

Vous êtes ensuite affecté à Saigon, au 3e bureau de l'état-major, en mars 1953…

Début 1953, c'est un moment difficile en Indochine. Le patron, le général Lauzun, est passé à Cazaux. Comme je ne me porte pas volontaire, il me dit ceci : « *Nous avons des difficultés sur le plan du recrutement, il y a de moins en moins de volontaires. Le colonel Fournier est volontaire, le colonel Massard aussi et j'ai pensé à vous…* ». Et je réponds : « *Alors si c'est pour aller combattre à nouveau, mon général, et faire quelque chose de productif, je suis d'accord* ». Je pars peu de temps après avec Massard et Fournier. Après un court passage à l'état-major, je suis affecté au GATAC, le groupement aérien tactique Centre, Massard au Nord et Fournier au Sud, et ce jusqu'à la fin de la guerre.

L'Indochine, je ne la connaissais pas. En 1946, cependant, j'avais piloté avec Charles Tillon le président Hô Chi Minh avec qui j'avais eu quelques discussions. Il m'avait fait l'impression d'être un brave homme et j'avais eu le sentiment à l'époque qu'il réclamait une indépendance limitée mais une indépendance quand même. Et puis il y a eu l'affaire **Bao Dai**. J'ai l'impression qu'on a promené le président Hô Chi Minh et qu'on a noyé le poisson. C'était aussi le sentiment de Charles Tillon. Je n'ai jamais revu le président Hô Chi Minh par la suite. Il m'avait bien exprimé le désir de réunification du peuple vietnamien. Toujours est-il que nous nous sommes retrouvés avec une guerre sur les bras, qui a duré jusqu'en 1954. En Indochine, je commande depuis la région de Vinh, au nord, à Cam Ranh, au sud, (…) ainsi que la plus grande partie du Laos. (…) C'est vous dire si mon territoire d'opération est énorme. Le général Chassin commande l'aviation en Indochine, avant d'être remplacé peu de temps après par le général Lauzun. Nous pensons à l'époque pouvoir aller vers une pacification durable. Très vite, j'ai bien saisi qu'il fallait bombarder la piste Hô Chi Minh, que je survole plusieurs fois à très basse altitude – à 10 mètres ! –, et je vois nettement les soldats camouflés avec leurs dix kilos de riz sur les vélos !

Le 6 janvier 1954, fortuitement, en pleine nuit, j'entends à la radio un appel de « Bruno » – le commandant Bigeard – qui me dit, en clair, qu'il est complètement encerclé par le 66e régiment viet, qui essaie de couper le Viêtnam en deux. Nous avons la chance d'avoir des B-26 qui descendent à ce moment du Nord sans avoir pu remplir leur mission, et donc avec leurs bombes. Ils ont pu desserrer l'étau. Bigeard a eu en outre l'excellente idée de remonter vers le nord pour rentrer à la base de Séno. J'ai donc fait la **bataille de Séno** avec Bigeard, où nous causons pas mal de pertes aux Viets : c'est le chef du 66e régiment, un de nos anciens élèves, qui me le dira plus tard. Nous participons ensuite à plusieurs opérations ensemble, notamment l'**opération Atlante** à l'est de l'Indochine, mais elle est montée avec des moyens insuffisants. C'est là que le bataillon de Corée s'est fait

•
Bao Dai (1913-1997), empereur du Viêtnam, abdique en 1945 devant le Viêt-minh, qui le verrait volontiers chef d'un gouvernement d'union nationale. Les Français le remettent en selle en 1948-1949 en le faisant chef d'un État du Viêtnam dont ils reconnaissent l'indépendance. Il sera déchu par Ngô Dinh Diêm dès le départ des Français, en 1955.

•
Localisée au centre du Laos, la base aérienne française de **Séno**, dotée de deux pistes goudronnées, est attaquée par la division 308 en décembre 1953. Elle est défendue avec succès, en partie parce que le Viêt-minh ne pousse pas son effort, son objectif étant d'amener le général Navarre à dégarnir Diên Biên Phu.

•
L'**opération Atlante** est menée de janvier à juin 1954 - durant la bataille de Diên Biên Phu - par plus de 50 bataillons franco-vietnamiens, soit 25 000 hommes, pour déloger le Viêt-minh du centre du pays, autour de Tourane (Da Nang). L'échec démontre la faiblesse des unités vietnamiennes formées par les Français.

•
Fehrat Abbas (1899-1985), pharmacien à Sétif, milite dès les années vingt contre la domination coloniale française mais sur des positions modérées. Il publie le *Manifeste du Peuple algérien* en 1943 puis se convertit peu à peu à l'idée d'indépendance. Il rejoint publiquement le FLN en 1956 et sera le premier président du gouvernement provisoire algérien, avant d'être écarté.

étriller par 5 000 ou 6 000 Viets. (...) On ne pouvait pas faire Atlante et Diên Biên Phu en même temps. À force de faire trop de choses à la fois, on est arrivé à cette espèce d'armistice qui a eu lieu en juillet 1954 et par lequel on a abandonné le Viêtnam jusqu'au 17e parallèle. (...) Et moi je suis rentré en mai 1955 très déçu par cette guerre. On a fait tuer beaucoup de monde pour rien.

Mais déjà, en France, on faisait appel à des volontaires pour l'Algérie. Je suis détaché au commandement de la 5e région aérienne – commandant d'une escadrille de T-6 d'appui au sol, à Sétif – en février 1956. (...) L'affaire d'Algérie, je pense, déjà à l'époque, que c'était irréversible. Je retrouverai après la guerre des Arabes qui avaient été sous mes ordres, et nous avions le sentiment de revivre une Résistance, mais à l'inverse de celle que nous avions vécue en France. Nous avions le sentiment de faire une guerre sans issue (...). Je commande l'ensemble du secteur entre Constantine et la Soummam. (...) **Ferhat Abbas** est un ami personnel, chez qui j'ai habité à Sétif, avant qu'il parte au Caire. Il me raconte qu'il a été passé à tabac par la police alors qu'il chantait *La Marseillaise*, il y avait une certaine rancœur. Si moi j'avais été arabe, j'aurais raisonné comme lui. Nous avons manqué le coche. (...) Vous savez, les meilleurs contacts que j'ai pu avoir au début de ma carrière c'était en Algérie. Bien sûr j'étais très jeune, je vivais surtout dans le milieu européen mais j'avais commencé à apprendre l'arabe. Après l'indépendance de l'Algérie, j'ai noué de nombreux contacts grâce aux liaisons sportives. Le président des aéroclubs algériens était sergent dans l'aviation française et résistant, bien sûr, pendant la guerre d'Algérie. Mon père, qui avait été tirailleur algérien, avait une grande considération pour tous ces gens qui s'étaient fait tuer pour la France en 1918 puis en 39-45.

L'affaire d'Algérie s'est dégradée à partir de 1957. C'est alors que je suis parti, nommé colonel, comme chef des opérations à Dakar. J'ai à peine le temps d'arriver que le général Burgund, commandant des forces en A-OF, monte l'opération Écouvillon (*voir encadré p. 40*) au Rio de Oro. On stoppe au nord d'Atar une troupe marocaine qui descend vers le Rio de Oro et que j'avais repérée lors d'une reconnaissance sur T-6. On les bombarde, puis on remonte sur Fort Trinquet. Les Espagnols prennent contact avec nous sur ordre du gouvernement français. Je suis détaché à plusieurs reprises à leur état-major, à Ifni. Cette opération nous a permis, ainsi qu'aux Mauritaniens, d'écarter le Maroc des gisements de phosphate de la région de Smara. Des parachutistes français reprennent ce gros village et les Espagnols se chargent d'El Ayoun. Grâce à nos nombreuses frappes, sur T-6, Dassault 315 et B-26, les Espagnols peuvent souffler et conserver leurs positions. Nous les aidons aussi à Ifni : des Nord 2500 « Noratlas » interviennent pour prendre des parachutistes espagnols à Gando. C'est à Gando que nous avons la surprise de trouver des Messerschmitt 109 avec moteurs anglais, et des Heinkel 111. Je les ai essayés. Parmi les Espagnols, je retrouve des anciens de la guerre en Russie ! Sans aller jusqu'à fraterniser, les relations sont excellentes. Sans notre intervention, les Marocains auraient chassé les Espagnols du Rio de Oro. Je reviens ensuite à Dakar, pour créer des terrains en Côte d'Ivoire, au Mali, en Centrafrique. Ma mission est toute pacifique. (...) On comprenait bien que le colonialisme était une affaire terminée, et les indépendances se profilent. J'avais d'ailleurs adhéré au comité de soutien au général de Gaulle créé en France par le colonel Duperrier. Nous avions donné à ces peuples une éducation partielle, et nous nous sommes fait des amis de gens forts intelligents comme Senghor, mais il était évident que nous n'avions pas fait notre travail complètement. (...) En 1959, je suis rentré en France pour devenir adjoint du président du Conseil supérieur de l'infrastructure et de navigation aérienne et je me suis orienté vers l'aéronautique civile, (...) j'ai fait des stages gros porteurs notamment sur Caravelle. C'est en 1962 que je quitte l'armée au grade de général de brigade. Je deviens alors président de l'Aéro-Club de France.

Le North American T-6 est un appareil biplace d'entraînement. La France, qui en a commandé plus de 900, l'utilisera, surtout en Algérie, comme avion léger d'appui au sol où il intervient par mitrailleuses, roquettes et bombes.

FEMMES AU COMBAT
Le tabou et la nécessité

Que les femmes aient combattu les armes à la main dans une multitude de conflits depuis l'Antiquité est un fait. Et une exception, souvent jugée comme une anomalie par les contemporains. Nombreux sont encore ceux qui s'opposent à l'idée que les femmes puissent faire la guerre à l'égal des hommes. S'agit-il de préjugés issus de la domination masculine ou de tabous profondément inscrits dans l'espèce ? Où en est-on aujourd'hui de la féminisation des armées : signifie-t-elle que les troupes combattantes admettent volontiers ce sexe qu'on a longtemps dit faible ? Notre enquête.

DAVID FURST/AFP

Novembre 2006, un camp d'entraînement du PKK – Parti des travailleurs du Kurdistan – dans les montagnes du nord de l'Irak. Une jeune recrue s'initie au tir au fusil d'assaut Kalachnikov AK-47 sous la férule d'une militante plus âgée.

Band of sisters

Les unités féminines réellement combattantes sont-elles un mythe ?

Des Amazones aux bataillons russes de la mort en passant par les guerrières du Dahomey, les soldates ont beaucoup fait fantasmer. Mais ont-elles vraiment combattu ? Deux camps s'opposent encore, avec force arguments et exemples.

PAR PASCALE DESCLOS

Les Français ont Jeanne Hachette. Lors du siège de Beauvais, en 1472, elle arrache un étendard des mains d'un assiégeant bourguignon avant de lui asséner un coup de hache sur la tête – d'où son surnom. Les Américains ont Molly Pitcher («pichet»), la cantinière au grand cœur et au sang chaud. Elle gagne ses galons de sous-officier durant la guerre d'Indépendance américaine. Lorsqu'en 1778, à la bataille de Monmouth (New Jersey), son mari est touché par un éclat d'obus, elle prend sa place derrière le canon pour que les artilleurs puissent continuer le combat. L'héroïne de cette histoire est le plus souvent identifiée comme une certaine Mary Hays, qui a désormais sa statue au cimetière de Carlisle, Pennsylvanie. Mais pour l'historienne américaine Emily Teipe, « *ce sont des centaines, peut-être des milliers de Molly Pitcher qui prirent les armes et combattirent aux côtés des* "patriots" *contre les Britanniques pour gagner la liberté et l'indépendance de leur pays. Et qui ont été oubliées* ».

À toutes les époques, sur tous les continents, les femmes ont participé à l'effort de guerre sur le terrain, en soutien actif des armées qu'elles suivaient, comme cantinières, lingères, infirmières, agents de liaison, prostituées… Que des femmes aient combattu ne fait par ailleurs aucun doute. Des Jeanne Hachette, des Molly Pitcher, il en existe dans tous les pays et à toutes les époques. Mais le vrai débat, aiguisé par les controverses sur la théorie du genre, est ailleurs : il s'agit de définir si les cas historiquement recensés constituent une exception ou une règle. Pour les tenants de la première proposition, la femme combattante est un mythe, construit autour de quelques destins d'héroïnes agissant dans des circonstances exceptionnelles, voire dans un but de propagande.

La partie émergée de l'iceberg

Pour nombre de chercheurs en sciences sociales, en revanche – et en première ligne, des spécialistes des études de genre –, les quelques exemples dont disposent les historiens représentent la partie émergée d'un iceberg noyé au fil des siècles dans une histoire écrite par et pour les mâles dominants. Faute de documentation et de témoignages, il est bien difficile de trancher entre ces deux visions. Quand on recense des cas de femmes combattantes, il n'existe pas de statistiques. Et quand les chiffres deviennent disponibles, voire fiables, les femmes ne combattent pas ou peu.

Le débat sans fin qui oppose ces deux visions contradictoires commence hors du terrain de l'Histoire. C'est

BRIDGEMAN

dans un argumentaire de type physiologique, anthropologique et psychologique que puisent en effet avant tout les défenseurs de la vision classique attribuant au mâle le monopole des armes. Au cœur du propos du *Center for Military Readiness*, une organisation qui cherche à limiter la féminisation des unités combattantes dans l'armée américaine, se trouvent d'abord les capacités physiques féminines. Plus petites que les hommes, les femmes auraient "*deux fois moins de force et une capacité respiratoire inférieure*", ce qui en ferait de piètres combattantes. Elles auraient ainsi été disqualifiées, sportivement si l'on peut dire, dès la préhistoire. Sauf que cet argument est boiteux. La variabilité moyenne de performance pure entre femmes et hommes serait en effet bien moins élevée que la variabilité moyenne entre hommes, ou entre femmes. L'écart moyen de performance en sport de haut niveau, évalué de 10 à 15 %, tend à le prouver. Pourquoi alors se priver du service militaire d'une bonne partie de la population totalement apte à porter les armes ? Si la supériorité physique ne suffit pas à justifier le monopole masculin de la violence, les défenseurs d'une guerre exclusivement masculine avancent en parallèle des arguments anthropologiques. On évoque ainsi souvent le tabou qui entoure l'agressivité des femmes. Selon certains, elles donnent la vie, elles ne peuvent donner la

LES AMAZONES, DU MYTHE À LA RÉALITÉ

Les auteurs antiques situaient l'origine des Amazones dans les steppes au nord de la mer Noire, occupées autrefois par les peuples nomades, Scythes et Sauromates. Or, dans cette région aux frontières de la Russie et du Kazakhstan, les fouilles menées depuis les années 1970 ont révélé de nombreuses sépultures de femmes, enterrées avec des armes en position d'utilisation et présentant des traces d'usure. Plus troublant, certains squelettes féminins révèlent des fractures diverses et des fémurs déformés, ce qui témoignerait d'une double pratique du combat et de l'équitation. Mais contrairement aux fantasmes véhiculés par les textes anciens sur des bandes de guerrières belles, barbares et armées jusqu'aux dents, les femmes des steppes ne semblaient pas vivre à l'écart des hommes ; certaines ont même été enterrées avec eux.

mort. Faire couler le sang serait tout simplement impossible pour celles qui voient couler le sang de leur corps à chaque temps fort de leur vie : quand elles sont réglées, quand cesse leur virginité, quand elles accouchent. Celles qui le font malgré tout sortiraient du cadre de la normalité, elles deviendraient en quelque sorte des monstres.

L'exemple des chasseurs-cueilleurs

La persistance du tabou du sang, la force de ses racines, son absence apparente de limites géographiques ont interrogé les chercheurs. Dans son ouvrage *L'Amazone et la Cuisinière*, l'anthropologue Alain Testart convoque l'exemple des peuples de chasseurs-cueilleurs du XIXe siècle, étudiés lors de la colonisation. « *Chez les Aborigènes australiens, les Inuits et les Amérindiens, les Pygmées d'Afrique, les Aïnous de l'Extrême-Orient russe ou du Japon, les hommes s'adonnaient en effet plutôt à la chasse, les femmes plutôt à la cueillette. Un état de fait qui ne reposait pas sur leurs compétences respectives, mais sur l'interdiction signifiée aux femmes de faire jaillir le sang des animaux à la chasse ou de s'approcher des armes lorsqu'elles étaient en période menstruelle.* » Lances dont les trajectoires deviennent irrationnelles, ou épées de fer et de bronze subitement rouillées quand elles sont touchées par des femmes menstruées : dans ces croyances anciennes, les anthropologues voient surtout un fait sociétal qui a permis de justifier l'éviction des femmes du domaine des armes, et par extension, l'appropriation par les hommes des activités les plus nobles, dont la guerre.

Que pense l'archéologue de ces théories ? Le moins que l'on puisse dire est que sa réponse est floue. « *Les préhistoriens savent aujourd'hui que la violence existait parmi les communautés de chasseurs du Paléolithique, même si celles-ci ne passaient pas leur temps à s'entretuer. Mais les traces de blessures infligées par des armes en silex retrouvées sur des squelettes isolés, féminins comme masculins, ne suffisent pas à affirmer que les femmes étaient capables de commettre des homicides* », note ainsi le paléoanthropologue Antoine Balzeau, rattaché au musée de l'Homme à Paris. Une étude récente publiée par l'archéologue britannique Penny Bickle (université d'York) suggère que dans l'Europe du Néolithique, les hommes étaient plutôt enterrés avec des pierres polies pour la chasse et les conflits, les femmes avec des outils liés au travail des peaux. Mais ce « genrage » est-il valide au-delà de la période et de la région étudiée ?

L'étude d'autres sépultures, découvertes celles-là depuis les années 1970 entre la Russie et le Kazakhstan, montre que de nombreux guerriers scythes étaient en réalité des guerrières (*voir encadré p. 47*), identifiées comme telles par les armes mais aussi par les stigmates de blessures relevées sur les squelettes. Bien plus au nord, anthropologues et archéologues ont fait un constat comparable dans des tombes vikings, où des restes féminins ont été retrouvés à côté d'armes (*voir encadré ci-dessous*). Si le statut de « guerrier » avait été attribué automatiquement aux squelettes quand on les croyait masculins, en faire aujourd'hui des « guerrières » ne fait pas l'unanimité. Certains chercheurs objectent que des restes ont pu être mélangés lors des fouilles, ou qu'une épée peut marquer l'appartenance à une élite sociale, sans pour autant servir au combat.

BRIDGEMAN - RMN

DES FEMMES VIKINGS EN ARMES

Quand, en 1878, l'archéologue suédois Hjalmar Stolpe découvre une spectaculaire tombe viking du Xe siècle sur l'île de Birka, au sud-est de la Suède, ni lui ni aucun de ses confrères n'en doutent : les deux chevaux enterrés avec le défunt en position assise, les nombreuses armes (boucliers, épée, hache, couteau, lance et flèches) tout comme le jeu de stratégie accompagnant la sépulture indiquent un guerrier de haut rang. Un siècle et demi plus tard, coup de tonnerre dans le monde de l'archéologie : une étude des os révèle que le squelette est en fait celui d'une femme, âgée à sa mort d'une trentaine d'années. En 2017, les analyses ADN réalisées par l'archéologue Charlotte Hedenstierna-Jonson au laboratoire de l'université d'Uppsala le confirment. Depuis, une trentaine d'autres sépultures médiévales de femmes armées ont été identifiées en Scandinavie. Véritables guerrières vikings (*ci-contre, une image tirée de la série* Vikings, *en 2016*) ou femmes enterrées avec les honneurs dus aux personnages de haut rang ? Le débat continue...

DES CROISÉES BIEN ENCADRÉES

À la fin du XIe siècle, le principal allié du pape contre le souverain du Saint Empire romain germanique est Mathilde de Toscane, un des plus puissants seigneurs et chefs de guerre d'Italie. Pour justifier son appui essentiel, l'Église invente le concept de « guerre juste », qui autorise les femmes à combattre, si la nécessité l'oblige et à condition qu'elles soient « chaperonnées » par un membre de leur famille. Quelques-unes vont s'engouffrer dans la brèche durant les croisades. Le moine cistercien Thomas de Froidmont mentionne par exemple les exploits de sa sœur Marguerite de Beverley, qui aurait gravi le mur de Jérusalem pour défendre la ville des troupes de Saladin. Combien d'autres furent-elles à combattre les infidèles ? « *Difficile à dire*, selon la professeure d'histoire médiévale Sophie Cassagne (université Toulouse II-Le Mirail), *car les historiens ne peuvent pas plus se fier à l'extrême discrétion des chroniqueurs chrétiens qu'à l'éloquence suspecte des sources musulmanes.* »

Si l'archéologie appuie alternativement l'une ou l'autre école, on peut en dire autant des grandes guerrières mentionnées par écrit. Khawlah bint al-Azwar, guerrière arabe contemporaine de Mahomet, est donnée explicitement comme une combattante redoutable. En revanche, que penser de la reine celte Boadicée ? Selon l'historien romain Dion Cassius (155-235 apr. J.-C.), cette femme de haut rang aurait mené la rébellion des Bretons contre les Romains dans le sud de l'Angleterre, en l'an 60 apr. J.-C. À Londres, Colchester et St-Albans, les cités où serait passée son armée, les fouilles ont bien révélé des traces d'incendie, comme autant de témoignages de la fureur bretonne, mais comment affirmer que la reine elle-même a combattu ?

Jeanne d'Arc, toujours blessée

Le cas de Jeanne d'Arc prête lui-même à discussion. Non que le Moyen Âge interdise aux femmes le port des armes : au nom de la "guerre juste", l'Église les autorise à combattre durant les croisades (*voir encadré ci-dessus*). Pour l'historien Olivier Bouzy, responsable scientifique du centre Jeanne d'Arc à Orléans, la Pucelle fut bien une femme de guerre… mais sans éducation militaire. « *De toute évidence, cette jeune fille a appris à monter à cheval et à porter l'armure, mais de sa lance, elle ne se sert qu'exceptionnellement. Elle est le plus souvent à l'arrière-garde et, chaque fois qu'elle va au combat, elle revient blessée.* » Peu importe, finalement : son caractère exceptionnel, quasi messianique, importe plus que son adresse à l'escrime. De Jeanne Hachette, au fond, on sait bien peu de choses. A-t-elle seulement existé ? Ou n'est-elle que le symbole de l'héroïsme des femmes pendant la guerre de Cent Ans ? De même, les historiens peinent à accréditer les récits qui courent sur les Almogavres, ces féroces mercenaires catalans et aragonais employés du XIIIe au XVe siècle par la couronne d'Espagne dans les guerres contre les Sarrasins, dont les femmes, dit-on, se déplaçaient et combattaient à leurs côtés. Pour autant, absence d'écrits ne signifie pas absence tout court. « *Pour évoquer les femmes au combat, les historiens contemporains se heurtent à des archives lacunaires*, reconnaît la sociologue Coline Cardi (université Paris 8 Vincennes-St-Denis). *Les faits concernant la violence des femmes armées ont en effet été systématiquement sous-enregistrés, requalifiés ou carrément oblitérés, notamment pendant la Révolution française* » *(voir encadré ci-dessous).*

« SANS-CULOTTE » DÉSARMÉES SOUS LA RÉVOLUTION

L'examen attentif des archives de la police de l'Ancien Régime durant les émeutes de la faim qui ont préfiguré la Révolution française révèle aujourd'hui qu'au moins un tiers des meneurs signalés par les témoins était en fait des meneuses. « *Aucune ne fut pourtant identifiée ni arrêtée*, remarque la sociologue Coline Cardi, co-auteur de *Penser la violence des femmes* (La Découverte, 2017). *Pour les enquêteurs, les coupables ne pouvaient être que des hommes. Les chroniques de 1789 ont ensuite installé dans les mémoires l'image négative de la révolutionnaire, sans-culotte dépravée et ivre de sang, comme ces femmes qui tuèrent et décapitèrent les gardes du roi à Versailles.* » En interdisant aux femmes le droit de porter des piques, puis en les excluant des armées, la Révolution française aurait ainsi pour longtemps cristallisé l'idée d'un genre féminin par essence vulnérable et pacifique.

Quel que soit le crédit que l'on accorde à la thèse de l'invisibilité des femmes combattantes dans l'histoire ancienne, elle reste un argument en creux. Il est donc probablement plus concluant d'étudier comment se passe la féminisation progressive des unités combattantes au XXe siècle, et la documentation qui va avec. « *Durant tout le XXe siècle*, reprend Coline Cardi, *les femmes combattantes font des apparitions sporadiques sur les champs de bataille* ». De la Première à la Seconde Guerre mondiale, la Russie en fournit quelques échantillons, avec les bataillons de la mort féminins ou les Sorcières de la nuit (*voir encadré p. 51*).

Des victimes, pas des héroïnes

Les combattantes apparaissent aussi en pointillé sur les fronts des luttes armées anticoloniales, nationalistes, ethnico-religieuses ou révolutionnaires des XIXe et XXe siècles : les guerrières du Dahomey ont fasciné la France coloniale (*voir encadré ci-contre*) ; on retrouve des militantes en armes au cœur des combats de la guerre civile espagnole, parmi les guérilleros du Sentier lumineux au Pérou (*voir encadré p. 51*), chez les FARC en Colombie, dans les troupes de l'OLP, au sein du PKK, la branche armée du parti séparatiste kurde en Turquie (*voir interview p. 52*), parmi les Tigres noirs tamouls au Sri Lanka, dans les conflits récents en Sierra Leone, au Liberia, en République démocratique du Congo… « *Mais quand ces combattantes sont mises en lumière par les médias, ce n'est presque jamais à l'aune de leur héroïsme ou de leur engagement*, note Coline Cardi. *Ce qui est souligné au contraire, ce sont les causes extérieures à leur volonté : elles se battent parce qu'elles ont été victimes de viols ou parce qu'elles ont été récupérées à des fins de propagande. À la sortie des conflits, les femmes ne sont pas non plus traitées comme des soldats ordinaires : soit leur participation n'est pas reconnue, et elles sont oubliées des programmes de démobilisation et de réinsertion dans la société, soit elles sont surstigmatisées et pointées du doigt comme des monstres, surtout si elles sont mères. Autrement dit, la violence des femmes combattantes reste difficile à penser, surtout si elle est collective.* »

Depuis la Seconde Guerre mondiale, les mentalités ont pourtant évolué et les armées modernes se sont peu à peu féminisées. En tête du podium, grâce à son système de conscription, l'armée israélienne compte un tiers de femmes (*voir p. 72*) ; suivent la Hongrie, les États-Unis et la France, où l'armée accueille désormais 15 % de femmes. En France comme en Israël, tous les corps de troupe s'ouvrent à elles depuis une dizaine d'années. Mais les femmes qui occupent des postes de combat sont encore l'exception : à peine 1,7 % des effectifs dans l'infanterie, l'artillerie et les pilotes de chasse en France, et 4 % en Israël. Ces faibles scores seraient justifiés, pour certains, par la difficulté d'intégrer des femmes-soldats dans un milieu à forte dominante masculine. Dans les unités mixtes, elles risqueraient en effet de perturber le

MICHAEL GRAHAM-STEWART/BRIDGEMAN IMAGES - SPUTNIK/BRIDGEMAN IMAGES

RIFIFILLES AU ROYAUME DU DAHOMEY

Baudriers en cuir brodés de coquillages, calottes blanches cachant leurs cheveux, fusils, lances et lames à la main… Ainsi se présentent les guerrières du Dahomey (*ci-contre*) sur la couverture du *Petit Journal* en 1891. Mentionnées dès le XVIIe siècle par les voyageurs occidentaux, ces femmes ont fasciné par leur bravoure durant les guerres franco-dahoméennes, de 1890 à 1894. « *Elles préféraient mourir plutôt que de reculer devant la mitraille* », relate un observateur. Dans ce royaume d'Afrique de l'Ouest, devenu le Bénin, le pouvoir royal s'est appuyé durant des siècles sur une double armée, constituée à la fois d'hommes et de femmes. « *Le nombre des soldates, appelées* mino *(nos mères, en langue fon), était de l'ordre de 4000 à 5000* », selon l'universitaire Hélène d'Almeida-Topor, auteur du livre *Une armée de femmes dans l'Afrique précoloniale*. Aussi bien attachées à la protection du roi qu'amenées à se battre sur le terrain aux côtés des hommes, elles étaient seules autorisées à pénétrer dans le palais royal et devaient faire vœu de célibat. Entraînées à toutes les techniques de combat, au corps à corps, aux armes à feu, aux armes blanches – en particulier le *nyekplohento*, une grande lame de 45 cm, pouvant peser jusqu'à 10 kg –, elles étaient craintes et respectées de la population.

LES RUSSES OUVRENT LE BAL

Volonté sincère de pratiquer l'égalité entre les sexes ou recherche inavouée de propagande ? La Russie a été la première nation moderne à autoriser les femmes à combattre (*ci-contre*). Avant même la Seconde Guerre mondiale (*voir interview p. 66*), un exemple a marqué les mémoires en 1917, après la révolution de février. L'armée russe se trouve à ce moment minée par les désertions et les mutineries. Il lui faut pourtant tenir face aux troupes allemandes et austro-hongroises qui avancent vers Petrograd, le cœur de la révolution et le siège du gouvernement provisoire. L'électrochoc va venir d'une certaine Maria Botchkareva, surnommée Yachka. Cette infirmière qui a gagné ses galons en secourant les blessés au cours de nombreuses batailles persuade le ministre de la Guerre Alexandre Kerenski de créer des « bataillons de la mort » exclusivement composés de femmes. Leur exemple devra faire honte aux hommes et les ramener dans les tranchées. Recrutées par l'implacable Yachka, 300 premières jeunes volontaires subissent un entraînement express dans des camps militaires. Crânes rasés, elles arborent l'uniforme frappé de la tête de mort. Sur les six bataillons dits « Kerenski » finalement créés, seul celui commandé par Yachka est envoyé au front. Pour un bilan assez déplorable dû, dit-on, à l'absence de renforts : 30 femmes tuées et 70 blessées à la bataille de Smorgon, dans les forêts de Biélorussie.

« *bonding* », cette fameuse cohésion à l'œuvre parmi les soldats, en créant un climat sexuellement chargé et des problèmes de discipline.

Le risque de voir des femmes capturées être victimes de viol ou de brutalité sexuelle explique par ailleurs certaines réticences à les impliquer. Là encore, le débat fait rage. « *Avant l'intégration des femmes au combat dans les armées modernes, la cohésion des unités, leur bon ordre et leur discipline mettait aussi parfois le leadership à rude épreuve*, avance le commandant Kristal Alonso, pilote et lieutenant-colonel dans l'armée de l'air américaine. *Aucune étude n'a encore prouvé que la présence des femmes créait un surcroît de problèmes dans les organisations militaires.* » « *Mais les batailles sont comme des points d'exclamation*, rétorque Ana Simons, professeur à la NPS, l'École navale supérieure. *Elles ponctuent de longues périodes où il n'y a pas de fusillades. Passez du temps avec des soldats lorsqu'ils descendent de hauts niveaux d'adrénaline, qu'ils sont déprimés ou bouleversés, ou encore quand ils s'ennuient entre deux opérations sur le terrain. Introduisez une ou plusieurs femmes dans ce type de groupes, et vous déclenchez immanquablement des situations de rivalité, de jalousie, de surenchère. Souvenons-nous de Charles Graner et Lynndie England, et la dynamique installée entre eux qui a contribué à alimenter le sadisme à la prison d'Abou Ghraib, en Irak* ». Pour parer à une trop grande promiscuité entre hommes et femmes soldats, inévitable pour les troupes en mouvement mais plus gérable dans des structures fixes, les armées professionnelles adaptent peu à peu leurs bases opérationnelles. Inauguré en 2019, le sous-marin nucléaire d'attaque *Suffren* est ainsi le premier submersible conçu pour pouvoir accueillir des effectifs féminins, des couchettes aux douches.

Quoi qu'on en pense, la féminisation des unités combattantes est en route. Et elle est accélérée par l'évolution technologique des armées. C'est un phénomène très récent, qui date de la dernière décennie : les données sont encore insuffisantes en volume et peu exploitables. Mais elles vont s'accumuler au fil des années. Historiens, sociologues et anthropologues auront peut-être bientôt les moyens de trancher ce débat miné par l'idéologie et les *a priori*. /

PÉRUVIENNES SUR LE SENTIER DE LA GUERRE

À l'aide de multiples témoignages, la sociologue Camille Boutron a reconstitué dans *Femmes en armes* (P. U. de Rennes, 2019) le parcours de femmes ayant combattu au sein des guérillas au Pérou pendant les années 1980. Dans les rangs du Sentier lumineux, notamment, les guérilleros maoïstes accordaient le même rôle aux hommes et aux femmes, ces dernières se montrant non moins capables de violence extrême que leurs camarades masculins ; ce qui, selon l'auteure, vient bousculer le « *stéréotype des femmes comme agents pacificateurs et non guerriers* ». Une fois les armes rangées, pourtant, les rôles traditionnels furent réaffirmés à travers la double sanction subie par les combattantes : privées de liberté dans la prison de Chorrillos et abusées sexuellement par les autorités carcérales, elles subirent un traitement médiatique attribuant plus volontiers leurs crimes à une supposée déviance sexuelle, ou à un amour aveugle pour M. Abimael Guzmán, chef du Sentier lumineux, qu'à un engagement politique conscient.

Pourquoi y a-t-il tant de femmes kurdes au combat ?

Spécificité des forces kurdes, les femmes y sont nombreuses, et elles combattent. Olivier Grojean, maître de conférences en science politique à l'université Paris I, l'explique.

PROPOS RECUEILLIS PAR EMMANUEL DESLOUIS

Ces dernières années, les médias ont beaucoup montré des femmes kurdes en treillis, la kalachnikov en bandoulière. Est-ce une réalité ou de la propagande ?

Olivier Grojean : C'est une réalité ! Au sein des forces kurdes, en Turquie comme en Syrie, la proportion de femmes parmi les combattants atteint parfois 40 %. Cela dit, il y a bien eu une mise en avant des combattantes kurdes dans les médias depuis le siège de Kobané, à la fin 2014. L'image de ces femmes résistant dans une ville dévastée par les attaques de l'État islamique a particulièrement marqué les esprits selon des logiques toutes médiatiques. Pour les forces kurdes de Syrie, cette mise en avant a aussi constitué une manière de montrer aux pays occidentaux la justesse de leur combat, en opposant des combattantes de même valeur que les hommes aux forces réactionnaires de Daesh, qui interdisent cette égalité aux femmes.

Ces combattantes sont-elles cantonnées à certains postes symboliques ?

Non, elles combattent dans presque toutes les armes, et elles combattent *réellement*. Les combattantes kurdes comptent dans leurs rangs des snipers, des commandos, qui sont parmi les postes les plus exposés. Certaines sont même officiers. Les forces kurdes en Syrie, que ce soit au niveau politique ou militaire, sont allées jusqu'à instaurer des formes de codirection associant un homme et une femme. Ce qui veut dire que, de fait, il y a de grosses avancées en termes de féminisation des forces combattantes et des postes de direction de cette armée.

Vous évoquez surtout les Kurdes de Turquie et de Syrie. N'existe-t-il aucune combattante chez les Kurdes d'Irak et d'Iran ?

Si, mais elles y sont nettement moins nombreuses. Quelques centaines en Iran dans les deux formations du Komala et du PDKI. En Irak, quelques centaines de femmes également combattent au sein de l'UPK. En comparaison, en Syrie, où les forces pro-kurdes – Parti des travailleurs du Kurdistan ou PKK, et ses dérivés – sont montées jusqu'à 70 000 personnes, on a compté 15 000 voire 20 000 femmes sous les armes.

Est-ce donc dans le PKK et ses émanations en Syrie qu'on trouve le plus grand nombre de femmes ?

En effet. Ce parti politique kurde de Turquie a théorisé depuis longtemps la place de la femme au cœur des combats. En dehors de lui, dans la société kurde comme d'une façon générale dans les sociétés du Moyen-Orient, souvent rurales et conservatrices, la place de la femme est d'être une épouse, une mère, une sœur, pas une personne qui peut inventer sa vie comme elle l'entend.

Comment le PKK a-t-il théorisé l'intégration des femmes au sein de ses forces armées ?

Le dirigeant du PKK, Abdullah Öcalan, a développé ce thème en 1992 dans *La Question de la femme et de la famille*. Au terme d'une longue explication où il mêle histoire et mythologie – Öcalan remonte jusqu'au Néolithique –, il conclut de façon radicale que la libération des femmes conduira à la libération du peuple kurde. En liant ces deux combats, il donne aux femmes une responsabilité très importante. Une responsabilité que ces combattantes vont embrasser de la manière la plus spectaculaire qui soit : dès 1996, lorsque le PKK lance des attaques-suicides, les premiers *kamikaze* sont des femmes. En se sacrifiant, elles montrent de la manière la plus extrême qu'elles ont le pouvoir

SAFIN HAMED/AFP

Le 30 janvier 2018, défilé des promus de l'académie militaire de Zakho (Kurdistan irakien) qui forme chaque année plus de 400 *peshmergas*, cadres combattants kurdes, hommes et femmes.

d'ébranler l'État turc et, à terme, de conduire le peuple kurde à la victoire.

Ces femmes combattent-elles dans des unités uniquement féminines ?

Oui, le plus souvent. Le PKK crée en 1995 les premières unités féminines. Elles participent aux côtés des unités masculines au combat en Turquie. Au fil des ans, ces unités féminines se sont multipliées. Durant la guerre en Syrie, depuis les années 2010, se sont créés des camps militaires et des unités uniquement féminins, mais aussi quelques unités mixtes sous l'égide de la branche armée (YPG) du Parti de l'union démocratique (PYD) syrienne. Pourquoi le choix quasi général de la non-mixité ? Selon Öcalan, les femmes ont besoin de pouvoir être seules pour s'organiser, afin de ne pas dépendre du regard masculin. Cela dit, il y avait aussi des raisons qui relèvent de la guerre psychologique : dans les années 1990, les femmes qui rejoignaient les rangs du PKK étaient accusées par les médias turcs de servir de « chair fraîche » au sein des unités. La réponse à ces calomnies a été la création de ces unités féminines. C'était une façon de dire : nous n'organisons pas des orgies dans nos unités, notre combat est très sérieux. Au Moyen-Orient, l'honneur n'est pas rien, en kurde ça s'appelle le « *namus* » et en turc le « *sheref* ». On peut dire que l'institution militaire du PKK a repris le concept d'honneur des femmes à sa charge. Et elle leur a fourni une manière de pouvoir conserver cet honneur.

La représentation des femmes dans les mouvements révolutionnaires kurdes n'est donc pas liée à des spécificités de la société, mais plutôt à l'idéologie du PKK ?

Oui, mais ce n'est pas forcément pour des motivations idéologiques que les femmes kurdes s'engagent au sein de la guérilla. Cela peut être aussi parce qu'elles veulent fuir un mariage arrangé ou un autre désagrément de ce type. Si elles s'intègrent bien dans une organisation politico-militaire, c'est parce que celle-ci leur donne un rôle qu'elles ne peuvent pas occuper dans la société. Ainsi, un grand nombre d'entre elles choisissent d'acquérir un rôle prépondérant au sein de leur communauté en s'engageant dans les forces armées. La guerre civile en Syrie, et notamment le siège de Kobané, a fourni à ces femmes cette occasion historique.

Vont-elles devoir passer leur vie dans la guérilla ?

Non, pas forcément. D'un côté, il y a les cadres (*kadro* en kurde) qui sont des militantes du PKK, engagées à vie dans le combat. Ces militantes encadrent d'autres femmes qui, elles, s'engagent temporairement. Quand vous êtes militantes du PKK, vous avez une formation militaire très poussée de plusieurs mois qui se déroule dans le massif du Qandil, dans les montagnes irakiennes. Les femmes des autres formations politiques kurdes ne seront pas formées aussi longtemps. Elles peuvent aussi s'engager dans les branches politiques de ces partis, sans devenir combattantes.

Des actions d'éclat sont-elles attribuées à des combattantes kurdes ?

Plusieurs. Cela a commencé en 1996 avec Zilan qui a mené la première attaque-suicide à Tunceli, en Turquie. Pendant la reprise du Rojava – le Kurdestan syrien –, Nasrin Abdallah, la commandante du YPJ, s'est illustrée dans de nombreuses batailles, dont celle de Kobané. Elle a d'ailleurs été reçue, avec la présidente du PYD, Asya Abdullah, par François Hollande en 2015. Autre figure héroïque, Arin Mirkan a lancé une attaque-suicide contre des djihadistes le 5 octobre 2014 pendant les combats de Kobané, alors qu'elle était à court de munitions. Ou encore, durant la bataille d'Afrin en 2018, Barîn Kobané s'est fait exploser avec une grenade plutôt que d'être capturée par les supplétifs syriens des forces turques. Malheureusement, l'héroïsation se fait bien souvent dans la mort. Car les martyrs – *shehid* en kurde – sont extrêmement importants dans la mémoire ordinaire du PKK et plus globalement des Kurdes. /

La guerre des trois Jeanne

Trois femmes prénommées Jeanne se sont illustrées, les armes à la main, dans l'un des épisodes les plus mal connus de la guerre de Cent Ans, celui de la guerre de Succession de Bretagne (1341-1365). Ce conflit mit aux prises deux clans soutenus, selon le moment, par le roi de France Philippe VI ou par son ennemi le roi d'Angleterre Édouard III. À elles trois, Jeanne de Penthièvre, Jeanne de Montfort et Jeanne de Belleville démentent ce lieu commun qui voudrait que seuls les hommes conduisent la guerre.

PAR **VALÉRIE TOUREILLE**, PROFESSEUR DES UNIVERSITÉS, CY CERGY-PARIS UNIVERSITÉ

La guerre de Succession de Bretagne a ensanglanté la province pendant près de vingt ans. Les sources qui évoquent les trois Jeanne sont laconiques, mais les faits d'armes évoqués, tant sur terre que sur mer, appartiennent à une geste guerrière aussi singulière que bien établie. Si la personnalité hors du commun des protagonistes a frappé les esprits, les chroniqueurs, qui ne manquent pas de souligner l'anomalie que constitue une femme conduisant son armée, insistent surtout sur le fait « *qu'elles se battaient comme des hommes* ».

Pour comprendre ce conflit, né d'une succession mal préparée, il faut au préalable rappeler ce qu'est la Bretagne au XIVe siècle. Depuis des dizaines d'années, les Bretons tentent de conserver leur autonomie face à leurs puissants voisins, Francs et Normands, avant de devoir se soumettre, préférant les premiers aux seconds. Pierre de Dreux, prince de la maison royale de France, est ainsi sommé d'épouser l'héritière du duché de Bretagne. En 1297, Philippe le Bel érige la Bretagne en duché-pairie. À la fois province française et duché autonome, la Bretagne vit ainsi pendant de longues années, tout en demeurant partagée entre deux mondes : la Bretagne celtique, dite « bretonnante » à l'ouest, et la Bretagne franque de langue d'oïl à l'est, autour de Nantes et de Rennes – dite « pays gallo ». Ajoutons à ce tableau les vertus militaires des Bretons, engagés dans toutes les guerres, où leur bravoure fait merveille.

Jeanne de Penthièvre réclame la succession du duché de Bretagne

Le 30 avril 1341 meurt à Caen le duc de Bretagne Jean III, petit-fils de Pierre de Dreux. Ce grand personnage était un allié fidèle du roi de France, mais avait aussi hérité d'un fief en Angleterre, Richmond, pour lequel il avait prêté serment de fidélité au roi d'Angleterre. En dépit de trois mariages successifs, il disparaît sans laisser d'héritier mâle légitime. Ne reste pour revendiquer le duché que sa nièce et un demi-frère, également prénommé Jean. Jean III, tenant en piètre estime ce demi-frère, préférait sans doute sa nièce. Mais décédé subitement au retour d'une expédition, il n'a pas donné d'instructions concernant sa succession. Son imprévoyance va ensanglanter le duché durant un quart de siècle.

La nièce en question s'appelle Jeanne de Penthièvre. Peut-elle prétendre à recevoir le duché de Bretagne ? À travers elle se pose à nouveau la lancinante question du droit des femmes à hériter et à transmettre un fief, comme elle s'est déjà posée en 1316 lors de la succession de Louis X dans le royaume de France. Pour écarter les femmes, l'on a alors argué de la loi salique. Mais en Bretagne, la coutume permet bel et bien que Jeanne puisse recueillir la succession dont son père aurait pu jouir s'il n'était décédé entre-temps. Elle a donc prééminence sur le quatrième

AKG

Jeanne de Montfort (1295-1374) se bat pour récupérer le titre de duchesse de Bretagne. Cette lithographie de 1880 la montre en action lors d'un combat naval devant l'île de Guernesey (1342).

Le roi d'Angleterre affirme sa volonté de secourir la comtesse de Montfort, en fait pour mieux asseoir sa position en Bretagne.

fils d'Arthur, né – de surcroît – d'un second lit, Jean, comte de Montfort.

Jeanne de Penthièvre évoque d'emblée le droit de représentation, qui régit les règles de succession dans la province. De son côté, Jean de Montfort fait valoir l'argument de la loi salique – à l'appui du droit canonique. Toutefois, nul n'a encore appliqué ladite loi dans le duché de Bretagne. Le duché-pairie doit-il suivre la jurisprudence en vigueur dans le royaume ou faire valoir son particularisme juridique ?

La question mérite d'être tranchée, et c'est devant une cour royale qu'elle le sera, le 7 septembre 1341. L'arbitrage n'est pas neutre. Jeanne de Penthièvre, dite aussi « la boiteuse », est en effet mariée à Charles de Blois, un neveu du roi de France, Philippe VI. Sans surprise, la décision du tribunal accorde le duché de Bretagne à Charles, par le chef de sa femme. Le comte de Montfort n'attend pas le verdict pour riposter : il s'empare de plusieurs des principales villes de Bretagne, Nantes, Brest, Rennes et Vannes. Réfugié derrière les murs de Nantes, il se prépare à subir une contre-offensive royale. Lui qui a jusque-là servi fidèlement le roi se tourne vers l'Angleterre pour rompre son isolement.

La lionne Jeanne de Montfort prend la tête du parti anglais

Face à Montfort, Jeanne de Penthièvre fourbit ses armes pour protéger son dû, et prend la tête de ce que l'on va nommer le « parti de France ». Elle peut compter sur le soutien de la haute aristocratie bretonne, d'une grande partie du clergé et de la noblesse du pays gallo. Elle possède en outre un atout majeur, sa puissance territoriale. Son comté représente le cinquième des terres du duché quand Jean de Montfort ne tient en Bretagne que la châtellenie de Guérande. Mais lui peut s'appuyer sur la Bretagne bretonnante.

La guerre s'ouvre ainsi sur une situation paradoxale. Tandis que le roi de France Philippe VI devient le champion de la succession en ligne féminine pour soutenir son neveu Charles, le roi d'Angleterre Édouard III défend la primauté de la descendance masculine pour prêter main-forte à Jean de Montfort. Nul n'est dupe du retournement des arguments juridiques, au nom de la *realpolitik*.

Le 21 novembre 1341, Jean de Montfort est capturé à Nantes par l'armée de Charles de Blois. Il est rapidement conduit à Paris pour être enfermé dans la tour du Louvre. C'est alors qu'entre en scène la deuxième Jeanne : Jeanne de Montfort. La jeune et belle épouse du comte se trouve à Rennes, au moment de sa capture. Cette femme dont Froissart écrira qu'elle « *avait le courage d'un homme et le cœur d'un lion* » réagit avec vigueur pour défendre les droits de son mari, et surtout ceux de son fils. Elle prend d'emblée le titre de duchesse de Bretagne.

Puisant dans ses ressources, elle passe, dit-on, de ville en ville, de forteresse en forteresse, en renforçant les garnisons. Jeanne de Montfort s'adresse à ses partisans en brandissant son tout jeune fils pour les exhorter à résister et à venger son mari :

« *Ne vous ébahissez point pour mon seigneur que nous avons perdu ; ce n'était qu'un seul homme ; voyez ici mon petit enfant qui sera, s'il plaît à Dieu, son vengeur. J'ai du bien en abondance, et vous en donnerai assez, et je vous pourvoirai de tel capitaine.* »

Une trêve est conclue en mars 1342. Jeanne de Montfort en profite pour solliciter l'appui d'Édouard III : « *la comtesse de Montfort était déjà arrivée et venue en Angleterre, et avait fait sa complainte au roi moult expressément* », raconte Froissart. Elle participe aux festivités que le roi donne à Londres au cours desquelles Édouard lui réserve une place de choix. Tandis que la guerre reprend sur tous les fronts, le roi d'Angleterre entend affirmer publiquement sa volonté de secourir et conforter la comtesse de Montfort, en fait pour mieux asseoir sa position en Bretagne. Il lui accorde alors nombre d'hommes d'armes et d'archers et ses meilleurs capitaines, dont Robert d'Artois, un baron français qui avait « *tourné anglois* » à la suite d'un conflit d'héritage avec le roi de France. Une flotte fait voile vers la Bretagne. Mais tandis que les navires quittent Guernesey, ils sont soudain pris en chasse par les Français. Une bataille navale s'engage. Les Français arment leurs arbalètes et les archers anglais ripostent avec vigueur. Dès que les navires sont à hauteur de lances, on en vient au corps à corps. Dans cette « *dure bataille et crueuse* [cruelle] », la comtesse de Montfort ne dépare pas au milieu des chevaliers : « *mêmement armée, qui valait bien un homme, car elle avait un cœur de lion, et tenait un glaive fort dressé et bien tranchant, et trop bien s'en combattait et de grand courage* » rapporte la chronique.

Malgré de lourdes pertes et la terrible tempête qui met

BN

Jean IV, duc de Bretagne, et son épouse Jeanne de Montfort reçoivent en 1341 l'hommage des habitants de Nantes. Après la capture de son époux, Jeanne reprend la lutte avec l'appui du roi d'Angleterre, Édouard III.

fin à l'affrontement, ce qui reste de la flotte anglo-bretonne parvient au rivage, après avoir un peu dérivé. Jeanne de Montfort va ensuite se retrancher dans Hennebont, une petite place bien fortifiée qui a l'avantage de posséder un accès à la mer. Mais les Français sont déjà à ses portes. Face au siège que lui impose Charles de Blois, Jeanne de Montfort se bat comme une lionne, décidément l'adjectif qui lui va le mieux. Froissart rapporte encore comment ceux qui « *dedans Hennebont se tenaient, étaient très émerveillés de leur comtesse* ». Jeanne de Montfort résiste avec le soutien de ses capitaines, Robert d'Artois et Gauthier de Masny, et peut-être 1 000 hommes d'armes et 3 000 archers. Si les chiffres semblent excessifs, ils soulignent que la ville est devenue un enjeu majeur. Jeanne a fait d'Hennebont la base arrière des Montfortais et ses adversaires sont prêts à lui livrer à un rude combat. Les deux camps se font une guerre de siège sans merci. Charles de Blois et sa femme entament dans le même temps le siège de Rennes. Les Anglo-Bretons parviennent à se rendre maîtres de Vannes où la comtesse accourt pour célébrer la victoire et participer aux festivités. Amaury de Clisson, chevalier et membre d'une grande famille bretonne, lui a apporté son soutien militaire. Il a aussi été désigné comme le tuteur de son fils Jean.

En février 1342, c'est avec Jeanne de Montfort que Philippe VI tente de négocier. En vain ! Jeanne ne cède rien et les Français reprennent le siège d'Hennebont en mai de la même année. La ville est soumise à un étroit blocus et les attaques sont violentes. Là encore, la comtesse organise et commande la défense de la place :

La défense d'Hennebont, le chef-d'œuvre militaire de Jeanne de Montfort

« *La comtesse de Montfort, très bien armée, montée sur un bon coursier chevauchait par les rues de Hennebont, exhortant ses gens de courageusement résister aux assaillants. Par les dames, les damoiselles, bourgeoises et femmes de la ville, elle faisait briser les pavements des rues et en porter les quartiers aux créneaux et aux guérites des tours pour trébucher sur les adversaires, et aussi faisait-elle disposer les canons et bombardes ès lieux plus convenables pour grever les ennemis : tant que les habitants de Hennebont, gens de guerre et autres, excités par sa voix courageuse, couraient où le péril était le plus grand pour résister aux assauts des Français, et de grande force jetaient du haut des murailles des pierres pesantes, des pots pleins de chaux vive, des eaux bouillantes qu'ils versaient à grand effort, et trébuchaient en bas les échelles chargées de Français qui contre ceux murs de toute leur force rampaient.* »

On raconte que la comtesse guette nuit et jour au sommet d'une tour, espérant les secours anglais. Elle surveille aussi étroitement les assiégeants. Lors d'un assaut, elle profite de l'éloignement de la plupart des hommes de guerre, engagés dans des combats, pour sortir avec un détachement de 300 cavaliers et fondre sur le camp ennemi. Armés de torches, ils incendient toutes les tentes. Sainte-Foix aurait dit : « *On vit plus d'une fois, une des plus belles femmes de l'Europe, tenant l'épée d'une main et le flambeau de l'autre, fixer avec plaisir ses regards sur les horreurs de la guerre* ».

Les Français, alertés par les flammes, tentent de bloquer sa retraite. Mais Jeanne et ses hommes ont choisi de fuir vers Auray, tenue par leurs partisans. Les Français, dit-on, sont eux-mêmes émerveillés par tant de témérité de la part d'une femme : « *Voyez cette vaillante comtesse, comme elle sait bien la guerre, et que d'exploits en un jour !* »

Après cette audacieuse sortie, qui lui confère le surnom de « Jeanne la Flamme », elle revient à la nuit cinq jours plus tard. Là encore elle opère habilement une manœuvre de diversion pour entrer dans la place, où les habitants s'impatientent de son retour. Furieux, les Français réagissent avec un temps de retard, et après l'échec d'un nouvel assaut, clament haut et fort que « *c'est le diable qui protège la comtesse* ».

Face au siège qui s'éternise, certaines voix s'élèvent pour négocier. Alors que la place est prête à se rendre malgré l'opposition de Jeanne, les navires anglais pointent à l'horizon. La flotte est conduite par le tuteur de son fils, Amaury de Clisson. Le renfort lui apporte 300 hommes d'armes et 2000 archers, en plus des 500 soldats de la garnison.

Mais le sort des armes demeure globalement favorable à Charles de Blois et Jeanne de Penthièvre. Au début de 1343, Jeanne de Montfort doit se résigner à gagner les côtes anglaises avec ses deux enfants pour réclamer de nouveaux secours. Elle affronte une terrible tempête qui manque de lui coûter la vie. Après avoir

« Jeanne la Flamme » sort à la tête d'un détachement de 300 cavaliers et fond sur le camp ennemi, qu'elle incendie.

Jeanne de Belleville est devenue l'épouse d'un criminel accusé de haute trahison, et se trouve elle-même menacée.

été ballottée huit jours durant sur les flots, elle accoste enfin en Angleterre. La dame « au cœur de lion » semble avoir été installée dans un château du sud de l'Angleterre (Tickhill), selon le bon vouloir du roi Édouard III, qui lui accorde une pension. Le sort de la comtesse devient alors incertain. Les sources manquent de précisions pour traduire sa situation, qui paraît de plus en plus précaire. Ses fils sont élevés à Londres, loin de leur mère qui semble sombrer dans une incapacité physique, ou peut-être mentale, qui l'empêche de retourner en Bretagne. Celle que le roi Édouard présentait comme la « *très célèbre dame* » semble avoir été abandonnée à son triste sort. Aurait-elle basculé dans la folie, après tant d'épreuves endurées ?

De fait, à partir de 1343, le parti de Montfort n'a plus de chef (le jeune Jean n'a que 5 ou 6 ans). En septembre 1343, le comte Jean de Montfort sort de sa prison, mais il demeure en liberté surveillée. Il reprendra cependant les armes, pour peu de temps, puisqu'il meurt en 1345. La lignée des Montfort semble alors anéantie.

Jeanne de Belleville reprend le flambeau de la Lionne

C'est sans compter avec la troisième de nos Jeanne : Jeanne de Belleville, qui prend la relève face au parti français. Jeanne de Belleville, dame de Montagu et de la Garnache, est l'épouse d'Olivier de Clisson, frère d'Amaury, un chevalier breton au service du roi de France. Olivier, qui est aussi un cousin de Jean de Montfort, demeure le dernier partisan du camp français dans la famille. Les relations entre Jeanne et Olivier ont souvent été romancées, faute de sources nombreuses. Cette union, qui est un remariage de part et d'autre, est bientôt marquée par un conflit entre les deux époux. Jeanne qui reproche à son mari de ne pas respecter les clauses de donation de leur contrat de mariage, le cite à comparaître devant un tribunal pour sauvegarder les intérêts de ses enfants, face à ceux d'un premier lit.

Il faut dire que la position d'Olivier de Clisson, au cœur de la guerre civile, est de plus en plus difficile sinon ambiguë. Sa détention en Angleterre après Vannes, puis son échange contre le comte de Stafford a suscité des rumeurs. « *Grande fame en couroit* » dit Froissart. Édouard III aurait accueilli son prisonnier avec beaucoup (trop) d'égards aux yeux de la cour de France. Il est vrai surtout qu'Olivier est irrité de l'ingratitude de Philippe VI. Il finit donc, comme d'autres seigneurs bretons, par reconsidérer sa position. Il est d'abord inquiété et incarcéré un temps en mars 1343 sur ordre de la justice royale, mais accepte de se rendre à l'invitation du roi, qui le convie à des joutes à Paris en août de la même année. L'invitation est un traquenard et Olivier de Clisson est immédiatement arrêté à l'issue d'un tournoi. Il est enfermé au Châtelet, rapidement convaincu de crime de lèse-majesté. La sentence est prononcée après une parodie de jugement. Olivier de Clisson est décapité pour haute trahison place des Halles. Son cadavre est pendu au gibet de Montfaucon le 2 août 1343. Sa tête est exhibée dans plusieurs villes normandes, avant d'être plantée devant les murs de Nantes.

Jeanne de Belleville n'est pas restée inactive en ces temps difficiles. Elle a déjà cherché des complicités à Paris, auprès d'un sergent du Châtelet, lors de la première incarcération de son mari en mars 1343. Après son exécution, Jeanne va déployer toute son énergie pour venger son époux et défendre les intérêts de son fils, le jeune Olivier, qui va trouver refuge à Hennebont, auprès du jeune fils de Jeanne de Montfort. Les deux garçons ont le même âge et sont confrontés à la même adversité. Entre-temps, Jeanne est devenue l'épouse d'un criminel accusé de haute trahison, et se trouve elle-même menacée. Les enquêtes menées par les officiers du roi, et dont témoignent des actes conservés aux Archives nationales, révèlent une complicité évidente. Elle est d'ailleurs appelée à comparaître devant le Parlement dès avant la condamnation de son mari, une convocation à laquelle elle refuse d'obéir.

La corsaire vengeresse

Après quatre ajournements, Jeanne de Belleville est déclarée bannie et ses biens confisqués par contumace en raison de « *plusieurs alliances, conspirations, machinations, rebellions et crime de lèse-majesté royal* » et pour « *autres excès et malfaçons faits et perpétrés par lesdits sires de Clisson et Jeanne de Belleville, sa femme* ». Jeanne se lance alors dans la lutte armée, d'abord entourée des

Jeanne de Penthièvre (v. 1324-1384), dite « la boiteuse », nièce de Jean III, duc de Bretagne, mort sans héritier direct, réclame la succession de son oncle. Elle combat Jeanne de Montfort et le parti anglais en s'appuyant sur le roi de France Philippe VI (*gravure de 1870*).

Jeanne de Penthièvre va se battre avec la même force pour son mari que Jeanne de Montfort l'a fait pour le sien.

400 hommes de guerre de son mari. Mais aucun document n'atteste de cette guerre personnelle, si ce n'est les chroniques (la *Chronique normande du XIVe siècle*, la *Chronographia regnum francorum*) qui rapportent qu'elle vend tous ses biens, y compris ses bijoux pour armer des bateaux et solder les hommes.

En fait, dès que Jeanne est avertie de l'infortune de son mari, elle décide de réagir avec force contre le parti du roi. Elle se rend devant une forteresse tenue par les partisans de Charles de Blois. Elle s'avance avec quarante hommes, dont les armes ont été dissimulées. Le reste de la troupe attend aux aguets que le pont soit abaissé. Jeanne de Belleville demande à parler au seigneur du lieu, Galois de la Heuse, qui la reçoit courtoisement, ignorant encore l'exécution de Clisson. Dès qu'elle entre dans la place, les soldats « *embuschés* » font irruption et prennent la place par coup de main : « *Quand la Dame et ses gens furent dedans, ils se mirent à corner et les soldats en embuscade accoururent rapidement dans la place. Et fut le château pris et le châtelain occis, lui et tous ses soldats, par le commandement de la Dame, qui n'accorda aucun répit de mort à la demande de ses amis* ». La garnison, dit-on, ne compte que 80 hommes. Galois, capitaine de la place, en réchappe, et recevra une partie des terres confisquées sur les domaines de Jeanne et d'Olivier.

Lorsque Charles de Blois est informé de la perte de la place, il est déjà trop tard et Jeanne a fui, sans doute sur ses terres de Beauvoir. La chronique raconte qu'à partir de cet épisode, « *adonc entra la Dame en mer et mena grand foison de gens pour grever les Français, et fit en celle saison plusieurs marchands occire. Cette nouvelle fut dite au roi de France, dont fut la Dame bannie du royaume et fut sa terre saisie en la main du roi* ».

Jeanne de Belleville fait aussi le voyage de Londres pour réclamer les secours du roi anglais. Édouard III lui aurait rendu les droits que détenait son père sur les bateaux de Bordeaux, ce qui l'aida peut-être à réunir des navires pour ses courses. Son fils fut également amené à la cour d'Édouard III pour y être élevé aux côtés du jeune Jean de Montfort. La Dame de Belleville a peut-être été introduite à la cour par son beau-frère, Amaury de Clisson, qui se trouvait auprès d'Édouard III depuis mars 1343.

Le seul document qui atteste des expéditions maritimes de Jeanne de Belleville émane de la chancellerie pontificale. Une bulle du pape Clément VI datée du 21 septembre 1343 est adressée à Édouard III, accusé tacitement de soutenir une activité de piraterie qui risque de mettre à mal la trêve de Malestroit, établie entre les deux camps le 19 janvier. Le pape dénonce les attaques répétées contre des navires français. Jeanne de Belleville se serait donc lancée sur les mers quelques semaines seulement après l'exécution de son mari ! Peut-être opère-t-elle entre l'estuaire de la Loire et la baie de Bourg-Neuf, où le commerce du sel est intense. C'est une zone où des actes de piraterie ont déjà été commis.

La « Lionne de Bretagne » épouse un capitaine anglais

La Dame de Belleville semble jouir d'un certain crédit aux yeux d'Édouard III, qui fait la sourde oreille aux remontrances du pape. Surtout, elle fréquente assidûment les capitaines anglais (ils la surnomment la « Lionne de Bretagne »), au point de se remarier avec l'un d'eux : Walter Bentley. À l'origine, ce simple sergent engagé dans les troupes royales en Flandre est venu combattre en Bretagne. Il se distingue rapidement comme un remarquable homme de guerre – il a remporté la victoire de Mauron contre les Français en 1352. En fait, il a été nommé deux ans plus tôt lieutenant du roi d'Angleterre en Bretagne. Nous ignorons tout de la rencontre entre « *le génie malfaisant des eaux* » et cet intrépide capitaine. Quelques années plus tard, Édouard III accordera à Jeanne de Clisson et à son lieutenant Bentley la châtellenie de Pont-Callec ainsi que deux paroisses alentour. Il faut reconnaître qu'il a tout intérêt à consolider cette alliance avec la puissante famille de Clisson, dont les terres occupent une position stratégique aux marches du Poitou. En 1347, Jeanne est toujours explicitement désignée comme une alliée active du roi anglais, ce qui suppose qu'elle a poursuivi ses activités prédatrices.

Il est vrai que, désormais, Édouard III fait la guerre en son nom propre, et qu'il a besoin de relais toujours plus nombreux sur le continent. Surtout qu'à cette même date, Charles de Blois a été fait prisonnier à la bataille de La Roche-Derrien et emmené en captivité dans la tour de Londres. C'est sa femme, Jeanne de Penthièvre, qui va entrer en lice à son tour.

Jeanne de Penthièvre va se battre avec la même force

DR

Jeanne de Belleville (vers 1300-vers 1359), épouse du chevalier de Clisson décapité sur ordre de Philippe VI, prend les armes contre le parti français pour venger son mari et défendre les droits de son fils. Surnommée la « Lionne de Bretagne », elle est restée célèbre pour ses activités de corsaire.

pour son mari que Jeanne de Montfort l'a fait pour le sien. La rivalité entre les deux femmes a-t-elle nourri leur combativité mutuelle ? Nous l'ignorons, mais Jeanne de Penthièvre révèle rapidement son caractère intraitable, y compris dans le combat. Elle bat la campagne pour rassembler tous ses partisans et en rallier d'autres, en arguant de nombreuses exactions commises par les troupes anglaises en Bretagne. Jeanne doit dans le même temps s'efforcer de réunir la lourde rançon de son mari. Elle prend toute sa place sur le plan politique. En 1352, elle convoque, sans l'aval de son mari, les États de Bretagne pour obtenir leur assentiment sur sa manière de poursuivre la guerre. Si la haute aristocratie bretonne répond à la convocation, la petite noblesse de basse Bretagne, hostile aux Français, ne se montre pas.

Jeanne de Belleville bat Jeanne de Penthièvre

Les voies diplomatiques ne sont pourtant pas éteintes. Une ambassade se transporte en Angleterre pour négocier la rançon de Charles de Blois, et évoquer une éventuelle alliance matrimoniale. Mais l'annonce du massacre d'une garnison anglaise ruine le rapprochement envisagé. Un *statu quo* s'établit en Bretagne jusqu'en 1355. En 1356, le traité de Westminster fixe les conditions de la libération de Charles de Blois. En 1362, le jeune Montfort peut enfin s'extraire de la tutelle d'Édouard III pour regagner la Bretagne. Mais tandis que les deux protagonistes tentent de trouver un terrain d'accord, Jeanne de Penthièvre fait savoir qu'elle est prête à rallumer les feux de la guerre, contre l'avis de son époux. Elle est suivie par plusieurs barons bretons qui restent animés par un esprit belliqueux et un fort sentiment anti-anglais. C'est ainsi qu'elle les mène jusqu'au siège d'Auray, aux côtés de son époux, et de Du Guesclin. Le 29 septembre 1364, le jeune Olivier de Clisson combat avec rage les Français sur le champ de bataille pour se venger de la tyrannie de Philippe VI qui avait fait exécuter son père. La bataille d'Auray s'achève sur la mort de Charles de Blois, qui met un terme à la guerre de Succession de Bretagne. Ruinée et privée de ses deux fils, Jeanne de Penthièvre, n'est plus en état de reprendre l'offensive. *« Cette femme énergique au cœur viril »*, *dixit* Dom Morice, s'enferme dans sa ville de Guingamp, sans avoir revu avant sa mort ses enfants demeurés prisonniers en Angleterre.

Le rôle prépondérant de ces trois femmes tient indiscutablement à leur caractère intraitable et combatif, mais également aux circonstances exceptionnelles qui ont éloigné des champs de bataille les deux protagonistes mâles pendant une bonne partie du conflit. Pour autant leur courage et leur bravoure ont marqué les contemporains et il est juste de mettre en lumière ces figures qui sont longtemps restées dans l'ombre.

Pour clore cet épisode guerrier et féminin, l'on convoquera la légende qui prétend que la mère du jeune Olivier de Clisson a été enterrée dans les fondations de l'austère château de l'île d'Yeu. Nul doute que dans le sang du célèbre connétable coule le feu de sa redoutable mère. /

La Seconde Guerre mondiale des femmes

La guerre est-elle une affaire d'hommes ? Sur le champ de bataille et jusqu'à aujourd'hui, sans aucun doute, et dans des proportions écrasantes. Mais la guerre ne se limite pas au champ de bataille. Durant le second conflit mondial, des millions de femmes ont apporté un soutien direct aux combattants et tenu l'économie à bout de bras.

PAR **VINCENT BERNARD** DATA DESIGN **JULIEN PELTIER**

Sans femmes, ni beurre ni canon !

Vivandières, cantinières, infirmières, épouses, prostituées, avec des frontières parfois floues entre les fonctions, ont depuis toujours accompagné les armées. Durant la guerre de Sécession (1861-1865), les femmes produisent à domicile vêtements, savon et jusqu'aux drapeaux et étendards de guerre, tandis que les uniformes sont confectionnés au sein d'ateliers exclusivement féminins. Les deux conflits mondiaux ont spectaculairement consolidé leur place dans l'économie générale et dans la production de guerre. La Seconde Guerre mondiale les voit de plus en plus nombreuses à revêtir l'uniforme, essentiellement, il est vrai, pour des fonctions auxiliaires ou de soutien, mais aussi, plus exceptionnellement, de combat, sans oublier une forte participation aux mouvements de résistance. Ce n'est dès lors plus au titre d'exceptions mais par millions que les femmes deviennent, souvent avec difficulté, actrices à part entière d'un univers jusque-là perçu comme le plus masculin de tous.

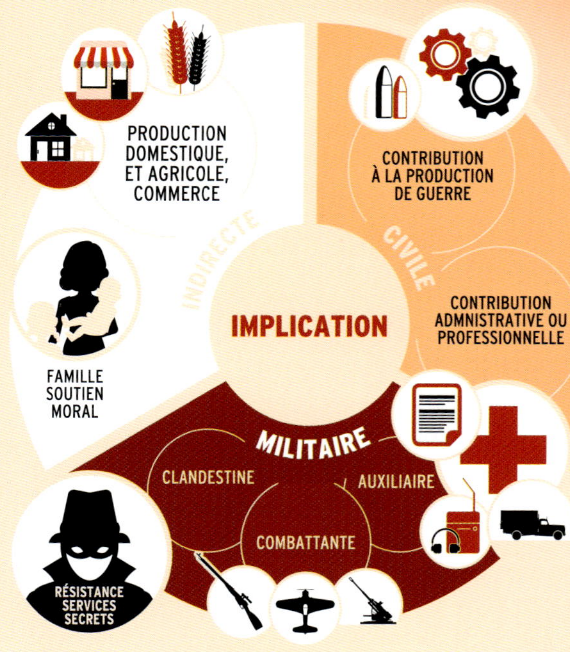

Elles sont partout !

La féminisation de l'effort de guerre

AU PAYS DE « ROSIE LA RIVETEUSE »

Les Américaines représentent jusqu'à plus d'un tiers de la main-d'œuvre employée totale, mais seulement 4 % de la main-d'œuvre qualifiée. À qualification égale, le salaire moyen féminin ne représente que 57 % de celui des hommes. 85 % d'entre elles, et 68 % des femmes mariées, souhaiteront conserver leur emploi en 1945. Sans jamais retomber au niveau précédent, le taux d'emploi féminin chute néanmoins drastiquement dans l'après-guerre.

STATISTICS ON WOMEN IN THE WW2 ERA WORKFORCE, AMERICAN SOCIAL HISTORY PROJECT, CENTER FOR MEDIA AND LEARNING (ASHP-CML), 2021
WARTIME DEVELOPPMENT OF THE AIRCRAFT INDUSTRY, BUREAU OF LABOR STATISTICS, US DEPARTMENT OF LABOR, 1945.
US CENSUS 1940 & 1950

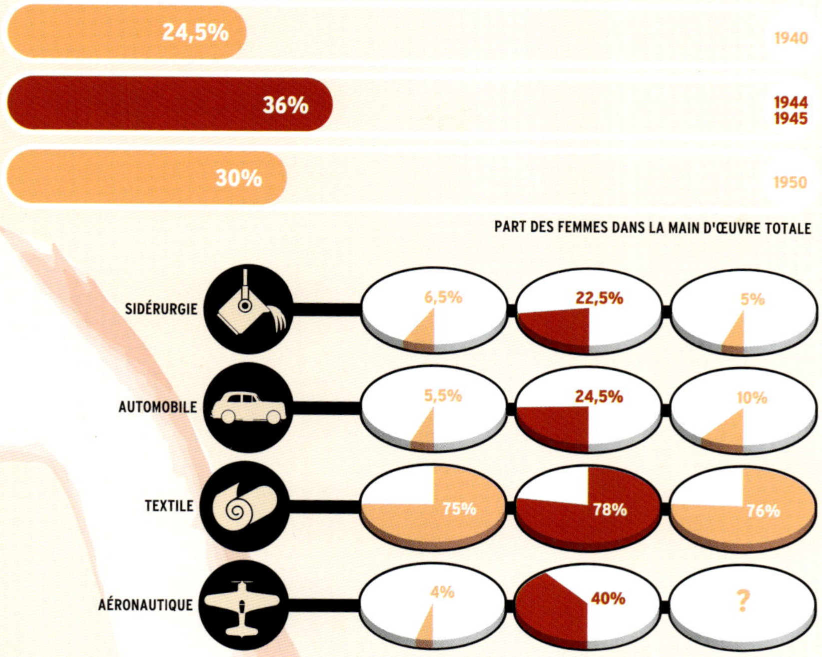

EN URSS, LES FEMMES TIENNENT L'ÉCONOMIE À BOUT DE BRAS

Les pertes terrifiantes de l'Armée rouge et une mobilisation massive accroissent la part des femmes dans toutes les activités, y compris les plus pénibles. Il est vrai que, dès avant la guerre, leur proportion dans la main-d'œuvre active était la plus forte au monde, fruit à la fois d'une économie peu productive, et donc en éternelle quête de bras, et d'incitations idéologiques.

SOURCE VOV EN 12 VOLUMES. VOL 12, P. 724 ET VOL. 2, P. 701 ET 879-880.
« LES FEMMES ET L'EMPLOI EN UNION SOVIÉTIQUE », HÉLÈNE YVERT-JALU, IN *REVUE D'ÉTUDES COMPARATIVES EST-OUEST*, 1984, 15-4, P. 31-51.

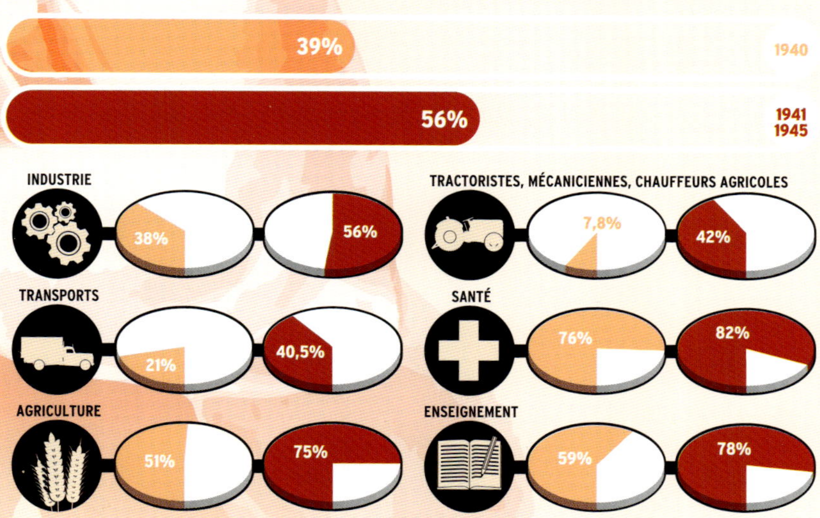

MÊME DANS L'ALLEMAGNE NAZIE

Le régime nazi voulait cantonner les femmes au rôle de mères. Cet objectif idéologique s'est fracassé d'abord sur la nécessité de réarmer à toute vitesse à partir de 1935 puis de soutenir l'économie générale et la production d'armements à partir de 1939 et ce, malgré l'emploi de 7 millions de travailleurs étrangers, forcés pour la plupart.

THE ECONOMICS OF WORLD WAR TWO, MARK HARRISON, CAMBRIDGE UNIVERSITY PRESS, 1998.

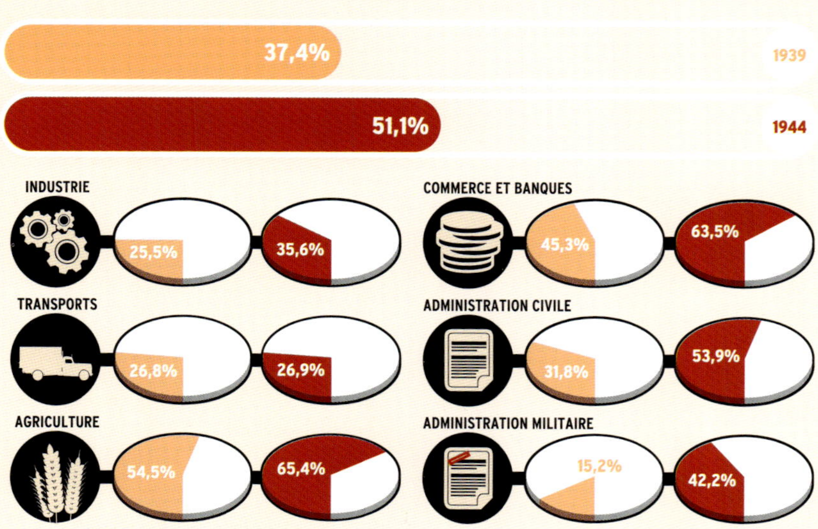

La Seconde Guerre mondiale provoque une féminisation de l'uniforme dans presque tous les pays, phénomène juste embryonnaire en 14-18. Dans certains cas, encore très minoritaires et souvent mal acceptés, les femmes participent directement aux combats. Au total, plusieurs millions d'entre elles servent au sein de corps spéciaux, majoritairement dans des fonctions administratives, de soutien aux armées ou au sein des services sanitaires. Parfois soumises à une forme de conscription – il en va ainsi des jeunes Anglaises, Soviétiques ou Allemandes –, ces femmes restent en théorie volontaires. Mais, cas majoritaire dans les dictatures, lorsqu'elles sont sélectionnées parmi les jeunes célibataires ou les organisations de jeunesse – BDM (*Bund Deutscher Mädel*) nazie ou Komsomol communiste – la notion de volontariat devient très relative. De même que « femmes sous l'uniforme » ne signifie pas forcément combattre en première ligne, l'absence d'uniforme n'exclut pas le combat. Au sein des mouvements de résistance, les femmes représentent environ 15 % des effectifs actifs dans les pays occupés. On les trouve les armes à la main surtout au sein des formations de partisans grecs, soviétiques ou yougoslaves, beaucoup moins dans les maquis français. Globalement, l'URSS, l'Allemagne et la Grande-Bretagne se distinguent par la forte proportion de femmes sous l'uniforme, et l'URSS seule par la diversité de leurs fonctions combattantes. Les États-Unis sont à cet égard très en retrait, sauf dans le domaine aérien – plus d'un millier de femmes sont formées comme pilotes militaires, bien que non engagées au combat. Le recrutement des Afro-Américaines est marginal et, comme les hommes, soumis à un strict régime de ségrégation.

ROYAUME-UNI
la plus forte féminisation relative

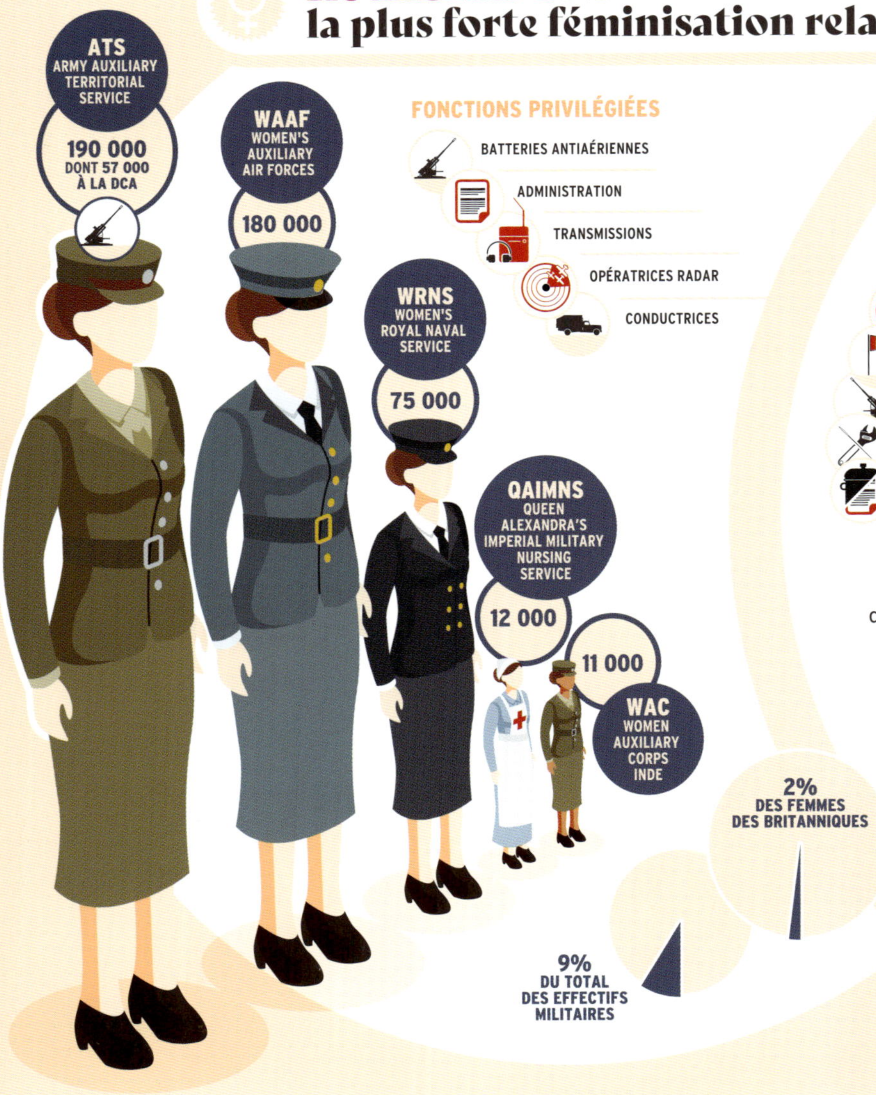

ALLEMAGNE
des soldates de fait

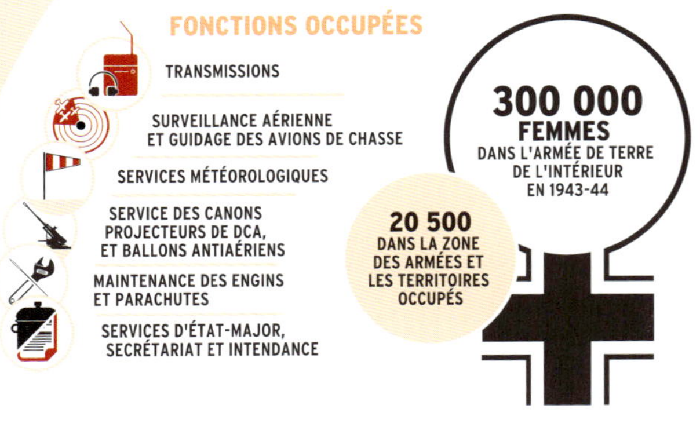

En 1945, environ 500 000 femmes travaillent dans la Wehrmacht ou à l'intérieur d'organisations à son service, parfois avec un statut civil mais toujours soumise à l'autorité militaire. La plupart sont des volontaires, souvent recrutées par les officines du Parti nazi ou soumises à une forme de conscription au sein du Service du Travail du Reich. Il n'y a pas d'unité combattante, pas d'unité spécifiquement féminine, pratiquement pas d'officiers et pas de médecins. L'ensemble de ces femmes sont regroupées le 1er février 1945 en un corps unique, le *Wehrmachthelferinnenkorps* (corps des auxiliaires féminines de la Wehrmacht).

ENVIRON
500 000
RÉGULIÈRES
REPRÉSENTANT PRESQUE LA MOITIÉ DES CHIRURGIENS MÉDECINS ET ASSISTANTS

100%
DES INFIRMIÈRES

UNION SOVIÉTIQUE
l'exception combattante

Les femmes y sont constitutionnellement soumises au service militaire, mais en réalité peu conscrites. Elles se distinguent surtout des autres nations belligérantes par leur présence en nombre limité au sein des unités combattantes de première ligne.

JUSQU'À 0,8%
DE LA POPULATION FÉMININE RUSSE EN 1944

3%
DES EFFECTIFS MOBILISÉS

120 000
DANS DES FONCTIONS DE COMBAT
(TOUTES UNITÉS, TOUTES ARMES Y COMPRIS QUELQUES CAS ISOLÉS DE PILOTES DE CHARS)

2 484
SNIPEUSES

586e
RÉGIMENT DE CHASSE

4 419 MISSIONS
38 VICTOIRES

UNITÉS DE COMBAT MAJORITAIREMENT OU EXCLUSIVEMENT FÉMININES

588e
RÉGIMENT DE BOMBARDEMENT NOCTURNE

24 000
SORTIES

1re
BRIGADE INDÉPENDANTE
DE FUSILIERS VOLONTAIRES FÉMININE

EFFECTIF FÉMININ MAXIMAL PAR PAYS

JUSQU'À
1 000 000

ENVIRON
500 000
EN 1945

470 700
SEPTEMBRE 1943

JUSQU'À
350 000

LUFTWAFFE
130 000
DONT 3/4 À LA DCA

KRIEGSMARINE
20 000

15 000
CROIX ROUGE ALLEMANDE

2 375
AUXILIAIRES SS
FORMÉES À L'ÉCOLE D'OBEREHNHEIM

+ 3 700
AUXILIAIRES ALLEMANDES OU ÉTRANGÈRES SERVANT DE GARDIENNES DANS LES CAMPS DE FEMMES, EN PARTICULIER RAVENSBRUCK

USA
« Dernières recrutées, premières renvoyées ». Une féminisation progressive, limitée et inégalitaire.

Initialement WAAC (*Auxiliary*), le *Women Army Corps* est créé en 1942 à l'initiative de la colonelle Oveta C. Hobby, ministre de la Santé et de l'Éducation. Le corps regroupe les premières femmes non infirmières de l'armée américaine, y compris des Afro-Américaines, comme les 855 volontaires du 6 888e bataillon postal.

2%
DU TOTAL DES EFFECTIFS MOBILISÉS

1% EN 1945, SOIT 175 000 FEMMES

WAC
WOMEN ARMY CORPS
106 000
EN 1945

WAVES
WOMEN ACCEPTED FOR VOLUNTARY SERVICE
86 291
EN 1942

ANC
ARMY NURSE CORPS
65 000
EN 1945

25 000
VOLONTAIRES

1830
ADMISES

1074
ACHÈVENT LEUR FORMATION

FONT TRANSITER
13 000
AVIONS

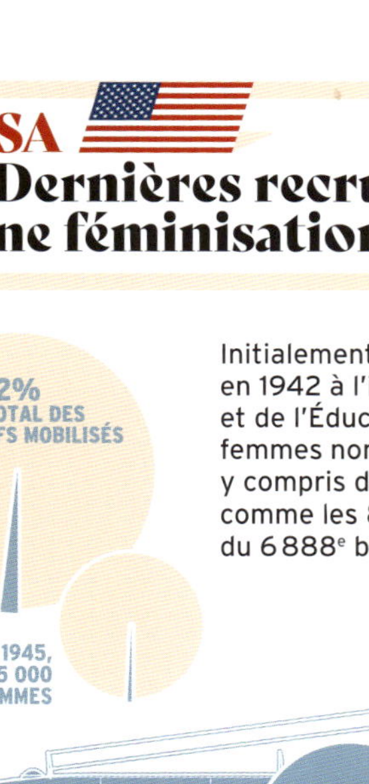

LA PLUPART SONT QUALIFIÉES SUR DE NOMBREUX TYPES D'APPAREILS
3 DEVIENNENT PILOTES D'ESSAI DONT "MICKY" AXTON

SOURCES : B. FIESELER, M. HAMPF, J. SCHWARZKOPF, *GENDERING COMBAT : MILITARY WOMEN'S STATUS IN BRITAIN, THE UNITED STATES, AND THE SOVIET UNION DURING THE SECOND WORLD WAR*, IN WOMEN'S STUDIES INTERNATIONAL FORUM N° 47, 2014.
« NUR DIE HALBE GESCHICHTE », BIRTHE KUNDRUS, IN *DIE WEHRMACHT. MYTHOS UND REALITÄT*, P. 719 ET SQ.
A WOMAN'S WAR TOO: U.S. WOMEN IN THE MILITARY IN WWII, P. N. POULOS, NARA TRUST FOUND BOARD, 1996.

Les combattantes rouge : entre réalité

Liouba Vinogradova, historienne russe, est l'auteure de plusieurs ouvrages de référence sur les femmes dans l'Armée rouge durant la guerre contre l'Allemagne nazie.

PROPOS RECUEILLIS PAR LASHA OTKHMEZURI

AKG

Combien de femmes ont combattu dans l'Armée rouge durant la Grande Guerre patriotique ?

Il est impossible de le savoir avec exactitude. Et, croyez-moi, j'ai cherché pendant des années ! Les registres d'engagement ou d'appel pour les femmes n'existaient pas à l'époque. D'ailleurs, aucune institution militaire n'était chargée spécifiquement de gérer l'entrée des femmes dans l'armée. C'est la même chose pour les pertes. Certains historiens ont avancé le chiffre de 850 000 femmes passées sous l'uniforme entre 1941 et 1945. Honnêtement, je n'ai pas vu de données solides derrière ce nombre. Tout ce que je puis vous dire, en étant large, c'est qu'au maximum un million de femmes sont passées par l'Armée rouge durant la guerre. La première vague a été celle des infirmières appelées durant la guerre d'Hiver contre la Finlande, à la fin de 1939. Elles seront rappelées littéralement dès les premiers jours de l'opération Barbarossa, uniquement pour leurs compétences professionnelles puisqu'il n'y avait pour ainsi dire pas d'hommes infirmiers.

Y a-t-il des volontaires parmi ces infirmières de 1941 ?

Pas une seule ! À cela rien d'étonnant. Ces femmes ont vu de près ce qu'est la guerre – 333 000 pertes de toutes natures en 140 jours de combat en Finlande ! –, beaucoup ont déjà fondé une famille, bref elles sont très réticentes. Après cette première vague vient le tour des membres des organisations de masse semi-militarisées, comme l'Osoaviakhim – qui développe chez les jeunes le goût du pilotage et du parachutisme –, mais toujours pour des postes de non-combattants. À la fin de 1942, le problème majeur de l'Armée rouge devient le remplacement de ses pertes monstrueuses. Par nécessité

de l'Armée
et propagande

L'infirmière Valya Mosilkina sur le front de Leningrad en septembre 1942. Deux fois blessée, elle continue à aider ses camarades, affirme la légende de cette photo largement diffusée à l'époque dans la presse occidentale. Les Soviétiques sont les seuls à utiliser des infirmières en première ligne.

absolue, on commence alors à libérer les hommes partout où c'est possible, pour les envoyer au front, et à affecter des femmes aux postes ainsi libérés : dans les troupes de DCA, dans les états-majors pour les emplois de secrétaire, mais aussi à l'arrière, par exemple pour conduire des camions, des tracteurs ou assurer le trafic ferroviaire militaire.

La propagande soviétique met toujours en avant l'égalité des droits et des devoirs pour les hommes et les femmes. On s'attendrait donc à les voir aussi dans les unités combattantes…

C'est vrai. D'ailleurs, l'industrialisation a renforcé le rôle des femmes dans la société soviétique. Mais pendant la guerre, cette égalité des sexes est restée sur le papier. Les états-majors n'ont pas grande envie de voir des femmes sur la ligne de feu, en dehors des infirmières. Les femmes pilotes, chouchoutes de la propagande soviétique, sont recrutées sur l'insistance de Marina Raskova, la pilote la plus célèbre de l'URSS (*voir encadré p. 70*). A-t-elle convaincu Staline personnellement de la nécessité de créer des régiments féminins ? Ce n'est pas clair car son nom ne figure pas parmi les visiteurs du *vojd* en 1941. Il est certain en revanche que Chakhourine, le patron de l'industrie aéronautique, l'a appuyée et a pesé sur la décision de Staline. En tout cas, ces femmes pilotes sont recrutées dès l'automne 1941 et, les Allemands approchant de Moscou, elles sont formées à Engels, près de Saratov. Ainsi les premiers équipages féminins de bombardiers arrivent-ils au front entre mai et décembre 1942. Certaines pilotes, comme Litviak et Budanova, sont transférées dans des régiments de chasseurs masculins. Le reste se retrouve à Voronej, dans la défense aérienne du territoire. Au total, il n'y a eu que trois régiments de femmes pilotes, plus quelques solitaires éparpillées dans les unités masculines. Soit environ une centaine de femmes pilotes, pas plus. En revanche, une grande partie du service au sol de l'armée de l'air était assurée par les femmes.

Le même scénario s'applique-t-il aux snipers ?

Non, c'est une histoire différente. On commence à recruter les tireuses d'élite à partir de 1943. Toujours pour le même motif : leur donner ce type de fonction permet de libérer des hommes pour d'autres tâches dans l'infanterie. Officiellement, entre 3 000 et 4 000 élèves « snipeuses » terminent les écoles. Il y a quelques pelotons de tireuses d'élite auprès des états-majors régimentaires, mais le plus souvent elles sont réparties par groupes de deux ou trois dans d'autres unités. En effet, il n'y a pas de gros besoin en effectifs de ce type.

Quelles sont la part des volontaires et celle des appelées ?

Là encore, il est malheureusement impossible de le savoir. Lorsqu'ils arrivent au *voenkomat* – le commissariat militaire où se font les enrôlements – les appelé(e)s se voient systématiquement proposer une inscription comme volontaires. Ils ont intérêt à répondre oui car c'est gagnant-gagnant : le responsable du *voenkomat* peut donner de bons chiffres à sa hiérarchie, et le ou la volontaire est très bien vu(e), c'est inscrit sur son livret militaire et augure bien de la suite. Bref, les appelées sont toujours d'accord pour être inscrites comme volontaires. Pour les membres du Komsomol – la jeunesse communiste –, l'enrôlement est dirigé par le comité central de l'organisation. Tous ses membres, garçons ou filles, sont inscrits d'office comme volontaires. Comment, dans ces conditions, avancer un chiffre fiable ? Si je devais néanmoins fournir une estimation, je dirais 20 % de volontaires parmi les femmes sous l'uniforme ; mais encore une fois, cela reste une estimation.

Natalia Kravtsova (à droite) et Irina Serebrova, toutes deux Héros de l'Union soviétique, posent en juin 1943 devant leur Polikarpov PO-2. Les deux totalisent près de 1600 missions.

AKG

Quels types de postes combattants sont réservés aux femmes ?

En tout premier lieu, elles occupent les postes d'infirmières, de téléphonistes mais aussi une kyrielle d'emplois dans les services de soutien : cuisines, blanchisseries, postes bureaucratiques dans les états-majors. C'était d'ailleurs déjà à peu près le cas dans l'armée d'avant-guerre. C'est avec les hostilités qu'on commence à engager les femmes dans les unités qui agissent sur la ligne du front, au premier chef les transmissions et la DCA. Avant guerre, les femmes n'étant pas admises dans les écoles militaires, il n'y avait pas beaucoup d'officiers parmi elles. Elles ne pouvaient porter les épaulettes que par promotion à partir d'un grade de sous-officier.

La « snipeuse » Roza Chanina est tuée au combat, comme trois de ses quatre frères, en Prusse-Orientale, le 27 janvier 1945. Elle avait 21 ans.

La tireuse d'élite Lyudmila Pavlitchenko, formée avant guerre à l'Osoaviakhim, reste un an au front avant de servir la propagande internationale du régime, rencontrant notamment Roosevelt.

Les femmes peuvent-elles devenir *politruk*?

Pour devenir *politruk* il faut terminer l'école militaro-politique… qui est fermée aux femmes. Comme dans le cas des officiers, il reste néanmoins une chance de le devenir par promotion, mais c'est rare. À ma connaissance, il n'y a de femmes *politruks* que dans les unités purement féminines – comme les pilotes –, et dans une seule unité de partisans. Chez ceux-ci en effet, les femmes n'ont d'autres fonctions que sexuelle et domestique.

Mais alors il n'y a pas eu non plus de femmes tankistes ?

Si, une dizaine. La plus connue est Alexandra Rachtchoupkina. C'est un cas particulier. Au début de la Grande Guerre patriotique, son mari est envoyé au front. Alexandra, âgée de 27 ans, se porte volontaire pour le suivre, mais on la refuse. Alors, en 1942, elle se coupe les cheveux, s'habille en homme et se porte à nouveau volontaire pour les troupes blindées. Comme elle est tractoriste, Alexandra (devenue Alexandre) est envoyée dans la région de Moscou pour un cours de conduite, puis pour un cours de deux mois de mécanique près de Stalingrad. À la fin des cours, l'école se retrouve subitement derrière les lignes allemandes. Pour rejoindre les leurs, les élèves doivent se déplacer par petits groupes et de nuit. Alexandra parvient ainsi à rejoindre la 62e armée commandée par Tchouïkov et à se faire prendre comme conducteur-mécanicien de T-34. On la surnommera Sachka « casse-cou » à cause de son courage extraordinaire. En février 1945, près de Bunzlau (Boleslawiec) en Silésie allemande, son blindé tombe dans une embuscade de chars Tigre. Alexandra, blessée, se retrouve à l'hôpital… et la vérité éclate. Tchouïkov en personne intercède en sa faveur et Alexandra n'est pas punie.

Le cas de Maria Oktiabrskaïa est un peu différent. Après que son mari a été tué au front, elle se porte volontaire. Le *voenkomat* la refuse : elle a 36 ans et souffre de plusieurs maladies chroniques. Alors elle fait don de toutes ses économies pour la construction d'un char, et elle adresse une lettre à Staline : « *Dans les batailles pour la patrie, mon mari, le commissaire du régiment Oktiabrski Ilia Fedotovitch a été tué. Je veux venger sa mort et la mort de tous les Soviétiques torturés par les barbares fascistes. Pour me venger des chiens fascistes, j'ai versé toutes mes économies personnelles à la banque d'État afin que l'on construise un char – 50000 roubles. Je vous demande de baptiser ce tank « La Camarade de Combat » et de m'envoyer au front comme conductrice de ce char. J'ai une spécialité de chauffeur, j'ai une excellente maîtrise de la mitrailleuse et je suis un tireur émérite de Vorochilov. Je vous salue chaleureusement et vous souhaite une bonne santé pour de très nombreuses années pour la plus grande peur de nos ennemis et pour la gloire de notre patrie.* »

Staline a répondu ?

Oui, et sa réponse sera publiée dans *L'Étoile rouge*, le journal de l'armée, le 5 mars 1943 : « *Maria Vasilievna, je vous remercie de votre souci pour des forces blindées de l'Armée rouge. Votre souhait sera exaucé. Veuillez accepter mes salutations.* »

J'ai étudié un troisième cas, celui d'Evguenia Kostrikova, la fille de Sergueï Kirov, le célèbre dirigeant

du Parti à Leningrad, assassiné en 1934. C'est un cas unique. Elle commence la guerre comme infirmière au sein du 5e corps mécanisé. Elle est blessée lors de la bataille de Koursk. Une fois guérie, elle fait l'école des chars de Kazan. En janvier 1944, à la sortie de l'école, elle retourne au 5e corps mécanisé, où elle devient le commandant d'un char. Puis elle est nommée commandant d'un peloton de chars et, à la fin de la guerre, d'une compagnie : elle est la seule femme dans l'unité.

Lev Mekhlis, le tout-puissant chef de l'administration politique de l'armée, ordonne aux commissaires et au département spécial du NKVD de vérifier la loyauté politique de toutes les femmes militaires ou auxiliaires qui travaillent sur le front, dans les états-majors, à l'arrière, dans les hôpitaux. Une sorte de chasse aux sorcières médiévale, en quelque sorte.

Cela n'est pas étonnant. Quand tout va mal – et c'était ô combien le cas en 1941 –, on commence par chercher des boucs émissaires parmi les minorités, qu'elles soient ethniques ou sexuelles. Cela me paraît très logique qu'on désigne les femmes comme responsables des défaites…

Pour lever des troupes, enrôler des partisans ou encore illustrer les atrocités nazies, la propagande utilise toujours l'image d'une femme ? Pourquoi ?

Représenter la Patrie comme la Mère est la meilleure façon de la sacraliser. Utiliser l'image d'une femme, c'est la meilleure façon de mobiliser les hommes. La presse de cette époque martèle les histoires de viols perpétrés par les nazis en territoire occupé. D'ailleurs je note que personne n'a jamais étudié la part de vérité qui existe dans cette propagande. Et je me demande quel rôle cette propagande a joué dans le déchaînement de violence de l'Armée rouge contre la population civile allemande en Prusse-Orientale et ailleurs, en 1945…

Pour les Soviétiques, c'est la partisane Zoïa Kosmodemianskaïa qui représente la figure d'héroïne par excellence… Qui était son équivalent dans l'Armée rouge ?

Avec une dizaine de musées et une soixantaine de bustes ou monuments dressés un peu partout en Russie, Zoïa Kosmodemianskaïa trône seule sur l'Olympe soviétique. Pour l'Armée, Marionella Koroliova occupe une place importante mais tout de même bien moindre. Née en 1922, Koroliova vient d'une famille d'artistes – son père est metteur en scène dans un théâtre moscovite et sa mère travaille dans l'industrie du cinéma. Enfant, elle tourne dans plusieurs films, a plusieurs rôles principaux, ce qui lui vaut une certaine popularité. Son mari est tué au début de la guerre, elle-même est évacuée à Oufa. En 1942, elle laisse son enfant à sa mère et se porte volontaire. Après avoir supplié le commandant de la 214e division, Nikolaï Biriukov, de l'emmener au front, elle est enrôlée dans le bataillon médico-sanitaire de cette division mais sert en réalité de secrétaire à Biriukov. À partir de juillet 1942, elle participe à la bataille de Stalingrad. Selon la version officielle, le 23 novembre 1942, lors des combats pour la hauteur 56,8, elle transporte sur son dos 50 soldats blessés pour les mettre à l'abri.

LES FEMMES GUERRIÈRES SOVIÉTIQUES, UNE RÉALITÉ AMPLIFIÉE PAR LA PROPAGANDE

Que les femmes soviétiques aient fourni une part essentielle de l'effort de guerre de leur pays est indéniable. Elles ont tenu tous les postes dans une économie exsangue, y compris les plus rudes dans les usines de munitions, les transports, et l'agriculture reposait presque entièrement sur elles. L'interview de Liouba Vinogradova le confirme : les femmes combattantes dans l'Armée rouge ne sont qu'une petite minorité de toute l'armée bien évidemment, mais aussi des femmes présentes dans les diverses unités : entre 2,9 et 3,4 % des effectifs appelés pendant la guerre. En somme, malgré l'égalité déclarée des sexes, le régime soviétique a cantonné la masse des soldates à des rôles traditionnels d'infirmières, de secrétaires, de chauffeurs, de téléphonistes, de préposées à la circulation, de servantes de DCA. Les tankistes n'ont été qu'une poignée. Les aviatrices ont été plus nombreuses mais moins que les « snipeuses » sorties de l'école spéciale féminine de Podolsk, sans que l'on sache pour autant combien de ces dernières ont réellement été en opérations.

L'attention s'est polarisée sur une demi-douzaine d'entre elles dont Ludmilla Pavlitchenko (309 ennemis à son actif, ce que notre interviewée déclare être un mythe) et Roza Chanina. Pour nous borner à l'aviation, les ailes rouges ont vu se créer trois régiments (sur environ 350) entièrement féminins, tous trois fondés par Marina Raskova (1912-1943) : le 586e régiment de chasse, le 587e régiment de bombardement (plus tard 125e régiment de la Garde) et le 588e régiment de bombardement de nuit (plus tard 46e régiment de la Garde). Le 586e ne reste que six mois commandé par une femme et féminin à 100 %. Pour tout le reste de la guerre, il sera mixte et commandé par un homme. Il est connu pour avoir abrité un temps l'as Lydia Litviak (entre 5 et 12 victoires en solo, et entre 2 et 4 victoires partagées), qui a néanmoins volé surtout dans des régiments masculins. Elle sera abattue près de Donetsk, le 1er août 1943.

Jean Lopez

AKG

En août 1943, l'infirmière Zhenya Nikulina bande un blessé sous le feu. Pour une combattante, cent femmes soviétiques sont utilisées dans les emplois traditionnels des services sanitaires, des transmissions ou de la dactylographie.

Lorsque le commandant est tué, elle mène en personne les soldats au combat. Elle est la première à faire irruption dans la tranchée ennemie, jette plusieurs grenades et tue 15 soldats et officiers allemands, avant de succomber à ses blessures. Biriukov la présente pour l'Ordre de Lénine, mais le conseil militaire de la 24e armée décide de lui attribuer l'Étoile rouge. La propagande reprend immédiatement ce cas et en fait son cheval de bataille.

Les « épouses de campagne »: était-ce une réalité massive?

Presque tous les officiers à partir du grade de capitaine ou de major (commandant) ont une épouse de campagne. Comme le choix est large, certains en changent souvent. La sœur de mon grand-père, dont je parle dans un de mes livres, a eu la chance de rester avec le même officier pendant toute la guerre. C'était un homme marié avec des enfants. Chose rare, après la guerre, il divorcera et se remariera avec son ancienne épouse de campagne. Cette femme a aujourd'hui presque 100 ans et je l'ai interviewée à plusieurs reprises. Elle avait 18 ans quand on l'a appelée et envoyée sur le front de Leningrad comme scribe d'état-major. Elle m'a raconté qu'en se retrouvant parmi les hommes, elle a vite compris qu'elle devait en choisir un. Et plus cet homme aura de pouvoir, plus elle aura de chances de survivre. Elle jettera son dévolu sur un homme beaucoup plus âgé qu'elle, un capitaine d'artillerie.

***Quid* des grossesses et des enfants nés de ces amours du front?**

Pour beaucoup, la grossesse est un moyen d'échapper aux horreurs du front. Cela dit, même si elles veulent être enceintes, la situation matérielle, psychologique et sanitaire est si horrible que ces malheureuses n'ont souvent même plus leurs règles... Si l'une d'entre elles réussit quand même à tomber enceinte, l'enfant devient son alibi moral. En rentrant au pays, elle déclare que le père de l'enfant est tombé au front, et tout le monde accepte cette version. Ainsi elle est lavée de l'accusation d'être une salope. En revanche, si elle revient seule du front, surtout à la campagne, elle est *ipso facto* une putain, une putain qui a volé les maris des autres. Et ce stigmate était très puissant.

De retour à la paix, les combattantes ont-elles développé des pathologies spécifiques?

Des pathologies mentales, oui, mais sans qu'elles s'en rendent compte la plupart du temps. Elles m'ont toutes parlé de leurs rêves qui sont toujours les mêmes: elles se retrouvent sous une pluie de bombes, elles n'arrivent pas à leur échapper, elles essaient de crier mais elles n'ont plus de voix... Des rêves assez classiques des pathologies post-traumatiques. Mais personne ne s'occupait des vétérans, qu'ils soient hommes ou femmes. Si les hommes noyaient leurs souffrances dans l'alcool, les femmes, elles, le faisaient... dans les soucis quotidiens.

Le régime a-t-il particulièrement honoré ces femmes combattantes?

Pas plus que les autres. D'une façon générale, on commence à honorer les anciens combattants et combattantes à l'époque de Brejnev, au début des années 1970, et on les regroupe dans des organisations de vétérans. C'est dans ce cadre que ces femmes prennent l'habit du « missionnaire » pour aller dans les écoles ou bien sur les plateaux de télévision et raconter au public le sacrifice de leur génération. Dans notre lycée, nous avions la nôtre: Natalia Ilitchna, une femme très belle, très gentille. /

Les femmes dans Tsahal

Une saga en trompe-l'œil

Israël est le seul État au monde à imposer *de jure* la conscription en masse des femmes... tout en leur interdisant *de facto* de combattre. Cette contradiction trahit la nature schizophrène de l'État juif, fondé sur des principes à la fois progressistes et conservateurs, profondément antagonistes.

PAR PIERRE GRUMBERG

Zivia Lubetkin est née en 1914 près de Grodno, en actuelle Biélorussie. Sioniste et antifasciste militante, elle se rend volontairement dans Varsovie occupée par les Allemands où elle intègre bientôt un réseau qui deviendra l'Organisation juive de combat. Du 19 avril au 10 mai 1943, à la tête d'une escouade, elle défend le ghetto pris d'assaut par les SS et s'échappe *in extremis* par les égouts. Quand la capitale polonaise se soulève en août 1944, elle reprend du service aux côtés des catholiques insurgés. À nouveau miraculée, elle parvient en Palestine en 1946. Où elle n'a plus jamais porté une arme. Peut-être était-elle lasse de se battre. Mais l'aurait-elle voulu qu'on le lui aurait interdit.

À l'image de Zivia Lubetkin, très rares ont été les vétéranes des ghettos et maquis d'Europe de l'Est à rejoindre, malgré leur expérience et leur courage, l'armée balbutiante du futur État juif. C'est d'autant plus surprenant que, sur place, les femmes ont participé très tôt aux activités militaires. Elles intègrent ainsi dès 1908 le mouvement Hashomer (« le gardien »), chargé de protéger les colonies – ce qui vaut à certaines malheureuses d'être arrêtées et torturées par les Turcs pendant la Grande Guerre. De là, les femmes rejoignent tout naturellement la Haganah (« la défense »), l'organisation armée secrète qui succède au Hashomer en 1920 sous le mandat britannique.

Le sionisme, alors très ancré à gauche, favorise l'égalité des droits entre hommes et femmes, y compris celui de porter l'uniforme, comme en URSS ou en Espagne républicaine. Très conscientes que la participation à la défense commune sera déterminante pour leur statut futur, les femmes se portent volontaires en nombre dans les unités paramilitaires juives. En 1948, elles représentent ainsi environ 16 % des effectifs du Palmach (acronyme de Plugot Mahatz – « unités de choc »), organisation socialo-sioniste fondée sept ans plus tôt et qui devient le corps d'élite de la Haganah. Même si cette jeune troupe n'excède guère 6 000 membres, elle est probablement, selon l'historien Martin van Creveld, « *la force armée mixte la plus intégrée de toute l'histoire* ».

Reléguées aux fonctions support

Ne pas se méprendre, toutefois : si elles reçoivent une formation au maniement des armes à partir de 1936, les membres féminines de la Haganah puis du Palmach ne combattent qu'exceptionnellement – d'ailleurs à leur immense déception. Elles assurent des missions de renseignement ou de transport d'armes – profitant de ce que les soldats de Sa Majesté répugnent à fouiller les femmes –, mais servent surtout comme

DAVID FURST/AFP

Le 26 novembre 2007, près du mur des Lamentations, des soldates israéliennes observent la prière spéciale organisée pour protester contre la tenue du sommet de la paix d'Annapolis auquel participent le président George W. Bush et le Premier ministre Ehud Olmert.

infirmières, secrétaires, cantinières, instructrices, opératrices radio… Quand quelques-unes suivent une formation d'officier, c'est invariablement pour servir dans les unités ancillaires ou les transmissions. En pratique et malgré ses principes progressistes affichés, la Haganah ne diffère donc pas de l'armée britannique dans lesquelles s'engagent 4000 Juives de Palestine pendant la Seconde Guerre mondiale – non sans une forte opposition de leurs mâles camarades. Elles ne combattront pas mais leur expérience sera précieuse pendant les heures difficiles qui se préparent.

Assez peu enthousiaste, voire goguenard, à l'idée de voir des femmes participer au combat, le commandement de la Haganah abandonne toutes prétentions égalitaristes quand les heurts entre Juifs et Arabes redoublent à l'annonce de la partition de la Palestine, le 29 novembre 1947. Le 9 décembre suivant, une patrouille mixte de cinq Palmachniks qui protège une conduite d'eau vitale pour les colonies du Néguev est massacrée, les corps atrocement mutilés. Le lendemain, ordre est donné aux femmes de quitter les unités de combat. La décision est difficilement applicable car la guerre qui éclate le 15 mai 1948, lendemain de la proclamation de l'État d'Israël, justifie le maintien de tous les effectifs – surtout dans la troupe d'élite qu'est le Palmach. Il n'en reste pas moins que dès le lendemain les soldates sont affectées officiellement dans un corps séparé, le Chen (acronyme de Chel Nashim – « Corps féminin »). À leur immense regret, les dernières et rares volontaires encore au front rendent leurs armes quand intervient la trêve du 11 juin 1948.

Au total, très peu de femmes ont combattu dans la Haganah pendant la première guerre israélo-arabe, ce que confirme le registre des pertes: les 108 tuées au combat représentent 2,4 % des pertes militaires alors qu'elles composent 10 à 20 % des effectifs, selon les périodes. Leur absence forcée du front n'aide pas leur statut futur dans les nouvelles Forces de défense d'Israël (FDI, ou en hébreu *Tsahal*, acronyme de *Tsva ha-Haganah le-Israel*) créées le 26 mai 1948. La dissolution du Palmach, considéré comme trop politisé, prive en outre les partisanes de la mixité d'un important levier. Non qu'elles ne se soient pas elles-mêmes posé des questions: conscientes des différences de potentiel physique entre les sexes, les soldates du Palmach acceptent dès 1943 l'idée d'un cursus d'entraînement et d'unités féminines distincts – sans pour autant renoncer au combat.

Une réelle discrimination

Lorsque Ben Gourion fait passer en 1949 la loi qui proclame la conscription des femmes, son discours affirmant que le partage des obligations militaires conditionne la véritable égalité des sexes est donc vide de sens: la discrimination est réelle, puisque les Israéliennes perdent l'accès aux unités de combat, quelles que soient leur expérience ou leurs aptitudes physiques. Comme les juristes Shulamit Almog et Karin Carmit Yefet le résument en 2016, « *les FDI de la première génération sont composées d'hommes qui servent le peuple et de femmes qui servent les hommes* ».

Aujourd'hui, il apparaît évident que le massacre de

1947 n'est pas l'unique raison qui a conduit à exclure les Israéliennes des unités combattantes. À côté de craintes réelles sur le sort d'éventuelles prisonnières s'ajoute en effet le machisme du commandement et des politiciens, quel que soit leur bord. Le nouvel État a beau être fondé sur des principes égalitaires alors très en avance par rapport à bien des pays occidentaux, ce sont des hommes qui dirigent : on ne compte que 2 femmes sur les 37 signataires de l'acte de fondation d'Israël en 1948. On peut également lire en filigrane des sentiments religieux derrière le refus de la mixité (*voir encadré ci-dessous*). Dans un pays défini par le judaïsme, les deux grands rabbins – ashkénaze et séfarade –, horrifiés par l'idée de promiscuité, s'opposent radicalement à la conscription des femmes. Cette idée est d'ailleurs loin de faire l'unanimité puisque seulement 52,5 % des réponses à un sondage organisé en octobre 1949 y sont favorables.

Selon la loi de 1949, les Israéliennes âgées de 18 à 26 ans doivent accomplir 18 mois de service militaire et restent mobilisables dans la réserve jusqu'à 34 ans – contre respectivement 30 mois et 55 ans pour les hommes. Sont exemptées les femmes mariées, enceintes ou mères – la maternité étant sacrée aux yeux de Ben Gourion. Il est également possible d'opter pour un service civil pour des raisons religieuses et de conscience. À l'écart des hommes au sein du Chen, les recrues bénéficient d'une ligne de commandement et de services propres (formation militaire, administration, médecine, police, justice, relations intergenres). Au sein des unités, les femmes n'ont accès qu'à des fonctions administratives, médicales et éducatives. Une des dernières à passer entre les mailles du filet est Yael Rom, qui gagne en 1951 ses galons de pilote. Elle largue en 1956 des paras sur le Sinaï puis quitte le service, laissant les clés à ses seuls collègues masculins – et pour longtemps.

Sentiment de supériorité

La situation n'évolue guère pendant les vingt années qui suivent la naissance de l'État juif. Il est vrai que les victoires faciles remportées en 1956 et 1967 sur les voisins arabes donnent aux Israéliens un sentiment de supériorité. Tout change en 1973 avec la guerre du Kippour. L'ampleur des pertes, mais aussi l'angoisse de voir le pays submergé par les énormes armées égypto-syriennes justifient un transfert des hommes vers les unités combattantes, ce qui crée un appel d'air. Les effectifs féminins gonflent brutalement, tout comme le nombre de qualifications auxquelles elles peuvent prétendre : de 25 en 1952, on passe à 210 en 1976 (soit 26 %). Regardées jusque-là

QUAND LES RABBINS S'EN MÊLENT…

Quatre types d'opposants refusent en Israël la présence des femmes dans les unités de combat. Les partisans du sexisme-machisme ordinaire ne s'embarrassent pas d'argumentaire. Les « rationalistes » affirment que les femmes ne sont pas à la hauteur physiquement, ce qui dégraderait l'efficacité tactique. D'autres, comme l'historien militaire Martin van Creveld, se revendiquent des thèses de la sociologue américaine Margaret Mead, selon laquelle toute adoption par les femmes de tâches réservées aux hommes conduit à un affaiblissement du prestige qui leur est attaché : l'intégration de soldates dans les unités de combat aurait ainsi ruiné leur attrait et participé au déclin opérationnel de Tsahal. Enfin, les religieux considèrent que tout contact avec la femme hors mariage est souillure. Ils abhorrent donc depuis toujours la mixité et le service militaire féminin. « Abhorrer » est d'ailleurs un verbe faible : depuis janvier 2014, le grand-rabbinat d'Israël considère qu'il vaut « *mieux mourir que de transgresser l'interdit* », ce qui place la conscription au même niveau que le meurtre, l'idolâtrie et l'inceste, note la sociologue féministe Elana Maryles Sztokman. Cette position extrême est sans doute liée au fait que de plus en plus de femmes religieuses choisissent de servir dans l'armée (2 500 femmes orthodoxes l'ont ainsi rejointe en 2017 contre 935 en 2010).

Mais la situation se complique encore depuis le début des années 2000 avec la présence croissante des *haredim* dans les rangs. Or, ces juifs ultraorthodoxes ont leurs exigences, notamment le refus de la proximité physique ou de recevoir des ordres des femmes. Cette incompatibilité conduit naturellement à de multiples incidents : refus de regarder des instructrices paras habillées « indécemment », soldates forcées de quitter une piscine mixte ou insultées pour leur tenue, cadres féminins mutés hors de leur unité pour y intégrer des religieux, cérémonie désertée pour ne pas entendre des voix féminines impures… Prise entre les feux du féminisme et de la religion, Tsahal se débat dans un problème insoluble. Comme il y a de plus en plus de *haredim* que l'armée ne peut absorber dans ses rangs gagnés par la mixité, elle a tenté de les concentrer dans une unité créée sur mesure en 1999 : le bataillon Netzah Yehuda. Mais cela ne suffit pas à encadrer tous les religieux… Les textes supposés arbitrer entre les deux partis montrent bien à quel point les positions sont inconciliables, toute concession à un camp déclenchant immédiatement une tempête de protestations chez l'adversaire. Le débat est loin d'être clos – et il n'est pas certain qu'il le soit un jour.

avec condescendance comme distributrices de thé ou préposées au repos du guerrier, les femmes deviennent instructrice, opératrice radar, contrôleuse de l'air, conductrice de camion… Reste que si la présence renforcée des femmes dans les rangs amène à changer le regard des hommes sur leur compétence, la ségrégation n'en persiste pas moins. Et il n'est toujours pas question de combattre.

La Haganah était la force la plus avancée du monde en termes de féminisation en 1947, mais dans les années 1980 et 1990, Tsahal se retrouve à la traîne du monde occidental. C'est alors qu'intervient Alice Miller. Appelée en novembre 1993 à faire son service, cette jeune femme d'origine sud-africaine se porte volontaire pour une formation de pilote – elle est titulaire d'un brevet civil démontrant ses aptitudes au vol. Sa demande rejetée, Miller attaque alors le ministère de la Défense en justice, arguant que le refus des forces aériennes au motif que les femmes n'ont pas accès aux unités de combat constitue une infraction au principe d'égalité garanti par la Constitution.

Dans le petit monde qu'est Israël, l'affaire Miller fait plus de bruit qu'un Mirage passant le mur du son. « *Meidele* [demoiselle, en yiddish], demande le président et ex-pilote Ezer Weizman à la candidate, *a-t-on déjà vu un homme repriser des chaussettes ?* » Plus diplomate, le général Bodinger, commandant des forces aériennes, proteste que la durée réduite du service féminin ne justifie pas l'investissement dans une coûteuse formation. Mais le 8 novembre 1995, la Cour suprême d'Israël donne raison à la plaignante. Alice Miller sera finalement recalée pour raison médicale, mais les femmes gagnent le droit de devenir pilotes. En 1998, Sheri Rahat est la première à terminer la formation et intègre un escadron de F-16 en qualité de navigateur.

Une bien lente évolution

Alice Miller a-t-elle pour autant gagné toute seule la bataille de l'égalité ? Le Chen, symbole de la ségrégation, est dissous en 2000, prélude à un nouveau bond des qualifications accessibles aux femmes : elles passent de 55 % dans les années 1980 à 92 % depuis 2012 – même si elles ne sont pas toutes pourvues, essentiellement à cause des exigences physiques requises. Les soldates intègrent progressivement la police des frontières (1996), la défense aérienne (1997), la recherche et le sauvetage, les évacuations sanitaires au combat, l'artillerie (2000), les compagnies cynophiles (2003), le renseignement opérationnel (2006), les navires de combat (2018) et même les chars (2018)…

Selon les chiffres cités en 2021 dans une synthèse d'Idit Shafran Gittleman, chercheuse à l'Israel Democracy Institute, les femmes composent aujourd'hui 40 % des conscrits et 18 % de l'effectif des unités de combat. La fin de la ségrégation ressuscite par ailleurs les unités mixtes, comme les bataillons Caracal (2004) et Lions de la Vallée du Jourdain (2014). Le prix à payer est celui du sang. Les premières combattantes à (officiellement) tomber sont le caporal de la police frontalière Keren Yacobi, tuée en 2002 par un sniper dans son poste de surveillance, et le sergent-major mécanicien Keren Tendler, dont l'hélicoptère est abattu par le Hezbollah libanais en 2006.

La cause féministe progresse donc dans Tsahal, mais le combat n'est pas autant terminé. Un rapport réalisé en 2007 par le général Yehuda Segev identifie ainsi de nombreux points de blocage, ce qui a conduit en 2010 à l'élaboration d'un plan destiné à promouvoir l'égalité des chances. Pour commencer, si le nombre de femmes employées dans des fonctions combattantes a augmenté de 160 % entre 2014 et 2020, encore faut-il savoir où elles servent. Ainsi, comme le fait caustiquement remarquer Martin van Creveld, les deux bataillons mixtes évoqués plus haut ainsi que l'unique compagnie de chars féminine fondée en 2020 sont chargés de surveiller les frontières de l'Égypte et de la Jordanie, avec qui Israël est en paix. À ce jour, le gros des forces blindées, les forces spéciales, les paras et l'infanterie d'élite de la brigade Golani restent réservés aux hommes à 100 %.

En outre, si la proportion de « combattantes » semble augmenter, les hommes continuent de tirer les ficelles… et de se les attribuer. Aujourd'hui 25 % des officiers de Tsahal sont des femmes mais leur part tombe à 10 % des officiers supérieurs. Dans les échelons élevés, c'est encore pire. Les forces armées israéliennes ne comptaient début 2021 que 6 brigadiers-généraux (3e grade) féminins. Orna Barbivai, directrice des ressources humaines de Tsahal de 2011 à 2014, est la seule à être parvenue au grade de major-général – le 2e grade le plus élevé après celui de chef d'état-major –, déficit capital dans un pays où les états de service servent de tremplin vers le pouvoir. Sur les 13 Premiers ministres d'Israël, 7 ont en effet occupé de hautes fonctions militaires et/ou appartenu aux forces spéciales. À l'heure où les religieux importent dans les rangs leur haine de la mixité, la route vers la véritable égalité risque d'être encore longue. Mais les féministes ne désarment pas. En 2001, Roni Zuckerman est devenue la première femme depuis 1948 à se voir confier un avion de combat**. On peut parier que sa grand-mère Zivia Lubetkin aurait été fière d'elle. /

*On parle ici de victimes en service actif au sein d'une unité de combat. Officiellement, 535 militaires israéliennes ont en effet perdu la vie en opérations entre 1962 et 2016.

**En juin 2021, 62 Israéliennes avaient réussi la formation de pilote, dont 5 d'avions de combat. L'une d'elles pilote un F-35, nec plus ultra des forces aériennes.

Qu'est-ce qui pousse à la féminisation des armées ?

Les femmes investissent les armées depuis la fin des années soixante-dix. Mais à des rythmes et dans des proportions très différents selon les pays, les armes et, surtout, le type d'unités. Il n'en demeure pas moins que de puissants motifs de féminisation sont à l'œuvre, aux armées comme dans la société civile, où l'idéologie prend finalement une part mineure.

PAR BENOIST BIHAN

JOSÉ NICOLAS/HANS LUCAS VIA AFP

Le récit d'Alès Adamovitch *La Guerre sous les toits* – publié en 1960 et consacré au terrible siège de Leningrad entre 1941 et 1944 – s'ouvre sur une phrase sans équivoque : « *la guerre n'a pas un visage de femme* ». La citation a semblé, en 1985, assez juste à la future prix Nobel de littérature Svetlana Aleksievitch pour la reprendre comme titre de l'ouvrage qu'elle a consacré à l'expérience des femmes soviétiques pendant la Grande Guerre patriotique. À en juger par les statistiques récentes, les choses semblent avoir bien changé : les armées contemporaines incorporent en effet une proportion croissante de personnels féminins. En France, 15,5 % des militaires en activité sont aujourd'hui des femmes. Cette proportion est demeurée constante ces dernières années, similaire à celle des États-Unis (16 % environ), et supérieure à la moyenne de l'OTAN, qui s'établit à 11 %, quelques armées occidentales approchant les 20 % comme l'Australie, qui détient le record mondial du secteur. La tendance s'observe également en dehors des trente pays membres de l'OTAN, même si les proportions varient beaucoup plus largement. La guerre du futur aurait donc un visage de femme ou, au moins, un visage paritaire ? C'est loin d'être certain, et il faudra encore du temps car la part des femmes dans l'activité militaire principale – le combat – demeure somme toute limitée pour peu qu'on y regarde de près. Un certain discours juge que le verre à moitié plein est surtout à moitié vide, et incrimine une profession militaire historiquement associée à la masculinité. Mais, au-delà de l'évolution générale des mœurs, au-delà du volontarisme, il importe avant tout de comprendre quels facteurs ont enclenché puis alimenté le processus de féminisation relative des armées contemporaines. Peut-être pourrons-nous alors en appréhender les limites probables.

La technique, le grand égalisateur

Premier constat, la féminisation est un phénomène dont l'ampleur est éminemment variable selon la spécialité militaire. Pour rester en France, l'on constate que si 59,7 % des militaires du Service de santé des armées sont des femmes, la proportion tombe à 11,36 % dans l'armée de terre en général et plus bas encore, au sein de celle-ci, dans les spécialités liées directement au combat. Elle est par exemple, globalement, de 6,5 % pour les personnels déployés en opérations extérieures (Opex). Ce dernier chiffre est le plus explicite : les Françaises militaires remplissent principalement des fonctions d'appui et de soutien et non de combat, comme c'est le cas, en réalité, depuis les guerres mondiales. Sans nier que les représentations du rôle de chacun des sexes aient une part dans ces proportions déséquilibrées, celles-ci sont d'abord et surtout liées aux différences physiques et physiologiques, qui pèsent bien davantage dans l'infanterie que dans le Service de santé ou au Commissariat aux armées. Notons cependant sur ce point des différences nationales : si la proportion de femmes engagées par les armées américaines pendant l'opération *Desert Storm*, en 1991, est comparable (6 %) au ratio actuel des Opex françaises, elle monte à 11,1 % pour les guerres d'Irak et d'Afghanistan. Il faut cependant souligner que cette proportion reflète aussi... la logistique plus conséquente des forces américaines, qui ont installé en Irak et en Afghanistan de multiples bases géantes, très consommatrices en personnels – largement féminins – hors unités de combat.

L'automatisation favorise les femmes

Pour autant, même au sein des spécialités militaires directement liées aux combats – les plus prestigieuses –, la part des femmes progresse, modestement mais elle progresse, sous l'effet du grand égalisateur qu'est la technique. Plus le combat se déroule par l'intermédiaire d'artefacts techniques, plus le service de ceux-ci est automatisé et moins il nécessite d'efforts musculaires – porter et charger des obus, faire effort sur les commandes de vol d'un avion, par exemple. Il devient par conséquent plus aisé aux femmes de prétendre y avoir accès. Rien d'original : ce phénomène est repérable dans (presque) toutes les activités civiles.

Cette « technologisation » progressive des armées explique aussi qu'apparaissent d'autres critères de recrutement, pour un nombre croissant de spécialités, que celui des capacités physiques des candidats, le plus discriminant pour les femmes. C'est vrai depuis la guerre froide, quand les états-majors ont commencé à concevoir la guerre comme une lutte impersonnelle, menée à coups de missiles, à des dizaines, des centaines voire des milliers de kilomètres de distance. La valeur du combattant individuel, surtout faite de prouesses physiques, occupe le second plan

Un quartier-maître féminin au poste de commandement du porte-hélicoptères amphibie *Dixmude*, à Toulon en mai 2014. La Royale a été la dernière arme à lever ses réticences à l'embarquement des femmes sur des navires de combat.

dans ce scénario presse-bouton ; les compétences techniques deviennent, elles, décisives. La rareté relative de celles-ci au sein de la société permet d'avancer un autre argument qui rend compte de la place croissante prise par les femmes dans les armées.

Professionnalisation et féminisation

Si la féminisation prend de l'ampleur à partir des années soixante-dix, c'est aussi parce que cette période marque le début de la fin, dans nombre de pays occidentaux, de la conscription des jeunes hommes. La fin de ce modèle centenaire a induit des effets majeurs sur le recrutement, le format et la technicisation des armées. Pouvoir choisir des candidats techniquement qualifiés en effectif réduit en lieu et place d'une cohorte nombreuse sans qualités particulières a favorisé et accéléré l'évolution vers des systèmes d'armes plus complexes dont la parfaite maîtrise nécessite une longue formation de leurs servants : le service d'un char suppose désormais de mettre en œuvre non seulement le véhicule et son armement, mais de coûteux systèmes de visée, d'autoprotection active ou non, de communication… et que dire des navires de guerre ou des aéronefs ! Moins nombreux, parce qu'infiniment plus coûteux mais aussi parce que leurs capacités semblent rendre inutile leur acquisition en grande quantité, ces systèmes ont inversé dans les armées le rapport entre « capital » (les matériels) et « travail » (les combattants), en faveur du premier.

Dans cette configuration, le critère du sexe devient secondaire par rapport aux aptitudes techniques générales. C'est d'autant plus le cas que la fin de la conscription a fait passer les forces armées d'une base de recrutement peu coûteuse et abondante à une ressource humaine plus rare et plus chère. Pour le recrutement et la rétention de ces jeunes bien formé(e)s, les armées sont dorénavant en concurrence permanente avec l'économie civile. Des facteurs conjoncturels peuvent aussi jouer. Ainsi aux États-Unis, l'abandon de la conscription (« *selective service* ») en 1973 au profit d'une « *all-volunteer force* », armée de métier recrutée sur la base du volontariat, est décidé sur fond de guerre du Viêtnam finissante et de « contre-culture » héritée des années soixante. L'image de l'armée est alors à son nadir outre-Atlantique, et l'élargissement de la base du recrutement aux femmes est alors conçu comme l'un des moyens de compenser le déficit de volontaires masculins.

On l'a compris : il devient de moins en moins logique et possible de se priver de compétences sous prétexte qu'elles sont détenues par une femme plutôt que par un homme. L'évolution générale du système éducatif va dans le même sens : les différences de niveau d'études qui pouvaient exister par le passé entre les sexes se sont estompées et sont même en train de s'inverser. D'où la féminisation accentuée des emplois militaires déjà les plus pénétrés par les femmes. Si, dans les années 1960, le service de santé des armées ne connaissait que des infirmières, il est en passe de comporter aujourd'hui autant, sinon davantage, de médecins féminins que masculins. L'effet transformateur de la technique sur les sociétés apparaît ainsi comme le ressort décisif de la féminisation des armées, sur des bases finalement presque identiques à ce qui s'observe dans le monde civil, l'évolution des mœurs n'étant au fond que la sanction dans le champ des perceptions d'une évolution de fait.

La dimension démographique

Dans le cas des armées occidentales au moins, un autre facteur apparaît important : la démographie. Ce n'est pas un hasard si, parmi les pays dont les armées se sont les plus tôt et les plus largement ouvertes aux femmes, l'on trouve ceux qui sont confrontés à un problème crucial de main-d'œuvre. Le fait n'est pas nouveau. La féminisation relative des services des armées britanniques pendant la Seconde Guerre mondiale était directement liée à la pénurie d'hommes mobilisables en raison des « classes creuses » de 1914-1918. Avec ses 25 millions d'habitants et 1,7 d'indice de fécondité, l'Australie a beaucoup de mal à satisfaire ses besoins militaires d'île-continent aux ambitions de puissance régionale. Qu'un militaire sur cinq y soit une femme s'explique donc aisément : l'Australian Defence Force est prête à tout pour attirer les jeunes femmes, diplômées ou non d'ailleurs tant les besoins sont partout criants. L'on retrouve une motivation identique – le besoin de faire nombre – dans le choix israélien d'une conscription élargie aux femmes : pour maximiser les effectifs au combat, il a fallu féminiser tout ce qu'il était possible de féminiser, de manière discriminante il est vrai : les filles ne représentent que 4 % des unités de combat.

Il n'est cependant rien de systématique dans le facteur démographique. La petite Finlande, qui a une très longue frontière à défendre avec un voisin qu'elle a affrontée trois fois en trente ans, et seulement 5,5 millions d'habitants, n'a pas fait le choix d'Israël. La conscription y reste en vigueur seulement pour les garçons, ce qui n'empêche pas la course aux filles diplômées de faire rage. Cela se traduit par une relative surreprésentation féminine dans les grades de sous-officier – équivalent militaire d'un technicien – et d'officier. Ce phénomène est repérable partout. En

En novembre 2021, le capitaine de corvette Bianca Seifert observe l'embarquement de l'équipage de la corvette *Magdeburg*. Elle est la première femme à atteindre ce grade et cette fonction dans la marine allemande.

France, les femmes représentent 14,5 % des officiers, seulement 13,2 % des militaires du rang, mais 17,4 % des sous-officiers.

Une féminisation d'ampleur limitée

À toutes ces raisons objectives, s'ajoute depuis quelques années un volontarisme issu de la société civile en faveur d'une féminisation accrue. En France toujours, l'actuelle ministre des Armées, Florence Parly, a fait de la féminisation l'un des axes de sa politique, promulguant un « plan mixité » en 2019. Elle n'hésite pas à fortement inciter les armées à promouvoir des femmes plus vite que leurs camarades masculins à des postes de commandement élevé – elles demeurent en effet peu nombreuses dans les plus hauts grades. Ce plan n'a pas été sans provoquer des tensions au sein d'une institution attachée à la promotion au mérite et peu accessible aux sirènes de la « discrimination positive » d'inspiration anglo-saxonne.

Les mesures en faveur de l'adaptation des carrières – notamment à la maternité – peuvent contribuer à homogénéiser la proportion de femmes à l'ensemble des niveaux hiérarchiques. Elles auront sans doute également un léger impact sur les ratios de femmes officiers, catégorie la plus directement concernée. Il est toutefois permis de douter que ce type d'initiative ait un impact profond sur le pourcentage global de femmes servant sous l'uniforme. Il semble totalement illusoire d'imaginer, dans le contexte d'armées professionnelles, une parité numérique entre hommes et femmes à l'avenir.

Car si la féminisation a permis aux armées d'élargir la base de leur recrutement, il ne semble pas que le métier des armes soit celui auquel aspire une proportion comparable de jeunes filles et de jeunes garçons. L'appel du combat demeure plus fort chez les hommes, un fait difficile à expliquer, que la « post-modernité » n'a pas entièrement effacé. Bien que la technologie ait en partie permis d'estomper les différences physiques, celles-ci demeurent réelles : ainsi, en Irak et en Afghanistan, les femmes représentaient certes 11 % de l'ensemble des forces américaines déployées, mais seulement 3,4 % des unités du corps des Marines – presque exclusivement composé d'unités expéditionnaires dont l'entraînement met, davantage que dans les autres armes, l'accent sur le rôle combattant de chaque recrue. Cet effondrement des ratios dès que la ligne de feu approche demeure une constante observée partout. Les guerrières existent et ont toujours existé, mais elles demeurent et demeureront sans doute une (petite) minorité.

Arrière-pensées idéologiques

À l'inverse de cette réalité, la fiction occidentale est désormais emplie de personnages féminins accomplissant des exploits martiaux égaux ou supérieurs à ceux de leurs compagnons masculins. Signe des temps et des arrière-pensées idéologiques de ceux qui les mettent en scène, ces femmes sont présentées dans les fonctions qui leur ont longtemps été fermées et où elles continuent d'être faiblement représentées : celles de combattants de contact, dotés souvent de capacités surhumaines. Cette vision infantile, où le signe d'émancipation de la femme réside précisément dans sa « virilisation » par l'exploit martial – l'homme restant ainsi, ô ironie, « la mesure de toute chose »… –, n'est pas sans danger quant aux perceptions déformées qu'elle crée chez l'auditoire. Comme il est alors immense le décalage entre ces héroïnes ne connaissant nulle limite physique ni physiologique et les réalités plus prosaïques des corps face aux réalités du combat moderne ! Surtout, cette vision représente un contresens presque complet quant aux ressorts de la féminisation en masquant le rôle réel des femmes au sein des armées et, de manière générale, en caricaturant le métier militaire, ramené à celui de guerrier archaïque. /

RMN

Napoléon III, deviez-vous vraiment entrer en guerre ?

Premier président de la République puis empereur des Français, il reste dans l'histoire de son pays comme le « vaincu de Sedan », au terme de la désastreuse guerre franco-prussienne qui porte Bismarck au triomphe. Discrédité par une défaite qui coûte l'Alsace et la Moselle, il s'exile en Angleterre. Il est temps pour lui, 150 ans plus tard, de s'expliquer enfin.

PAR ANTOINE REVERCHON, NOTRE ENVOYÉ SPÉCIAL À CAMDEN PLACE

Je remercie Votre Majesté d'avoir accepté de nous recevoir dans sa résidence de Camden Place à Chislehurst. Permettez-moi de nous situer pour nos lecteurs : Chislehurst est à une vingtaine de kilomètres au sud-est de Londres, où vous vivez en exil depuis six mois désormais…

Oh vous savez, ce n'est jamais que la quatrième fois que l'Angleterre m'accueille en tant que réfugié politique…

Mais je vous en remercie particulièrement car, en ce 2 septembre 1871, le souvenir de cette même journée, il y a un an, à Sedan, doit vous être pénible…

Je ne vous le fais pas dire ; j'en ai même fait encore une crise cette nuit – ah, que ces reins me font mal, et dire que ça dure depuis dix ans, ces cailloux ! Mais je tenais à exprimer encore et toujours mes regrets devant une telle catastrophe – j'ai publié dès octobre 1870 à Bruxelles une brochure de 30 pages intitulée « *Des causes qui ont amené la capitulation de Sedan* », mais c'était anonyme – j'avais signé « *un officier attaché à l'État-Major général* ». En revanche je vais bientôt publier sous mon nom un ouvrage, *Histoire et plan de la campagne de 1870*, pour récapituler tout ça [*il sera édité après la mort de Napoléon III, en 1873, NDA*].

Et quel est votre plus grand regret, Votre Majesté ?

Elle tient en une phrase, que j'ai écrite dans une autre brochure, *Des relations de la France avec l'Allemagne sous Napoléon III*, cette fois sous le pseudonyme de « marquis de Gricourt » – oui je sais, ce n'est pas très joli comme nom, un docteur viennois pourrait dire qu'il reflète hélas mon état moral. Cette phrase, c'est : « *Le devoir de l'Empereur était d'être plus sage que la nation et d'empêcher la guerre, même au prix de sa couronne* ».

Vous regrettez donc d'avoir entraîné la France dans cette guerre ?

Ce n'est pas moi qui l'y ai entraînée ! Mais il est vrai que j'aurais dû m'y opposer.

Mais enfin, vous étiez l'Empereur ! Qu'est-ce qui pouvait vous en empêcher ?

Des tas de gens ! Mes ministres, mes généraux, les députés de mon parti, la presse, et surtout, Eugénie…

L'Impératrice ?
Chut, pas si fort, elle pourrait nous entendre. [*Il chuchote*]. Elle était absolument convaincue que si j'avais l'air de céder un pouce de terrain à ce maudit Bismarck, ce serait la révolution, on serait chassé du trône, son fils Louis ne régnerait jamais… Et c'est pourtant à cause de cette satanée guerre que tout cela s'est bel et bien produit ! Il ne manquerait plus que Louis aille se faire zigouiller par les Zoulous [*ce qui arriva en 1879, NDA*] !

Expliquez-nous cela, Sire.
Ça s'est passé en quelques jours. Le 1er juillet, à Madrid, où – ah, le chaos espagnol ! – le trône est vacant depuis deux ans, on apprend qu'un prince de la famille des Hohenzollern, ceux-là même qui règnent en Prusse, est candidat à la couronne. J'avais déjà prévenu, lorsque ce scénario avait été envisagé un an plus tôt : pas question que la Prusse, déjà devenue hégémonique en Allemagne grâce à sa victoire de Sadowa en 1866 contre l'Autriche, puisse aussi acquérir de l'influence sur les Pyrénées. Berlin avait alors reculé, la candidature retirée. Mais Bismarck, histoire de jeter un peu d'huile sur le feu, a convaincu le prince de récidiver. Le 3 juillet, mon gouvernement prend connaissance de cette nouvelle. Au lieu de discuter en Conseil de la réaction qu'il convenait d'avoir, le duc de Gramont, mon nouveau ministre des Affaires étrangères, fait publier l'information par *Le Constitutionnel*, un journal disons « ami ». Il a de fait court-circuité le chef du gouvernement, Émile Ollivier.

Il est vrai, Votre Majesté, que ces deux-là ne pouvaient pas se supporter…
Il y a un peu de ma faute : j'avais nommé le duc, proche de l'Impératrice et du courant le plus autoritaire de mon parti, pour « surveiller » Émile Ollivier, beaucoup plus libéral. Celui-là, au contraire, je l'avais désigné, contre l'avis de l'impératrice, pour donner des gages au parti libéral qui se renforçait à chaque élection.

Bref, la nouvelle paraît et ?
Le résultat est que la presse « patriotique » s'est aussitôt enflammée – il est devenu dès lors difficile de négocier dans la discrétion et la sérénité. Interpellé à la Chambre, le gouvernement fait le 6 juillet une déclaration où la Prusse est clairement menacée d'une guerre si elle ne renonce pas à Madrid. C'est vrai qu'Émile Ollivier et moi en avions un peu rajouté, histoire de ne pas laisser le monopole de la défense de « l'honneur de la France » à la clique patriotarde…

Pendant six jours, les déclarations martiales fusent de tous côtés, et puis, coup de théâtre : le roi de Prusse, qui ne veut pas plus la guerre que moi, impose à son cousin Hohenzollern de renoncer à la candidature, ce que j'apprends le 12 juillet. J'en suis ravi, Émile Ollivier aussi !

Quel rebondissement ! Hélas, il y en a d'autres…
Oh oui. Le soir même, l'Impératrice et Gramont me coincent dans un salon des Tuileries. Eugénie fait une de ces colères espagnoles dont elle a le secret – le petit Louis en est si troublé qu'il appelle un officier de service : « *Venez, venez, je ne sais pas ce qu'a Maman !* ». Sans même que le gouvernement ne soit consulté, je laisse Gramont rédiger une dépêche demandant à notre ambassadeur en Prusse, ce brave Benedetti, d'exiger du roi de Prusse un engagement personnel à ne plus jamais soutenir une candidature Hohenzollern. C'était ajouter l'injure à la maladresse – puisque nous avions déjà obtenu satisfaction.

Maladresse que ce roué de Bismarck n'a pas laissée passer !
Dès la réception de la dépêche, la partie était jouée. Le roi a bien sûr refusé. Bismarck a fait de son refus poli un compte rendu tronqué et injurieux pour nous (la fameuse « dépêche d'Ems »). Ni le gouvernement ni moi ne pouvions nous dédire. Nous étions pris au piège de nos déclarations belliqueuses ! Le 14 juillet, je réunis le Conseil, devenu très guerrier, sauf… Gramont, qui s'inquiète quand même un peu. Il propose de réunir un « congrès international » pour régler le litige. Je suis assez content de cette échappatoire, je l'avoue. Mais le soir même, l'impératrice repousse cette idée ; on reconvoque le Conseil et cette fois la déclaration de guerre est décidée.

Et le lendemain, 15 juillet 1870, la Chambre vote les crédits militaires.
Hélas… L'opposition a posé en commission quatre questions : La guerre est-elle justifiée ? La demande de garanties pour l'avenir a-t-elle été faite avant la renonciation des Hohenzollern ? Sommes-nous prêts militairement ? Avons-nous des alliances ? Le duc de Gramont répond « oui » à toutes ces questions. Mais les quatre vraies réponses étaient « non »… Et c'était vraiment les bonnes questions à poser. Ne résument-elles pas les causes de notre défaite ? La guerre n'était pas justifiée puisque nous avions obtenu la renonciation ; l'ajout des garanties a permis à Bismarck de faire passer la Prusse pour la victime et de rallier l'opinion allemande et le roi ; notre armée n'était pas prête ; et nous n'avions pas d'alliés.

Et Votre Majesté a laissé faire ?
Le problème de fond était qu'il fallait de toute façon mettre un coup d'arrêt à l'expansion de la Prusse. J'ai vraiment cru que c'était le bon moment parce que les généraux m'assuraient que l'armée était prête, parce

Bismarck a fait de son refus poli **un compte rendu tronqué et injurieux** pour nous, la fameuse **dépêche d'Ems.**

que Gramont me jurait que l'Autriche, l'Italie et le Danemark allaient entrer en guerre à nos côtés, parce que l'Impératrice m'assurait que toute la nation allait s'unir derrière le trône. Plus tard aurait été trop tard : Bismarck aurait achevé l'unité allemande autour d'une Prusse encore renforcée. Et aux élections suivantes, les républicains auraient eu la majorité...

Résultat : l'armée écrasée, la France seule... et l'Empire effondré, remplacé par la république, précisément deux jours après la capitulation de Sedan !

Oui, épouvantable enchaînement. J'aurais dû écouter deux conseils, qui étaient arrivés jusqu'à moi bien avant la guerre. L'ambassadeur Benedetti, vous savez, celui d'Ems, avait écrit le 5 janvier 1868 une fort belle lettre : « *Plus j'observe la conduite du gouvernement prussien, plus je me persuade que tous ses efforts tendent à asseoir sa puissance sur l'Allemagne entière. M. de Bismarck prépare de longue date le couronnement de son œuvre* (...). *Le roi de Prusse sera proclamé souverain de l'Allemagne* (...). *Si le gouvernement de l'Empereur estime qu'il n'a rien à redouter d'une si grave altération dans les rapports des États situés au centre du continent, il serait désirable, dans l'intérêt du maintien de la paix et de la prospérité publique, de conformer entièrement et sans réserve notre attitude à cette conviction* (...). *L'union allemande s'accomplira prochainement, devons-nous l'accepter ? Dans ce cas, ne cachons pas que nous lui ferons un accueil bienveillant, rassurons la Prusse* (...). *Dans le cas contraire, préparons-nous à une guerre sans relâche, et rendons-nous bien compte d'avance de quel concours peut nous être l'Autriche : calculons notre conduite de manière à résoudre, l'une après l'autre, la question d'Orient et celle d'Italie ; nous n'aurons pas trop de toutes nos forces réunies pour être victorieux sur le Rhin* ».

Excellent conseil, en effet. Benedetti voulait connaître les buts politiques français sans lesquels il n'est pas de stratégie militaire. Et le second avis ?

Le 28 février 1870, le colonel Stoffel, attaché militaire à Berlin, m'écrivait dans un rapport où il décrivait la supériorité des canons Krupp, de l'état-major de Moltke, de l'organisation de la mobilisation, etc. : « *Abstraction faite de notre infériorité sous tant de rapports, comment lutterons-nous, avec les quelques centaines de milliers d'hommes seulement dont se compose notre armée, contre des effectifs doubles et mêmes triples des nôtres et si fortement constitués ?* »

Bref, sauf votre respect, vous ne pouvez pas dire que vous ne saviez pas...

Hé non ! Il aurait fallu faire oublier à l'Autriche notre hostilité lors de l'unification de l'Italie et notre neutralité pendant sa guerre contre la Prusse en lui promettant un rôle majeur en Allemagne ; il aurait fallu faire oublier à l'Italie notre protection des États du Pape, en évacuant notre garnison de Rome qui l'empêchait de finaliser son unité ; il aurait fallu faire oublier à la Russie sa défaite en Crimée en lui rendant ses droits de navigation dans les Détroits ; il aurait fallu faire oublier à Londres notre expansion coloniale et maritime en lui faisant prendre conscience du danger allemand... Nous aurions pu alors opposer un front d'alliances à Bismarck. Mais tout s'est passé trop vite, nous étions trop pressés, trop sûrs de nous, trop arrogants...

Sur le plan militaire, j'avais bien poussé à l'adoption en janvier 1869 de la loi Niel, un nouveau système de conscription qui aurait permis d'atteindre un effectif de 640 000 hommes d'active et 500 000 de réserve... en 1875. J'ai fait développer sur mes deniers les prototypes de la mitrailleuse Reffye, seule capable de rétablir l'équilibre face à la supériorité des effectifs allemands – ce n'est pas pour rien que j'ai écrit des manuels d'artillerie ! J'ai fait accélérer la production des fusils Chassepot, dont la portée supérieure à celle du Dreyse allemand rétablissait là encore l'équilibre. Mais ni l'état-major ni les officiers n'ont compris quel usage optimal tirer de ces armes nouvelles ! Ils ont gardé les anciennes doctrines d'emploi, laissant, par exemple, mitrailleuses et infanterie exposées aux coups de l'artillerie allemande. J'avais pourtant fait étudier les performances des canons Krupp par Stoffel, et même fait faire des exercices avec des pièces prêtées par l'armée belge, qui en était équipée.

Vous étiez tout de même assez optimiste pour choisir un plan d'opérations offensif. Car enfin, vous prévoyiez de passer le Rhin puis de remonter le cours du Main pour isoler l'Allemagne du Nord des États allemands du Sud ! Rien que cela !

Les généraux m'avaient promis que, ayant pris

l'initiative de la guerre, nous avions une longueur d'avance dans la mobilisation et la concentration – le ministre de la Guerre Lebœuf avait même convaincu les députés de voter la guerre en leur disant: « *Nous avons quinze jours d'avance sur l'ennemi, ne me les faites pas perdre…* ». C'était l'occasion rêvée de prendre l'offensive.

Mais voilà: à l'inverse des promesses de Gramont, l'Autriche proclame sa neutralité le 21 juillet, l'Italie et le Danemark font de même le 25. Et quand j'arrive à Metz le 28 juillet pour prendre la tête des opérations – je voulais marcher sur les traces de mon oncle, et la Constitution m'a fait chef des armées –, quelle déception! C'est le bazar dans la mobilisation! Sur les 400000 hommes promis par l'état-major, il n'y en a qu'à peu près 200000, manquant d'armes, de munitions, d'équipements, de nourriture. Alors que Moltke en aligne 460000 bien équipés. Bref, il faut repasser sur la défensive.

Et les désastres commencent: Wissenbourg (4 août), Woerth et Forbach (6 août); il faut évacuer l'Alsace, battre en retraite vers Metz. Le 9, la colère des Parisiens à l'annonce des défaites convainc l'Impératrice, à qui j'ai confié la régence – c'est la règle quand l'Empereur part aux armées à l'étranger, je vous rappelle que nous devions passer le Rhin… –, de remplacer Ollivier par Cousin-Montauban, comte de Palikao, un ultraconservateur comme elle… Moi je suis tellement découragé que je tombe malade, mes reins, mes satanés reins! Je pisse du sang, je ne peux plus monter à cheval, c'est atroce. Le 12 août, je confie le commandement en chef de l'armée à Bazaine, un choix qui m'est imposé par Paris bien que ce général soit loin de faire l'unanimité dans l'armée.

Vous aviez déjà renoncé à peser, en tant que souverain, sur le choix de la paix et de la guerre pendant la crise espagnole, et voilà que vous renoncez à votre rôle de chef des armées?

Dites-moi, jeune insolent, je vais vous faire jeter dehors! Aïe, aïe, houla, ouille, dès que je m'énerve, ça me lance dans les reins, c'est atroce. Non, non, restez, buvons le calice jusqu'à la lie. Le 14 août, Bazaine réussit à repousser l'ennemi à Borny, mais cela cache mal l'enveloppement de son armée par le sud. Je sens bien que la retraite va être coupée, je quitte l'armée le 16 août pour rejoindre à Chalons l'armée de réserve et les débris de l'armée d'Alsace; je suggère à Bazaine de me suivre avant que la nasse ne se referme. Mais c'est lui le chef, maintenant! Cet imbécile livre à nouveau bataille le 16 (un match nul) et le 17 (une franche défaite) et, au lieu de se retirer vers Chalons à l'ouest, il se replie sous les murs de Metz à l'est, coupant en deux l'armée française.

Et arrive le fameux jour de la conférence de Chalons…

Le 17 août – ah, le 17 août –, c'est le jour décisif, le jour où tout aurait pu changer, malgré les fautes antérieures. Il y a là Mac Mahon, le général Trochu venu de Paris, mon cousin le prince Napoléon (dit « Plon Plon ») et des officiers supérieurs. Trochu plaide en faveur d'une retraite vers Paris pour y reconstituer une force capable de tenir l'envahisseur en échec. Je suis d'accord, je nomme Mac Mahon à la tête de l'armée de Chalons, Trochu comme gouverneur de Paris, on prépare les ordres de repli sur Paris, j'annonce mon retour dans la capitale… et on informe l'Impératrice de tout cela.

Mais voilà que, dans la nuit, Palikao envoie le télégramme suivant: « *L'Impératrice me communique la lettre par laquelle l'Empereur m'annonce qu'il veut ramener l'armée de Châlons sur Paris. Je supplie l'Empereur de renoncer à cette idée, qui paraîtrait* (sic) *l'abandon de l'armée de Metz* ». Mac Mahon est également bombardé de télégrammes lui enjoignant de ne pas se retirer vers Paris, d'autant que Bazaine envoie de son côté des messages ambigus laissant entrevoir la possibilité qu'il s'échappe de Metz par le nord, en direction… de Sedan.

Là j'avoue, je craque un peu. Je dis à Plon Plon – en pleurant dira-t-il par la suite, mais ça, je ne m'en souviens pas: « *Je ne puis rentrer à Paris; l'Impératrice m'a répondu que la situation ne serait pas tenable. La vérité est qu'on me chasse; on ne veut pas de moi à l'armée; on n'en veut pas à Paris* ». À 9h04 le 18 août je réponds à Palikao: « *Je me rends à votre opinion* ».

Et vous renoncez donc à reprendre la tête du gouvernement.

Mais je vais vous botter les fesses, mon jeune ami! Aïe, mes reins. Et puis d'abord, il n'était pas absurde sur le plan militaire de vouloir joindre les deux armées… à condition que cela soit possible. Mac Mahon décide d'ailleurs de gagner Reims, ce qui permet d'aller soit vers Paris, soit vers Metz en fonction des circonstances, et je suis le mouvement. Le président du Sénat, Eugène Rouher, un ultra-bonapartiste, vient même à Reims le 21 faire le siège de Mac Mahon pour le convaincre d'aller à Metz. Mais celui-ci continue à résister, et convainc Rouher que c'est impossible par cette phrase prémonitoire: « *Je sais très bien que je vais être accusé de lâcheté pour n'être pas allé au secours d'un camarade, mais je mets l'intérêt supérieur de la France au-dessus de ma réputation et je ne crois pas qu'il me soit possible de compromettre la dernière armée qui reste et qui, avec les ressources immenses réunies à Paris, sera peut-être bientôt en état de lutter contre toutes les forces de l'Allemagne* ».

La **préoccupation de l'Impératrice** qui, en tant que régente, dirige les affaires politiques, est de **sauver le régime** d'une possible révolution.

Mac Mahon prépare alors une proclamation annonçant aux troupes un retour à Paris, dont il envoie le projet au gouvernement. Eugénie et Palikao piquent une colère et m'écrivent le lendemain à 1 heure de l'après-midi : « *Les résolutions prises hier soir devraient être abandonnées.* (...) *Ne pas secourir Bazaine aurait à Paris les plus déplorables conséquences* ».

Et puis, le matin du 22 août, je reçois une dépêche de Bazaine datée du 19 annonçant qu'il entend toujours quitter Metz par le nord. Je communique cette information à Mac Mahon, qui cède alors à la pression de Paris. On décide de marcher sur Montmédy pour y attendre Bazaine, j'en informe Paris à 4 heures l'après-midi.

En cédant aux ordres de Paris, vous envoyiez l'armée vers son fatal destin...

Vous exagérez, il était encore possible de sauver la situation. La preuve, lorsque Mac Mahon apprend le 27 août, alors qu'il marche vers Montmédy, que les Prussiens se sont rués à sa poursuite et surtout que Bazaine n'est finalement pas sorti de Metz, il donne l'ordre à son armée de bifurquer vers Mézières, d'où une ligne de chemin de fer permet de regagner Paris.

Mais à cette nouvelle, Palikao me bombarde à nouveau de messages furieux, que je dois communiquer à Mac Mahon. Le 28 août, à 1 heure du matin, je reçois ce télégramme comminatoire : « *Si vous abandonnez Bazaine, la révolution est dans Paris et vous serez attaqué par toutes les forces de l'ennemi.* (...) *Vous avez au moins 36 heures d'avance (sur l'ennemi), peut-être 48 heures* » (ce qui est faux). Mac Mahon, lui, reçoit l'ordre exprès de marcher à nouveau vers Montmédy. D'où les contre-ordres donnés dans la matinée, qui ajoutent à la confusion et occasionnent un nouveau retard mis à profit par nos poursuivants.

Mais vous étiez toujours, au regard de la Constitution, le commandant en chef de l'armée. Pourquoi ne pas avoir imposé votre volonté ? Pourquoi avoir informé Paris de toutes les décisions prises à l'armée, ce qui susciterait forcément un contre-ordre du gouvernement ? Et vous le saviez...

Si à Paris on était trop loin du terrain pour comprendre ce qui se passait, j'étais à l'armée trop loin de Paris pour savoir ce qui s'y passait. Des phrases comme « *Ne pas secourir Bazaine aurait à Paris les plus déplorables conséquences* » ou « *Si vous abandonnez Bazaine, la révolution est dans Paris* » montrent bien que la préoccupation de l'Impératrice qui, en tant que régente, dirigeait les affaires politiques, était de sauver le régime d'une possible révolution. Et le général en chef doit obéir au ministre de la Guerre. Je sais bien que mon oncle n'était pas de cet avis. Il disait qu'« *un général en chef n'est pas couvert par un ordre d'un ministre ou d'un prince éloigné du champ d'opérations et connaissant mal ou ne connaissant pas du tout le dernier état des choses. Tout général en chef qui, en conséquence d'ordres supérieurs, se charge d'exécuter un plan qu'il juge mauvais ou désastreux, est criminel. Le ministre, le prince donnent des instructions auxquelles le général en chef doit se conformer en son âme et conscience, mais ces instructions ne sont jamais des ordres militaires et n'exigent pas une obéissance passive* ». On ne saurait mieux dire...

Et pourtant, Sire, vous avez suivi les ordres venus de Paris, jusqu'à la catastrophe...

Pas tout à fait, quand même. Bon, c'est vrai, je n'ai rien dit quand Mac Mahon s'est obstiné à franchir la Meuse pour se rapprocher de Bazaine alors qu'il était clair que l'ennemi nous talonnait, que Bazaine ne bougerait pas et qu'il fallait plutôt fuir le plus vite possible vers Paris. Il ne s'y résout qu'au soir du 30 août en ordonnant le repli sur Sedan, alors que l'ennemi nous a rattrapés et a détruit la quasi-totalité d'un corps à Beaumont. Je ne dis rien non plus quand je suggère un repli dès l'aube du 31 sur Mézières au risque d'être coupé, et qu'il me répond qu'il livrera bataille devant Sedan. Je ne dis rien quand, croisant le général Wimpfen (il remplace Mac Mahon blessé) en pleine bataille le 1er septembre vers 10 h 30, et que je m'inquiète des masses allemandes qui nous coupent la retraite vers Mézières, il me rétorque : « *que Votre Majesté ne s'en inquiète pas, dans deux heures je les aurai jetés dans la Meuse* ».

Mais ça, quand même, ça a été la goutte d'eau qui fait déborder le vase : je lance mon cheval au milieu du bombardement, les officiers tombent autour de moi. Il paraît que mon médecin, le docteur Auger, a écrit dans son journal :

Ni Moltke ni Bismarck n'acceptent de rencontrer l'Empereur tant que la capitulation française n'est pas officiellement signée.

« Si cet homme n'est pas venu là pour se faire tuer, je ne sais en vérité ce qu'il est venu y faire ». Mais la mort n'a pas voulu de moi : je me retrouve seul, malade, épuisé, déprimé, dans un bureau de la préfecture. Les obus des Krupp pleuvent sur la ville et sur les troupes débandées qui n'en peuvent plus.

Et là, je décide que trop, c'est trop. Il faut arrêter ce massacre absurde. J'ordonne qu'on hisse le drapeau blanc sur la citadelle. Il est 14 heures. Mais même là, il ne se passe rien, les obus continuent à pleuvoir, le combat continue à faire rage sur toute la ligne ! Ne serais-je donc jamais obéi !

Le général Lebrun m'informe alors que, selon les lois de la guerre, le feu ne peut être suspendu que par une demande d'armistice portée par un officier et signée par le commandant en chef de l'armée – en l'espèce cet abruti de Wimpfen. J'envoie aussitôt un officier chargé d'ordonner à ce général de signer la demande d'armistice que j'ai fait rédiger. Mais il faut du temps pour le trouver sur le champ de bataille, et le massacre continue. En plus, il refuse, prétendant mener une ultime offensive qui brisera l'encerclement… et qui bien sûr échouera. C'est ce dernier échec qui éteint peu à peu le feu tout au long de la ligne, car la rumeur court bientôt que je désire une suspension d'armes.

Le roi Guillaume a fini par envoyer un parlementaire à Votre Majesté…

Oui. Il est reparti accompagné par un de mes officiers portant cette lettre :

« Monsieur mon frère,

N'ayant pas pu mourir au milieu de mes troupes il ne me reste qu'à remettre mon épée entre les mains de Votre Majesté.

Je suis de Votre Majesté le bon frère.

Napoléon.

Sedan, le 1er septembre 1870 ».

Guillaume me répond en exigeant l'envoi d'un plénipotentiaire pour négocier la capitulation de l'armée. Wimpfen finit par accepter de prendre cette responsabilité. Lorsque Bismarck lui demande si l'épée que j'ai rendue était celle de l'Empereur ou celle de la France, Wimpfen répond que le gouvernement de la France étant à Paris, sous la conduite de l'Impératrice, l'Empereur n'est que prisonnier à titre individuel. Je ne suis vraiment plus souverain de rien !!!

Moltke reprend alors la conduite de la négociation, puisqu'il ne s'agit plus que d'une affaire militaire. Il exige la capitulation totale de l'armée, emmenée comme prisonnière de guerre en Allemagne, y compris les officiers… Et il menace, le fumier, de reprendre le bombardement le lendemain à 10 heures si ces conditions ne sont pas acceptées.

Wimpfen revient la nuit tombée à Sedan faire son rapport. Je décide alors de mettre mon poids dans la balance en allant le lendemain matin négocier des conditions moins léonines. Il s'avère vite que je ne pèse plus grand-chose ! Je n'obtiens rien de mieux de Moltke ni de Bismarck, qui me refusent de rencontrer le roi tant que la capitulation n'est pas signée. Le malheureux Wimpfen est donc contraint d'en accepter les termes qu'il refusait la veille. Ce n'est qu'après que je peux rencontrer Guillaume, certes fort aimable, mais sans que cela n'ait la moindre utilité ni pour moi-même, ni pour l'armée ni pour la France. Je suis prisonnier, tout simplement.

Comme les 83 000 soldats et officiers capturés à Sedan…

Tous en Allemagne ! Pour moi, ce sera le château de Wilhelmshöhe.

J'écris à l'Impératrice un message chiffré que Guillaume accepte de faire envoyer : « *L'armée est défaite et captive : moi-même je suis prisonnier. Il m'est impossible de te dire ce que j'ai souffert et ce que je souffre. Nous avons fait une marche contraire à tous les principes et au sens commun. Cela devait amener une catastrophe et elle est complète. J'aurais préféré la mort à une capitulation si désastreuse, et cependant, dans les circonstances présentes, c'était la seule manière d'éviter une boucherie de soixante mille personnes. Encore si tous mes tourments étaient concentrés ici ! Je pense à toi, à notre fils, à notre malheureux pays (…). Je viens de voir le roi. Il met à ma disposition un de ses châteaux près de Hesse-Cassel. Mais que m'importe où je vais ! Je sens que ma carrière est brisée, que mon nom a perdu son éclat. Je suis au désespoir.* »

Votre Majesté, permettez-moi de me retirer. L'émotion m'étreint, tout de même. Tant de faiblesses conduisant à tant de malheurs…

Cessez de m'appeler Votre Majesté, ça m'énerve. /

AKG

Corée:

Duncan se trouve par hasard au Japon le 25 juin 1950 quand commence la guerre de Corée. Le 28, jour où Séoul tombe, il réussit à trouver un avion et débarque au « pays du Matin calme », au milieu d'un chaos de civils paniqués et de militaires sud-coréens en déroute. Le 3 août, la 1re brigade de Marines, forte de 6 500 hommes et commandée par le général Edward A. Craig, débarque à Pusan, au sud de la péninsule, dans la dernière enclave qui résiste aux Nord-Coréens. Duncan emboîte le pas d'une compagnie qui se dirige vers le fleuve Nakdong, franchi par les Nord-Coréens qui menacent ainsi Pusan, distante de 40 km. Les jeunes soldats tout juste arrivés de Californie, sans expérience du combat - mais encadrés par des vétérans de Guadalcanal et d'Iwo Jima -, progressent au bord d'une rizière, sous le couvert d'une digue. L'équipement est encore celui de la Seconde Guerre mondiale, notamment le fusil semi-automatique M1 Garand et le célèbre casque camouflé. Un char Pershing M26 (42 t) les couvre de son canon de 90 mm et de ses trois mitrailleuses dont une 12.7 en tourelle. Les Marines peuvent aussi compter sur le soutien de leur aviation organique, environ 60 bombardiers Vought F4U-4B Corsair prêts à décoller des porte-avions d'escorte *Sicily* et *Badoeng Strait*.

la guerre oubliée

Entre août et décembre 1950, le reporter américain David Douglas Duncan suit, pour le magazine *Life*, la 1st Provisional Marine Brigade en Corée. De la bataille défensive de la tête de pont de Pusan à la retraite humiliante de Chosin, Duncan, lui-même ancien Marine et vétéran du Pacifique, saisit sur son Nikon les plus violents épisodes d'une guerre aussi meurtrière que mal connue.

PAR **JEAN LOPEZ**. PHOTOS : **DAVID DOUGLAS DUNCAN/HARRY RANSOM CENTER/UNIVERSITY OF TEXAS**

Des tirs de flanc obligent la compagnie à se déployer dans la rizière. Un caporal enjambe un cadavre nord-coréen, suivi par un soldat qui porte un fusil-mitrailleur Browning M1918. Les combats déconcertent les premières unités américaines par leur alternance d'assauts de niveau divisionnaire appuyés par des armes lourdes – chars, artillerie, lance-roquettes – et d'embuscades menées par des unités légères. Si l'Armée populaire est conseillée pour le premier aspect par des instructeurs soviétiques, presque tous ses cadres ont pratiqué la guérilla contre les Japonais en Mandchourie durant la Seconde Guerre mondiale.

L'alternance de **vastes assauts** avec matériel lourd et d'**embuscades légères** déconcerte les premières unités américaines engagées.

Duncan, qui colle à la première ligne, saisit un lancer de grenade par-dessus une crête. Malgré le soutien de leur puissante aviation, les Marines ne peuvent éviter le combat rapproché puisque leur adversaire, bien camouflé et doté d'un moral élevé, ne cède le terrain que contraint et forcé. Le mépris affiché au premier jour de la guerre par le commandant en chef des forces des Nations unies, Douglas MacArthur, n'est plus de mise. N'a-t-il pas déclaré : « *Je peux m'occuper de leur cas une main attachée dans le dos* », et affirmé qu'un régiment suffirait pour les arrêter ? Un mois plus tard, il demande déjà huit divisions au président Truman.

Un Marine légèrement blessé lors de la bataille du fleuve Nakdong. Les pertes enregistrées durant les six premiers mois du conflit sont beaucoup plus élevées que celles des trente mois qui suivent. Officiellement, 33 739 soldats américains dont 4 300 Marines ont été tués à l'ennemi en Corée. C'est près de 37 000 en réalité si l'on ajoute les disparus, notamment les 2 700 prisonniers morts en détention. Par ailleurs, 2 835 autres personnels ont péri pour diverses raisons (accidents, maladies, suicides) et près de 104 000 ont été blessés. Rapporté à la durée de la guerre, c'est deux fois plus de tués au combat qu'au Viêtnam, dix-huit fois plus qu'en Irak.

Changement de décor. David Duncan se trouve à Séoul avec la compagnie Able, du 1er bataillon du 1er régiment de Marines. Le 15 septembre 1950, MacArthur a réussi son audacieux pari et débarqué le 10e corps (1re division de Marines et 7e division d'infanterie) près du port d'Incheon, à 20 km de Séoul, loin derrière les lignes nord-coréennes. En deux jours, précédés par les obus de 203 mm de quatre croiseurs, les Américains s'emparent d'Incheon défendu par une division nord-coréenne en sous-effectif. Prendre l'aéroport de Gimpo, traverser le fleuve Han et pénétrer dans la banlieue de Séoul demandera une semaine entière, car les Nord-Coréens ont jeté dans la bataille deux unités de réserve : les 6 000 hommes du 78e régiment et de la 25e brigade d'infanterie, appuyés par quelques dizaines de chars T-34/85. Les Marines entrent dans Séoul même le 25 septembre. Des centaines d'incendies font rage, allumés par les obus d'artillerie et de mortiers, par les bidons de napalm que déversent les Corsair au moindre signe de résistance. Les Marines progressent lentement de part et d'autre du boulevard menant au quartier gouvernemental, surtout inquiets des tirs de snipers. C'est leur première véritable expérience de combat urbain.

Une **nouvelle expérience** attend les Marines à Séoul : le **combat urbain**, où les **tirs de snipers** rendent la progression difficile.

Image poignante de civils blessés surgis d'une cave. Les civils sont les premières victimes de la guerre de Corée. La propagande américaine, guerre froide oblige, a présenté la reconquête du pays comme une libération, analogue à celle de 1944-45 en Europe. C'est une simplification abusive. En réalité, cette guerre est aussi une guerre civile. La population sud-coréenne est loin d'être unanime derrière le chef d'État Syngman Rhee. Celui-ci s'entoure quasi exclusivement d'anciens collaborateurs des Japonais et gouverne en menant une répression impitoyable des opposants. Lors de la reprise de Séoul, il fera exécuter plusieurs centaines de sympathisants communistes et leurs familles. À l'inverse, nombre de Coréens, du Nord comme du Sud, voient dans Kim Il-sung, le leader nordiste, le héros de la résistance aux Japonais, l'homme qui s'est battu en Mandchourie de 1932 à 1945.

Devant la gare centrale de Séoul, des Marines de la compagnie Able ont mis une mitrailleuse en batterie sur le bord d'un trou d'obus. Ils baissent la tête, pris à partie par des tirs. David Duncan est à cinq mètres d'eux, à l'entrée d'un abri. Les Nord-Coréens ont coupé les grandes artères, tous les 300 mètres, de barricades de 2,5 m de haut, défendues par des mines, un canon antichar de 45 mm, des mitrailleuses. Les liaisons sol-air des Marines sont au point, maniées par des équipes spécialisées qui obtiennent les appareils sur site en 15-20 minutes. Les quelques Yak-9 nord-coréens de fabrication soviétique engagés au début de la bataille ont disparu, mais la DCA, très dense, abattra 11 appareils américains. Le combat est inégal : l'adversaire ne peut que se faire tuer sur place pour gagner du temps et permettre, loin de là, au sud de la péninsule, à l'armée nord-coréenne de décrocher pour éviter l'encerclement.

Annoncé par les Américains comme une guerre de libération, le conflit est d'abord une guerre civile entre Nord et Sud.

Sur le boulevard Mapo, les chars Pershing viennent à la rescousse de la compagnie Able. À moins de 400 m, leurs obus de 90 mm à haut pouvoir explosif pulvérisent la barricade qui fait face. Puis le génie viendra déminer. La gare tombe bientôt. Le lendemain, ce sera le palais du gouvernement général, symbole de l'occupation nippone, l'ancien palais royal Changdeok, puis l'ambassade soviétique sur laquelle on hisse le *Stars and Stripes*. Séoul est reconquis entièrement le 29 septembre 1950, trois mois après sa capture par les soldats de Kim Il-sung. Il en a coûté 364 tués et 1510 blessés à la 1re division de Marines. Le général MacArthur et Syngman Rhee arrivent le jour même par avion. MacArthur remercie Dieu pour la libération de la ville et restaure officiellement le dictateur ami dans sa capitale. Son discours semble annoncer que son objectif est atteint. Il n'en est rien. Sur ordre de Truman, MacArthur doit viser maintenant la chute de Kim Il-sung. Avec la prise de Séoul, la presse américaine annonce quant à elle le renversement victorieux du conflit en faveur des Nations unies. Ce qui, au vu de la suite, s'avère prématuré.

La prise de Séoul apparaît comme annonciatrice d'une victoire finale des Marines ; la suite en décidera autrement.

La contre-attaque chinoise est terrible : les Marines se jettent dans une retraite confuse vers le sud et la mer.

Nouveau changement de décor. Le 30 novembre 1950, David Duncan se trouve près du réservoir de Changjin (ou Chosin), dans le coin nord-est de la Corée, à 100 km de la frontière chinoise. Il fait -20 °C et la 1re division de Marines lutte cette fois pour sauver sa peau. N'était la forme des casques, l'image aurait pu être prise devant Moscou, en décembre 1941. Après la prise de Séoul, le 29 septembre, MacArthur s'est persuadé que les Nord-Coréens étaient en fuite et qu'il ne s'agissait que de les poursuivre l'épée dans les reins. Pour hâter son avance jusqu'au fleuve Yalu, frontière avec la Chine, il débarque la 1re division de Marines à Wonsan, sur la côte orientale, une fois encore dans le dos des Nord-Coréens. Plus rien ne semble devoir empêcher cette unité d'atteindre le Yalu. Mais, le 27 novembre 1950, six divisions chinoises de la 9e armée, commandées par le général Peng Dehuai et massées en secret, contre-attaquent. Après huit jours de combats terribles, la 1re division de Marines, encerclée aux trois quarts, est contrainte d'entamer une retraite chaotique : 14 000 hommes et 20 000 véhicules s'engagent sur les mauvaises pistes qui serpentent vers le sud jusqu'au port de Hungnam, où ils espèrent rembarquer.

Une mauvaise piste enneigée, des véhicules abandonnés et renversés sur le bas-côté, une Jeep surchargée qui passe devant un MP (Military Police) frigorifié par le vent venu de Sibérie : tel est le visage de la retraite des Marines. Pratiquant l'infiltration, les Chinois parviennent à faire sauter un pont au col Funchilin sur l'unique route empruntée par les Marines. À leur stupéfaction, une douzaine d'avions-cargos C-119 larguent les éléments d'un pont préfabriqué mis en place en douze heures par le génie. L'aviation américaine intervient sans cesse, causant des pertes massives aux Chinois. Ceux-ci réagissent en intensifiant leurs attaques de nuit, qui ont laissé un souvenir cauchemardesque aux vétérans de la 1re division.

Un Marine épuisé durant la retraite de Chosin. La hantise d'être capturé par des ennemis réputés inhumains, du fait de leur idéologie, démultiplie les effets du stress du combat et des conditions météorologiques. À cela s'ajoute un solide racisme envers les Asiatiques acquis durant la guerre contre le Japon. Les Coréens, du Nord et du Sud, ne sont appelés que « *gooks* », les Chinois « *chinks* ». Le Marine Robert L. Barber, qui était à Chosin, écrit à sa mère le jour de Noël 1950 : « *J'ai tué deux Chinois qui étaient à trois mètres de moi, les mains levées. Ils n'ont pas le droit de vivre. Quand tu vois des Marines morts tout autour, alors tu deviens salement mauvais, m'man* ».

Froid polaire, attaques chinoises de nuit, peur d'un ennemi haï : le repli des troupes américaines tourne au cauchemar.

Le rembarquement sonne comme une **délivrance**, mais la défaite est réelle. Bientôt le port sera **dynamité** et les Marines partis.

La retraite de la 1re division de Marines dure 14 jours, le temps de parcourir une centaine de kilomètres – au prix de 383 tués, 159 disparus et 2123 blessés. Enfin, le 11 décembre, *Thalassa* ! La mer et le port de Hungnam sont en vue. Une solide tête de pont a été constituée la semaine précédente, tenue par la 3e division d'infanterie. Tandis que l'artillerie de marine et l'aviation empêchent la 9e armée chinoise, très éprouvée, d'approcher des plages et des quais, près de 200 navires rembarquent les Marines plus 85 000 autres soldats et près de 100 000 civils. La veille de Noël, le dernier Américain est parti. Le port de Hungnam disparaît, englouti dans une explosion formidable, alimentée par les montagnes de munitions laissées sur place. Que le rembarquement soit fêté aux États-Unis comme le « miracle de Noël » ne peut dissimuler la lourde défaite des forces des Nations unies et l'importance de la victoire chinoise.

Vue de Washington et de Moscou, la guerre de Corée est le premier conflit brûlant de leur guerre froide en Asie. Pour Séoul et Pyongyang, c'est un nouvel épisode d'une longue guerre civile et de décolonisation. De son côté, Pékin marie ces deux visions. Le conflit est inintelligible si on ne l'inscrit pas dans un temps long. En 1905, le Japon s'empare de la Corée, État indépendant, et la transforme en une colonie qu'elle soumet à un traitement fait de violences et d'acculturation. En 1931, Tokyo soumet la Mandchourie chinoise, frontalière de la Corée. La guérilla qui se dresse contre ce nouvel empiètement est coréenne à 80 %, et son leader s'appelle Kim Il-sung, secondé par Choi Yong-kun, son futur ministre de la Défense. Ceux qui servent l'impérialisme nippon en Mandchourie comme en Corée sont les futurs cadres de la Corée du Sud, de sa police et de son armée.

Entre août et octobre 1945, l'Armée rouge et l'armée des États-Unis occupent chacune une moitié du pays de part et d'autre du 38e parallèle, ligne arbitraire choisie par les Américains pour simplifier la reddition des forces nippones. Au nord, Moscou laisse s'installer la dictature communiste de Kim Il-sung, qui procède à une réforme agraire attendue depuis longtemps par la masse paysanne. En 1948, les Soviétiques évacuent le pays après avoir vendu à leur poulain tout leur matériel militaire – dont 150 chars T-34/85 et une centaine d'avions, surtout des chasseurs Yak-9 –, qui équipe une armée d'environ 75000 hommes. Au sud, les Américains mettent en selle un dictateur, Syngman Rhee, qui vivait en exil depuis 35 ans. Ils l'aident à noyer dans le sang tout ce qui porte l'étiquette de gauche et qui demande la réforme agraire: on parle de 100000 morts. Eux aussi mettent en place une armée d'environ 90000 hommes, mais sans matériel lourd; son commandant, Kim Suk-won, a été formé à la contre-insurrection par les Japonais. En octobre 1949, Mao Zedong remporte la guerre civile contre Jiang Jieshi (Chiang Kai-shek), protégé des Américains. Il sait ce qu'il doit aux soldats de Kim Il-sung, qui ont servi en masse de son côté, notamment dans la 6e division d'élite.

Kim Il-sung et Syngman Rhee ont le même rêve: réunifier la péninsule coréenne et liquider le régime concurrent. Jusqu'au début de 1950, Moscou et Washington parviennent à tenir la laisse courte à leur client local, malgré la multiplication des incidents graves sur le 38e parallèle. Si, pour des motifs mal connus, Staline finit par dire oui à une attaque visant à saisir la péninsule de Ongjin, on n'a toujours aucune preuve qu'il ait acquiescé à une invasion générale de la Corée du Sud. Il semble en revanche que Mao ait manifesté plus de compréhension pour cette attaque. Une minorité d'historiens, emmenés par Bruce Cumings, estiment que la question de savoir qui a déclenché les hostilités n'est pas tranchée.

La guerre commence dans la nuit du 24 au 25 juin 1950. Les unités sud-coréennes s'effondrent en quelques heures et fuient vers le sud, accompagnées par des centaines de milliers de civils paniqués. C'est Dean Acheson, le secrétaire d'État, qui prend, seul, la décision d'envoyer des troupes américaines au secours des Sud-Coréens. C'est seulement ensuite qu'il prévient le président Truman, qui approuve le 27 juin, et qu'il porte le dossier aux Nations unies. Or, l'URSS boycotte le Conseil de sécurité pour protester contre le refus d'admettre la Chine populaire dans l'organisation. Staline interdit, pour des raisons toujours incertaines, à son ambassadeur de faire jouer le véto soviétique à une résolution appelant à refouler les Nord-Coréens désignés comme les agresseurs. C'est donc sous l'égide des Nations unies que les États-Unis combattront et recevront l'aide de 22 nations, qui ajouteront 86000 hommes à leur camp – Canadiens, Australiens et Britanniques pour la plupart. Dans l'immédiat, le général MacArthur prend l'armée nord-coréenne à la légère, multipliant les déclarations méprisantes à son égard.

Les Nord-Coréens tergiversent

Dès le 28 juin, l'aviation américaine intervient mais ne peut empêcher Séoul de tomber le même jour. La première unité terrestre est engagée le 4 juillet à Osan. Désignée sous le nom de *Task Force Smith* – de la force d'un bataillon, soit environ 600 hommes avec une batterie d'artillerie –, elle se désintègre devant une colonne de T-34/85. De façon inexplicable, l'armée populaire nord-coréenne suspend son avance durant près d'une semaine, laissant à ses adversaires le temps de se reprendre. C'est seulement au mois d'août que la 1re brigade de Marines, cinq divisions américaines, deux divisions sud-coréennes et une brigade du Commonwealth parviennent progressivement à bloquer l'avance nordiste autour du « périmètre de Pusan ». Fin septembre, 83000 Américains et 57000 Sud-Coréens font face à 75000 Nord-Coréens: ils ont également trois fois plus de chars, d'artillerie et une complète maîtrise de l'air.

Plutôt que de reconquérir le terrain perdu à partir de Pusan, MacArthur décide de débarquer deux divisions très au nord, à Incheon, le port de Séoul, le 15 septembre 1950. L'amiral Struble, qui commandait devant Omaha Beach, dispose de 270 navires et d'une énorme puissance de feu. L'Armée populaire, fixée autour de Pusan, n'a pas grand-chose à leur opposer. Séoul est repris par les Marines le 29 septembre. Sous peine d'être encerclée, l'Armée populaire reflue à toute vitesse vers le nord. C'est encore une fois Dean Acheson qui décide, sans

JULIEN PELTIER

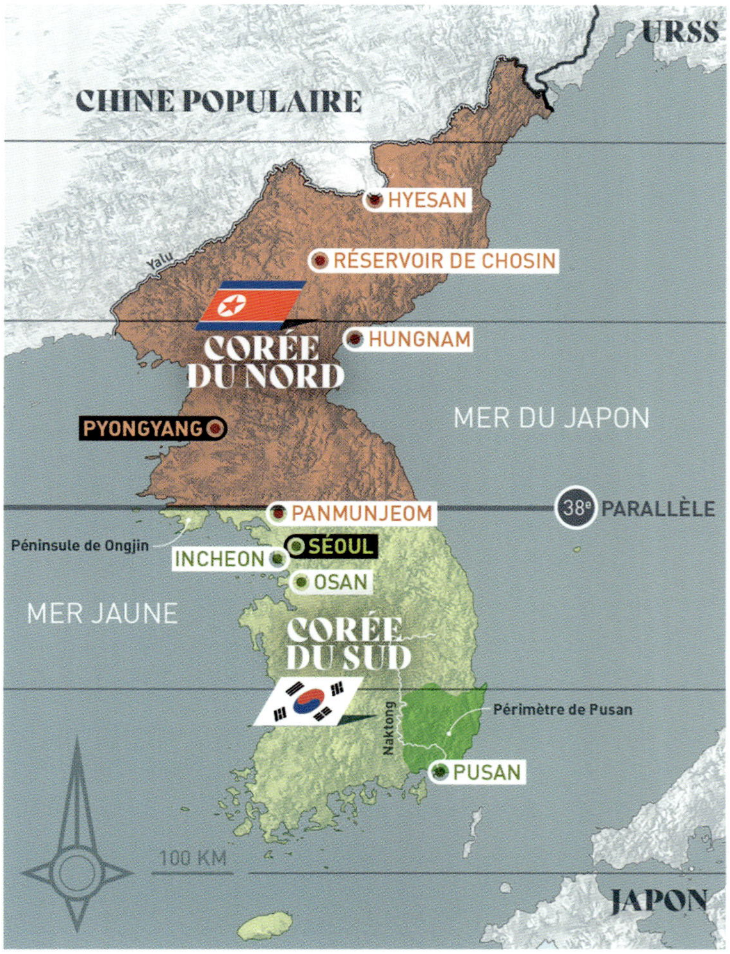

UNE PÉNINSULE COUPÉE EN DEUX
Le périple de la 1re brigade de Marines et de David Duncan commence au sud, dans l'enclave de Pusan. Il s'agit de la tenir, pour disposer d'un port où affluent les renforts mais également pour y fixer les forces nord-coréennes. Le deuxième point clé est le port d'Incheon où les Marines réussissent un débarquement loin dans le dos des Nord-Coréens. Ceux-ci ne doivent leur salut qu'à une retraite éperdue qui les ramène sur la frontière chinoise. La bataille du réservoir de Chosin marque un succès tactique des Marines, qui échappent à l'encerclement total et se fraient un chemin vers le port de Hungnam. En revanche c'est un échec majeur pour MacArthur qui ne pourra faire mieux que de revenir au *statu quo ante*, sur le 38e parallèle.

consulter MacArthur, de passer du *containment* des Nord-Coréens à un *roll-back* jusqu'au fleuve Yalu, frontière avec la Chine. Le 1er octobre 1950, pour mener la poursuite, MacArthur divise ses forces en deux pinces et procède à un nouveau débarquement de Marines sur les arrières, à Wonsan. La CIA croit très improbable une réaction chinoise, que MacArthur écarte pour sa part d'un revers de main. Pourtant, dès le 4 août, Mao a envisagé l'envoi de troupes au cas où les choses tourneraient mal pour Kim Il-sung. Le 1er octobre – lorsque les forces de la coalition franchissent le 38e parallèle – le leader nord-coréen obtient de Mao la promesse que Staline, lui, ne donne pas. Fin octobre, le 13e corps d'armée chinois attaque une première fois puis se retire. Est-ce un avertissement d'avoir à s'arrêter ? Chinois et Nord-Coréens veulent-ils au contraire attirer les Américains le plus loin possible de leurs bases alors que la mauvaise saison arrive ? On ne peut toujours pas trancher entre ces deux explications. Quoi qu'il en soit, MacArthur fonce vers le Yalu, atteint à Hyesan le 21 novembre par la 7e division.

Stabilisation autour du 38e parallèle

Le 27 novembre, 100000 soldats chinois attaquent le 2e corps sud-coréen, la 7e division américaine et la 1re division de Marines autour du réservoir de Chosin. Les deux premières formations s'effondrent et s'enfuient tandis que les Marines entament une pénible anabase jusqu'à Hungnam, où ils rembarquent. Le pendule repart dans l'autre sens : Pyongyang est repris le 6 décembre, Séoul tombe à nouveau fin décembre. Par la suite, le front se stabilisera autour du 38e parallèle, ce qui n'empêche pas plusieurs grandes offensives, notamment celle de mars 1951 qui permet aux Américains de reprendre Séoul.

Quatre millions de victimes

Le 23 juin 1951, les Soviétiques proposent l'ouverture de discussions en vue d'un cessez-le-feu. Les combats – du type guerre de tranchées – se poursuivront jusqu'au 8 juin 1953 lorsqu'est signé l'armistice à Panmunjeom. Entretemps, l'US Air Force aura complètement détruit la Corée du Nord, déversant sur un petit espace un tonnage de bombes supérieur à celui qu'elle a lâché sur l'ensemble du théâtre Pacifique durant la Seconde Guerre mondiale. Bombes au magnésium, bidons de napalm, bombes géantes de 6 tonnes « Tarzon » réduiront tout en cendres, s'acharneront sur les barrages, les plus humbles villages, les troupeaux, sans opposition jusqu'à ce que les MiG-15 pilotés par les Soviétiques interviennent fin 1952. À plusieurs reprises, des bombes atomiques sont assemblées à Guam pour être larguées, sans que l'ordre final arrive. Le bilan global du conflit est effroyable. Si presque 37000 soldats américains et 16500 des contingents alliés sont tués, les pertes coréennes sont de 2 millions pour le Nord, 415000 pour le Sud, à quoi s'ajoutent 900000 soldats chinois. Soit près de 4 millions de victimes, civiles à 50 %, pour en revenir au *statu quo* sur le 38e parallèle. Le conflit le plus meurtrier de la guerre froide est aussi celui qui lui survit. Techniquement, en effet, l'état de guerre entre les deux États coréens, surarmés l'un et l'autre, n'a pas cessé à ce jour. /

Aux origines de la guerre

La guerre est-elle consubstantielle à la nature humaine, ou trouve-t-elle ses origines dans l'émergence des premières sociétés étatiques? Faut-il suivre le philosophe Hobbes lorsqu'il considère qu'aux temps primitifs l'humanité vivait dans un état de guerre endémique, ou Rousseau qui estime qu'elle prospérait dans l'harmonie? Ce débat, aussi ancien que la découverte du Nouveau Monde, divise toujours aujourd'hui préhistoriens et anthropologues.

PAR MAXIME PETITJEAN. PHOTOS: HARVARD COLLEGE, PEABODY MUSEUM OF ARCHAEOLOGY AND ETHNOLOGY.

Dater les premiers instants de la guerre n'est pas chose aisée. Les sociétés humaines du Paléolithique – dont on rappellera qu'elles ne connaissaient pas l'écriture – n'ont laissé qu'un nombre limité de témoignages archéologiques. Au sein de ce faible échantillon, seuls quelques restes humains permettent d'entrevoir des morts violentes, causées par l'utilisation d'armes. Outre ces vestiges funéraires – souvent interprétés comme la conséquence d'accidents de chasse ou d'actes de cannibalisme « rituel » par les tenants d'un âge de pierre pacifique –, l'iconographie des peintures rupestres n'est d'aucune aide. Sur les parois des grottes ornées comme celle de Lascaux, les animaux sauvages sont à l'honneur et les scènes de guerre totalement absentes, tout comme font défaut les représentations humaines en général. Il faut attendre le Néolithique pour voir les indices se multiplier. Cette période, marquée par la sédentarisation des sociétés humaines et le passage à l'économie de production, livre maintes représentations de batailles, dont les plus célèbres sont celles du Levant espagnol, produites par de petites communautés agricoles aux alentours de 5000 av. J.-C. Quelques millénaires plus tard apparaissent dans le matériel archéologique les premières armes que l'on identifie comme spécifiquement conçues pour la guerre: haches de combat, épées de bronze et boucliers, le tout formant la panoplie d'une nouvelle classe de guerriers soigneusement distinguée du reste de la société.

C'est sur la base de ces observations, ainsi que d'autres arguments relatifs au mode de vie des chasseurs-cueilleurs préhistoriques, que, dans un livre récent (*voir bibliographie p. 110*), l'archéologue

Cette extraordinaire photographie a été prise en 1961 par une expédition de l'université de Harvard, au centre de la Nouvelle-Guinée occidentale. D'après l'anthropologue Margaret Mead, l'ethnie Dani, dont deux clans se livrent ici une authentique bataille, était alors proche des conditions régnant au début du Néolithique.

Une troupe de guerriers Dani monte à l'assaut. Agriculteurs, les divers clans s'affrontent régulièrement pour des raisons matérielles (la terre) mais encore plus symboliques : venger une offense, réaffirmer le statut viril des guerriers.

Marylène Patou-Mathis tire cette conclusion sans appel : *« Il apparaît, d'une part, que le nombre de sites préhistoriques dans lesquels des actes de violence ont été observés est faible au regard de l'étendue géographique et de la durée de la période considérée (plusieurs centaines de milliers d'années), et, d'autre part, que si un comportement violent envers autrui est ancien (essentiellement lié au cannibalisme), la guerre, elle, n'a pas toujours existé. Son origine semble plutôt corrélée au développement de l'économie de production qui, très tôt, engendre un changement radical des structures sociales. La prétendue "sauvagerie" des préhistoriques ne serait donc qu'un mythe forgé au cours de la seconde moitié du* XIX*e siècle et du début du* XX*e pour renforcer le discours relatif aux progrès accomplis depuis les origines et le concept de "civilisation". »*

Un mythe, la guerre préhistorique ? Rien n'est moins sûr.

Quand les charniers préhistoriques défrayent la chronique

Plusieurs découvertes spectaculaires ne s'accordent pas avec ce tableau idyllique des premiers temps de l'humanité. Dans les années 1960, la mise au jour d'un charnier, sur la rive droite du Nil, au pied du djebel Sahaba, porte un premier coup dur aux « colombes ». Sur ce site soudanais, daté d'il y a 13000 ans au plus tard, pas moins de 61 dépouilles ont pu être identifiées. Des hommes, des femmes adultes, mais aussi des enfants, parfois très jeunes, tous inhumés dans une position caractéristique, le corps couché sur le flanc gauche, face au sud, et les mains repliées vers la tête. Un récent réexamen de cet assemblage archéologique par une équipe de paléoanthropologues français confirme les intuitions des premiers fouilleurs : ces squelettes sont ceux de chasseurs-cueilleurs de la haute vallée du Nil, tous massacrés par un groupe rival à la suite d'un (ou de plusieurs ?) affrontement dont les causes restent difficiles à élucider. En effet, sur les 61 ensembles osseux, 41 portent les marques de lésions causées par des projectiles. Dans certains cas, les pointes de flèches et de lances étaient encore fichées dans les os des victimes au moment des fouilles. Mais surtout, parmi ces atteintes corporelles, les chercheurs ont pu identifier un grand nombre de blessures cicatrisées, également causées par des objets lithiques. Ce détail prouve que les hommes qui furent enterrés là vivaient dans un environnement où les violences entre groupes de chasseurs-cueilleurs étaient fréquentes.

Les **violences collectives** ont bien existé durant la **préhistoire**, au plus tard dès le **Paléolithique supérieur.**

Plus récemment, en 2012, la découverte d'un autre charnier près du lac Turkana, au Kenya, a permis de confirmer cette impression. Au lieu-dit de Nataruk (le « lieu des vautours »), douze squelettes appartenant majoritairement à des hommes, mais aussi quatre femmes – dont l'une, enceinte, était sur le point de donner naissance –, ont été exhumés. Dix présentent des marques de blessures violentes causées par des armes. La position des victimes suggère qu'elles avaient les mains entravées au moment où le coup fatal fut porté. Cet assemblage macabre est moins ancien que celui du djebel Sahaba (environ 10000 ans avant les temps présents), mais il n'en reste pas moins antérieur à la sédentarisation néolithique et aux bouleversements sociaux entraînés par le développement de l'économie de production. Il confirme donc que les violences collectives n'avaient rien d'un phénomène exceptionnel à la fin du Paléolithique supérieur.

L'homme est-il un singe tueur ?

Mais que dire alors des époques antérieures, des quelque 300000 ans durant lesquels les sociétés d'*Homo sapiens* ont essaimé sur le globe, sans parler des représentants plus anciens du genre *Homo*, dont l'apparition remonte à quelque 2,5 millions d'années ? Sur ce point, des sociobiologistes tels que Richard Wrangham font remarquer que les chimpanzés – issus du même ancêtre commun que l'homme moderne – n'ont rien à envier à leurs lointains cousins en termes de cruauté. Sans qu'il soit possible de parler de « guerre » chez ces primates, plusieurs études minutieuses ont révélé que les chimpanzés protègent agressivement leur territoire contre les intrusions de groupes voisins et que ces patrouilles débouchent souvent sur des affrontements mortels. Ces violences entre membres d'une même espèce étaient probablement répandues chez les premiers hommes ; elles franchirent une étape nouvelle à partir du moment où la chasse armée – qui s'affirma très vite comme un privilège masculin – fit son apparition au Paléolithique moyen, peut-être même avant. Le squelette néandertalien de Shanidar III, en Irak, porte ainsi une lésion au thorax causée par un projectile tiré de face, quelque 40000 ans avant les témoignages cités plus haut. À cela s'ajoutent des vestiges anciens d'exo-cannibalisme (pratiqué sur des individus extérieurs au groupe auquel on appartient) comme ceux de la grotte du Placard (Charente), que le comparatisme ethnologique invite à considérer comme la conséquence d'actes guerriers.

Qu'est-ce que la guerre primitive ?

Nous voici donc face à l'évidence : les violences collectives ont bien existé durant la préhistoire, au plus tard dès le Paléolithique supérieur. Cela doit-il surprendre, dans la mesure où des générations d'ethnologues ont pu observer que certains des chasseurs-cueilleurs historiques pratiquaient bien la guerre, suivant des modalités et une intensité qui variaient d'une culture à l'autre ? En Australie, les Aborigènes ont vécu jusqu'en 1788 dans une situation d'isolement vis-à-vis du reste du monde. Sur ce continent entièrement peuplé de chasseurs-cueilleurs, dont les conditions d'existence matérielle n'étaient pas fondamentalement éloignées de celles du Paléolithique, la guerre est abondamment attestée. Certains conflits mobilisent des dizaines, voire des centaines de combattants et débouchent sur de véritables batailles rangées ! Pourtant, nulle richesse, nulle hiérarchie sociale n'est à observer. La plupart des conflits ont pour origine les droits sur les femmes. Le deuxième *casus belli* est l'accusation de sorcellerie que l'on porte contre un groupe voisin lorsque survient une mort suspecte au sein de la tribu. Ces affrontements récurrents ont pour conséquence des taux de mortalité anormalement élevés au regard de nos standards actuels, par exemple chez les Murngin de la terre d'Arnhem, dans le Territoire du Nord de l'Australie, où l'on observe que 30 % des hommes sont morts par homicide sur une période de 20 ans – de quoi faire passer pour dérisoires les taux enregistrés pour la Seconde Guerre mondiale dans nos modernes sociétés industrielles !

L'ethnologie nous permet-elle d'en savoir plus sur les formes que prenait la guerre à l'époque préhistorique ? Si l'on admet que les enquêtes de terrain conduites chez les chasseurs-cueilleurs historiques ont une véritable valeur comparative, on peut alors associer quelques traits caractéristiques à cette guerre « primitive ». Tout d'abord, les raids et les attaques-surprises constituent un mode opératoire privilégié, d'une efficacité redoutable. En Amérique comme en Afrique et en Océanie, ce sont

Rassemblement avant la bataille. Les images ont été prises par Robert Gardner et Karl G. Heider et ont fait l'objet d'une publication sous le titre de *Gardens of War* (Andre Deutsch, Londres, 1969). Elles militent bien évidemment en faveur d'une origine pré-étatique de la guerre.

souvent des groupes de plusieurs dizaines de guerriers qui participent à ces incursions, préférentiellement la nuit, pour surprendre et massacrer leurs ennemis aux premières lueurs du matin. La menace même de ces attaques meurtrières, dans des sociétés où les moyens de contrôle du territoire, de renseignement et de communication restent très limités, est un motif évident d'escalade dans les relations entre groupes rivaux. En revanche, les combats ouverts entre guerriers armés sont, semble-t-il, beaucoup moins létaux que chez les populations à État. Lorsque deux armées se rencontrent, la bataille se limite généralement à des échanges d'insultes et de projectiles. On en vient rarement aux mains. Lorsque mêlée il y a, elle n'est jamais très longue. Les chasseurs-cueilleurs n'éprouvent pas le besoin de s'exposer à des risques inutiles et il y a fort à parier que ce penchant pour l'agression directe et la prise de risque se soit développé dans des sociétés complexes, inégalitaires, où la valeur guerrière était devenue un moyen d'acquérir gloire et prestige.

Ce que la guerre doit aux inégalités sociales et à l'État

C'est d'ailleurs là qu'il convient de situer la véritable rupture qui s'opère entre la préhistoire et les temps historiques. Les témoignages archéologiques relatifs aux premières sociétés de producteurs sédentaires révèlent que la guerre n'est plus seulement une activité nécessaire à la survie du groupe. Alors que la figure du chef de guerre fait son apparition, la violence militaire devient un outil de coercition et de domination sociale. Des aristocraties combattantes se constituent au Moyen-Orient, en Asie et en Europe : elles se réservent l'utilisation des armes que l'on commence à fabriquer en bronze, grâce aux premiers développements de la métallurgie.

Dans ce nouvel environnement culturel où les équipements militaires sont aussi des signes distinctifs, marquant l'appartenance à un groupe social privilégié, la guerre est une façon d'assurer sa promotion, son ascension sociale. Les chefs guerriers captent la richesse, se font bâtir de grandes tombes princières dans lesquelles on les inhume avec leur attirail militaire. S'édifie ainsi une idéologie de la guerre, que l'on retrouve dans les grandes œuvres littéraires de l'âge du bronze, telles que l'*Iliade* d'Homère. Les moyens technologiques de ces sociétés, leur capacité d'organisation nouvelle, permettent aussi de mobiliser des armées plus nombreuses, plus efficaces, mieux protégées, donc plus à même de donner la mort par le choc direct. Une différence de degré plutôt que de nature vis-à-vis de la guerre préhistorique ? Cette question mérite peut-être plus d'attention que celle de l'existence des violences collectives chez nos ancêtres du Paléolithique. En effet, ce sont jusqu'aux buts de la guerre qui évoluent : on se met désormais à faire la guerre pour piller, conquérir, placer sous tribut, prendre des esclaves, placer sous domination politique, etc. Autant de motifs qui étaient absents dans les sociétés sans richesses. /

POUR EN SAVOIR PLUS

- « *New insights on interpersonal violence in the Late Pleistocene based on the Nile valley cemetery of Jebel Sahaba* », I. Crevecoeur, M. H. Dias-Meirinho, A. Zazzo et al., Scientific Reports 11:9991, 2021.
- *Justice et guerre en Australie aborigène*, C. Darmangeat, Smolny, 2021.
- *Le Sentier de la guerre. Visages de la violence préhistorique*, J. Guilaine & J. Zammit, Seuil, 2001.
- *War Before Civilization : the Myth of the Peaceful Savage*, L.H. Keeley, Oxford University Press, 1996.
- *Préhistoire de la violence et de la guerre*, M. Patou-Mathis, éd. Odile Jacob, 2013.
- *Demonic Males : Apes and the origins of human violence*, R. Wrangham & D. Peterson, Bloomsbury, 1997.

« La violence est une composante de la vie quotidienne »

Christophe Darmangeat (*ci-dessous*) est maître de conférences à l'Université de Paris. Auteur de *Justice et guerre en Australie aborigène* (Smolny, 2021), ses travaux l'ont amené à contester l'idée selon laquelle la guerre serait une invention tardive, liée à l'apparition des richesses, de l'État et des inégalités sociales.

PROPOS RECUEILLIS PAR MAXIME PETITJEAN

***DLG*: Comment les anthropologues définissent-ils la guerre ? Où placent-ils la ligne de démarcation entre de simples affrontements collectifs et ce que l'on peut légitimement appeler une « guerre » ?**

Christophe Darmangeat: C'est une question qui a fait couler beaucoup d'encre et sur laquelle il n'y a pas encore de consensus. Il serait impossible de tout résumer ici et, pour cette raison, j'encourage les lecteurs à consulter le livre de Keith Otterbein, *How War Began*, paru en 2004. Disons pour faire simple que les anthropologues se posent principalement deux questions: à partir de quand la guerre apparaît-elle dans l'histoire de l'humanité ? Et quels phénomènes sociaux pouvons-nous, dans le cadre d'un effort de définition typologique, faire correspondre à la guerre ? Sur ce dernier point, je me sens proche du point de vue de l'archéologue Bruno Boulestin, qui estime que la guerre est un « *état conflictuel entre deux ensembles distincts de personnes (groupes) qui se perçoivent globalement et réciproquement comme ennemis et entretiennent un rapport social d'hostilité, chaque groupe tentant d'établir sa supériorité sur l'autre par le moyen de la lutte armée* ». Pour Boulestin, le seuil à partir duquel un affrontement collectif devient une véritable guerre est à placer entre la faide – ou le *feud*, c'est-à-dire un système de vengeance pouvant déboucher sur des violences meurtrières – et la guerre vindicatoire. La faide cherche à rééquilibrer les comptes entre deux groupes antagonistes, elle est fondée sur la parité dans la vengeance (loi du Talion). Dans la guerre vindicatoire, l'idée de parité n'existe plus: « *S'y substitue celle d'infliger le plus de dégâts possibles. Quand dans la faide on recherchait l'équilibre, dans la guerre on cherche la victoire, c'est-à-dire à dominer.* » De mon point de vue, cette définition permet de sortir du débat sur le rapport entre guerre et unité politique, qui reste une clé de lecture privilégiée par de nombreux anthropologues. Le bon critère ne réside pas dans la nature des unités sociales en cause, mais dans l'objectif de l'affrontement.

À quoi ressemble une guerre caractéristique dans l'Australie aborigène ? Quels sont les effectifs mobilisés ? Comment se déroule une bataille rangée ? Peut-on parler d'organisation tactique ?

Il y a différents scénarios possibles. À partir de 1788, l'attention des colons blancs s'est surtout focalisée sur des batailles ritualisées qui sont en fait des duels collectifs, et qu'il serait difficile d'assimiler à la guerre. L'objectif de ces batailles est de vider une querelle, pas de causer un maximum de dommages à l'ennemi. Les véritables guerres peuvent, elles, déboucher sur des batailles rangées. Mais on recourt plus volontiers au raid ou à l'embuscade, deux procédés reposant sur l'effet de surprise. Conduites avec

Dans la société australienne aborigène, la guerre et la religion sont deux sphères rigoureusement distinctes.

succès, ces opérations très meurtrières peuvent entraîner l'extermination d'un groupe voisin. Elles font participer quelques dizaines de guerriers tout au plus, avec des mouvements coordonnés et une répartition des rôles que l'on peut considérer comme un embryon d'organisation tactique, sans qu'il n'y ait pour autant d'unités au sens moderne du terme, c'est-à-dire une véritable division du travail militaire. Des éclaireurs et des espions fournissent les renseignements nécessaires aux déplacements de l'armée. On utilise des cartes et des signaux de fumée pour se transmettre les informations importantes. Des leaders militaires sont également attestés. Ils sont plébiscités pour leurs compétences et reconnus comme tels par l'ensemble du groupe. Une tactique bien attestée, qui nécessite sang-froid et coordination, consiste à encercler un campement ennemi. L'armée se divise en deux colonnes. Chaque colonne est menée par un guerrier muni d'une coiffe visible de loin. Ces deux meneurs sont chargés de donner le signal de l'assaut aux autres hommes, une fois que le dispositif est en place. En revanche, aucune fortification n'a été repérée chez les Aborigènes d'Australie. Ce sont des groupes mobiles qui ne construisent pas d'ouvrages défensifs.

Quelles sont les armes utilisées par les Aborigènes pour le combat ? Sont-elles différentes des armes de chasse ?

En guise d'équipement défensif, les Aborigènes se contentent d'utiliser des boucliers en bois, qui sont de deux sortes : un bouclier plat et ovale, qui sert à se protéger contre les projectiles légers, et un bouclier plus étroit et plus épais, destiné à parer les coups de massue. Pour ce qui est de l'armement offensif, on distingue principalement les armes contondantes et les armes perçantes. Dans la première catégorie figurent la massue (appelée *nulla-nulla*), le bâton de jet (dont le boomerang, dans sa variante qui ne retourne pas vers le lanceur), les épées (en bois toujours). Dans la seconde catégorie figurent des lances de toutes sortes, projetées directement avec le bras ou avec l'aide d'un propulseur. Certaines lances sont de conception très élaborée et sont utilisées exclusivement pour le combat. C'est le cas des *death spears*, les « lances de la mort », qui ont été très tôt identifiées par les colons comme des armes redoutables. À la pointe de ces lances, on fixait divers éléments avec de la résine (coquillages, pierres coupantes…), le double effet recherché étant à la fois d'augmenter la sévérité de la blessure en déchiquetant les chairs, et de provoquer des infections, l'extraction de la lance pouvant laisser des corps étrangers à l'intérieur de la blessure.

Les femmes aborigènes participent-elles à la guerre ?

Dans toutes les sociétés de chasseurs-cueilleurs, les hommes ont le monopole des armes, à commencer par les armes de chasse. Cela se vérifie aussi bien en ethnologie que dans les sociétés du Paléolithique supérieur. Une étude récente portant sur un large échantillon de squelettes préhistoriques montre par exemple que l'enthésopathie au bras droit (une anomalie ostéoarticulaire provoquée par le lancer d'armes de jet) est présente uniquement sur les squelettes mâles. Il existe une division sexuée du travail, qui réserve la pratique de la chasse aux hommes, et la cueillette/collecte aux femmes. La guerre, qui nécessite l'utilisation d'armes, s'est donc naturellement imposée comme une activité à dominante masculine. Néanmoins, les femmes peuvent y prendre part sans participer aux combats. Elles encouragent les combattants, les incitent même parfois à entrer en guerre. Sur le champ de bataille, elles peuvent aussi ramasser les projectiles tombés au sol pour réapprovisionner l'armée. Plus rarement, elles se battent entre elles avec leurs bâtons à fouir.

Quelle est la place de la religion dans les guerres aborigènes ?

Elle est pour ainsi dire inexistante. Les Aborigènes ne font pas la guerre pour imposer leurs dieux, ni même en les invoquant. Et pour cause : ils n'en ont pas. Ils reconnaissent l'existence d'entités surnaturelles, à l'origine de la création du monde, mais ces entités n'interviennent pas dans la guerre, ni même dans aucune autre activité sociale. Elles ne sont jamais invoquées. La guerre et la religion sont deux sphères rigoureusement distinctes.

Existe-t-il une « idéologie guerrière » au sein de ces sociétés ?

Dans les sociétés de chasseurs-cueilleurs qui pratiquent la guerre, le courage au combat et l'habileté guerrière sont certainement valorisés. Cela fait partie des qualités attendues d'un homme. La capacité à faire face à la menace d'une agression physique est une préoccupation de tous les instants, car la violence est une composante de la vie quotidienne. C'est la raison pour laquelle les hommes ne se déplacent jamais sans leurs armes, même pour les trajets les plus courts. Néanmoins, même si la méfiance et l'insécurité amènent fatalement à valoriser les aptitudes militaires, il peut paraître excessif de parler d'idéologie guerrière dans le sens où ces valeurs ne sont pas primordiales dans l'éducation d'un jeune homme. Elles ne servent pas non plus à façonner l'identité d'un groupe de guerriers professionnels, qui chercherait à se distinguer du reste de la société.

Dans les sociétés sans richesses, la guerre est-elle fondamentalement différente de ce qu'elle est dans les sociétés « néolithisées » ? De la même manière, peut-on établir ce type de distinction pour les sociétés avec et sans État ?

Dans les sociétés étatiques, l'État a le monopole de la guerre. Il la déclare et oblige ses sujets ou ses citoyens à y participer. Dans les sociétés sans État, il n'y a pas d'obligation juridique d'aller à la guerre, pas de contrainte au sens de coercition politique, mais plutôt des raisons sociales d'y participer, parfois très incitatives. Même si l'on va à la guerre pour un motif qui ne nous concerne pas directement, la solidarité que l'on témoigne aux autres en y participant est une solidarité que les autres nous témoigneront en retour lorsqu'il faudra compter sur eux. En revanche, il est beaucoup plus difficile de savoir quels sont les changements provoqués par l'arrivée de la richesse dans le jeu social, ce qui est précisément un aspect majeur de la Révolution néolithique. Certaines sociétés qui attribuent une valeur aux biens matériels ne font pas la guerre pour piller des richesses, d'autres oui. Je m'interroge sur les raisons de ces variations et n'ai pour l'heure trouvé aucune réponse satisfaisante à ce sujet.

Certains préhistoriens hostiles à toute perspective évolutionniste nient la valeur scientifique du comparatisme ethnologique. Dans quelle mesure le fait de prouver que la guerre existe chez les chasseurs-cueilleurs récents revient-il à démontrer qu'elle avait de grandes chances d'exister chez les populations du Paléolithique ?

Certains chercheurs refusent effectivement d'opérer tout rapprochement entre les sociétés actuelles de chasseurs-cueilleurs et les sociétés préhistoriques. Leur réticence est, *a priori*, fondée sur une intuition louable : il ne fait aucun doute que les sociétés primitives étudiées par les ethnologues sont différentes des sociétés préhistoriques. À vrai dire, les sociétés du Paléolithique étaient aussi toutes différentes les unes des autres. De là à affirmer que rien de ce que l'on observe dans les sociétés de chasseurs-cueilleurs d'aujourd'hui n'est généralisable aux chasseurs-cueilleurs du Paléolithique, il y a un monde. L'argument des anthropologues évolutionnistes, tels que Lewis Morgan, était de dire que toutes les sociétés humaines passent par différents stades d'organisation sociale, de l'état sauvage à la civilisation. Si cette typologie des sociétés a pu être critiquée dans le détail, et à bon droit, il me semble qu'il ne faut pas jeter le bébé avec l'eau du bain. Les chasseurs-cueilleurs partagent des traits communs qui peuvent permettre de les regrouper dans une même catégorie. Par conséquent, si l'on prouve que la guerre existe dans des sociétés étudiées par les ethnologues, pour des raisons indépendantes du contact avec des sociétés plus avancées, on prouve *ipso facto* qu'un certain type de structure sociale est compatible avec l'exercice de la guerre. Or, nul doute que la guerre était pratiquée par les Aborigènes d'Australie, et même par beaucoup d'autres sociétés de chasseurs-cueilleurs, notamment en Amazonie.

À la lumière des données archéologiques et ethnologiques, le phénomène guerre semble bien se perdre dans la nuit des temps. Comment expliquer l'obstination de certains chercheurs à y voir une innovation du Néolithique ou de l'âge du bronze ?

De prime abord, c'est un raisonnement séduisant, car il semble coller aux données. Les traces archéologiques de la guerre sont effectivement très rares avant le Néolithique. Mais l'absence de preuve n'est pas une preuve d'absence. Et l'exemple de l'Australie aborigène montre que la guerre chez les chasseurs-cueilleurs qui ne connaissaient pas la métallurgie ne pouvait pas laisser de témoins archéologiques pour la simple et bonne raison que les armes étaient fabriquées en matériaux périssables !

Il y a aussi quelque chose de très rassurant dans ce raisonnement : si l'on montre qu'il y a eu une période de l'histoire humaine où la guerre n'existait pas, celle-ci n'est plus une fatalité mais constitue plutôt une anomalie, ce qui ouvre la perspective de sa disparition dans l'avenir. Cela me semble être un raisonnement naïf. Ce n'est pas parce que la guerre se perd dans la nuit des temps, ou qu'elle est un trait adaptatif indissociable de l'évolution humaine, que l'on ne peut pas éduquer les gens à ne plus la faire ou que l'on doit renoncer à tout projet de paix perpétuelle. D'ailleurs, le problème de l'origine de la guerre n'est pas seul en cause. Dans le domaine de la paléoanthropologie, un rejet similaire des données scientifiques se retrouve autour de la question du matriarcat primitif et de la condition féminine. /

Sud-Liban, 29 juillet 2006 : des parachutistes israéliens ramènent un de leurs blessés à l'issue d'un affrontement très dur avec le Hezbollah. C'est à la suite de ce conflit – dans lequel une milice mélange guérilla et matériel sophistiqué – que le concept de « guerre hybride » connaît une ascension médiatique.

CHRISTOPHER FURLONG/GETTY IMAGES EUROPE/GETTY IMAGES VIA AFP

La guerre hybride objet doctrinal non identifié

La « guerre hybride » naît trois fois. D'abord en novembre 2005, en pleine guerre d'Irak. Paraît alors dans la revue de défense *Proceedings*, l'une des plus prestigieuses outre-Atlantique, un article cosigné par deux officiers des Marines, et intitulé « Conflictualité future : l'émergence des guerres hybrides* ». Le premier auteur, le général James A. Mattis, est l'ancien commandant de la 1re division de Marines en Irak et dirige alors l'instance de prospective opérationnelle et doctrinale du *Marine Corps* ; il sera plus tard secrétaire à la Défense de Donald Trump. Le second est Frank Hoffman, colonel en retraite et l'un des « intellectuels militaires » les plus prolifiques de sa génération. Aux États-Unis, il est courant d'user de ce type de publication « théorique » pour influer sur les débats budgétaires, chez les Marines en particulier. L'article paraît d'ailleurs à la veille de l'élaboration d'un nouveau cadre de planification des choix américains en matière de défense : la *Quadriennal Defense Review*, document politique aux déclinaisons bien concrètes en matière budgétaire.

Le concept de « guerre hybride » est défini par les auteurs comme « *la combinaison d'approches nouvelles – une fusion de différentes méthodes et moyens de* [faire la] *guerre. Cette synthèse sans précédent est ce que nous appelons la guerre hybride* ». La réponse à ces nouvelles guerres serait d'étendre la « guerre des trois blocs » théorisée à la fin des années 1990 par un autre Marine, le général Charles Krulak. Pour illustrer son propos, Krulak avait utilisé l'image d'un complexe d'immeubles. Il s'agit aujourd'hui, écrivait-il, de combattre dans un des « blocs », d'agir en humanitaire dans un autre et en « policier international » séparant des factions hostiles dans

Discours officiels politiques et militaires, rapports de *think tanks* et d'instituts divers y font référence avec régularité. Pourtant, près de quinze ans après sa naissance, il n'existe pas de définition claire du concept de « guerre hybride ». Validant ainsi celle du dictionnaire de l'Académie française : « *hybride : ce qui est composé d'éléments d'origines ou de natures différentes* [...] *d'une nature composite et mal définie* ». La guerre hybride apparaît en fait comme le reflet du désarroi de la théorie militaire occidentale contemporaine.

PAR BENOIST BIHAN, STRATÉGISTE

un troisième. Mattis et Hoffman se contentent d'ajouter un « quatrième bloc », celui des « *opérations psychologiques et sur l'information* ». Rien de bien révolutionnaire… En fait, leur article sert, très prosaïquement, à demander un rééquilibrage des budgets entre deux types d'investissement : d'une part, dans les programmes de très haute technologie lancés depuis les années 1990, envisagés comme l'aboutissement de la « transformation » des forces armées sous l'effet d'une « révolution (technique) dans les affaires militaires » – avions furtifs, capteurs ultra-performants, munitions guidées et technologies de l'information ; d'autre part dans les capacités de combat plus traditionnelles, alors mises à l'épreuve face aux insurgés irakiens. Les deux auteurs plaident en faveur du renforcement du second volet de l'hybridité telle qu'ils la conçoivent. Si l'article fait un petit peu de bruit, le concept qu'il promeut ne connaît pas le succès.

Aussi la vraie naissance de la « guerre hybride » comme cadre théorique de la conflictualité contemporaine attend-elle encore quelques mois. C'est à l'été 2006, en effet, que se noue une convergence d'événements qui donne une nouvelle force à l'article paru l'année précédente. La situation en Irak, d'abord, continue de se dégrader ; l'armée américaine semble désemparée devant un pays qui sombre dans une guerre civile sanglante, à base de disputes tribales et de massacres aux motivations ethno-religieuses. Au même moment, en Afghanistan, se dessine une autre crise. Les contingents de l'OTAN déployés après la déroute des talibans se sont égarés dans l'idée qu'ils menaient une simple mission de maintien de la paix. En réalité, bien que défaits, les talibans ont reconstitué leurs capacités et, depuis leur sanctuaire pakistanais intact, sont passés à la contre-offensive. Le retour à la réalité est brutal pour les troupes occidentales. L'armée britannique, particulièrement malmenée dans la province du Helmand dans le sud du pays, évoque les plus violents combats depuis la guerre de Corée ; ses soldats rebaptisent la province « *Hell-Land* ». Leur puissance de feu écrasante évite le pire aux soldats de l'OTAN parfois littéralement assiégés dans leurs postes : chaque section d'infanterie dispose de l'équivalent du volume de feu d'une division de 1944, principalement du fait de l'aviation à laquelle les talibans n'ont pas de réponse. Malgré cette débauche de technologie, ces derniers se montrent capables de provoquer la surprise et de s'adapter aux capacités de leurs adversaires en usant de moyens comparables à ceux des insurgés irakiens : engins explosifs improvisés (IED), attaques suicides souvent « sous-traitées » à des jihadistes étrangers… Vu du côté occidental, la guerre irrégulière semble soudain flirter avec la « haute intensité » que l'on pensait jusqu'ici réservée aux conflits entre États.

Tsahal, accoucheuse malgré elle de la « guerre hybride »

Le choc décisif viendra d'Israël. En juillet 2006, le Hezbollah libanais tue huit soldats israéliens et en capture deux autres à l'issue d'une embuscade audacieuse à l'intérieur de l'État hébreu. Le gouvernement et l'état-major décident alors de régler son compte à l'organisation chiite alimentée en armes modernes par la Syrie et l'Iran. Les Israéliens sont confiants. Certes, le Hezbollah est d'un autre niveau tactique que les organisations palestiniennes qu'ils affrontent au quotidien ; mais, au Liban, ils escomptent pouvoir mener une campagne d'une autre ampleur, en faisant largement appel aux moyens de frappe, notamment aériens, les plus sophistiqués – précisément ceux vantés par la « révolution dans les affaires militaires » citée par Mattis et Hoffman. La désillusion sera cruelle.

Malgré un nombre de sorties aériennes supérieur à celui de la guerre du Kippour (pourtant menée contre les armées combinées de l'Égypte et de la Syrie et sur deux fronts simultanément), le Hezbollah fait mieux qu'encaisser les coups. Non content d'entretenir un barrage de roquettes ininterrompu sur le nord d'Israël, il inflige à Tsahal un revers lorsque celle-ci, devant l'échec manifeste des bombardements, se résout début août à une offensive terrestre au Sud-Liban. S'attendant à des miliciens peu armés usant de tactiques de guérilla, à l'instar des Palestiniens, les Israéliens rencontrent une infanterie bien encadrée, bien entraînée, bien retranchée dans des positions soigneusement fortifiées et camouflées et surtout faisant un usage abondant et efficace d'armes modernes, notamment de missiles antichars. Ces moyens neutralisent la manœuvre israélienne qui repose trop sur l'invulnérabilité supposée des blindés. Déshabitués du combat interarmes, les Israéliens font montre d'une certaine légèreté, ce qui leur vaut de déplorer plus d'une centaine de tués et 1 200 blessés en 34 jours de combats.

Irak, Afghanistan, Liban : l'année 2006 voit les contingents occidentaux et israéliens en plein désarroi face à des acteurs non-étatiques.

La « guerre hybride » post-2014 devient un amalgame de l'ensemble des outils de politique étrangère à des fins agressives.

Le Hezbollah se paie même le luxe d'endommager une corvette à l'aide d'un missile antinavire, le bâtiment israélien n'ayant pas daigné activer ses systèmes de défense. Même si les pertes du Hezbollah sont supérieures (environ 500 tués), le succès symbolique remporté par le mouvement libanais est indéniable. Au-delà du prestige écorné des forces israéliennes, c'est le mythe de la « révolution dans les affaires militaires » qui achève de se briser. C'est aussi l'idée de la prévalence de conflits désormais exclusivement irréguliers qui démontre sa fausseté.

Au cours des deux années qui suivent, le colonel Frank Hoffman, cette fois seul, remet en avant son idée de « guerre hybride ». Mais il altère une première fois le sens du concept : là où, en 2005, il s'agissait d'attaquer l'obsession pour le tout-technologique au détriment d'une approche plus globale des conflits – sociale, principalement, dans la lignée des doctrines de contre-insurrection –, en 2007 il s'agit au contraire d'annoncer un mélange des genres : ceux de la technologie militaire la plus avancée – les missiles du Hezbollah – et de la nature irrégulière – entendre, non-étatique – des acteurs la mettant en œuvre. On le voit, il ne s'agit plus de la même « hybridité » ! Les écrits de Hoffman alimentent, cette fois, les débats : le terme fait son apparition chez les officiels américains et se répand dans d'autres armées, sans toutefois s'imposer. L'affaire aurait d'ailleurs pu en rester là, et la « guerre hybride » rejoindre la longue liste des *buzz words*, ces concepts éphémères sur lesquels les groupes d'intérêts au sein du monde militaire américain appuient leur « marketing » – toujours en vue d'emporter le meilleur morceau dans les âpres débats budgétaires. C'était compter sans… les Russes !

En 2014, l'éclatement de la guerre civile ukrainienne et la conquête éclair de la Crimée par la Russie occasionnent en effet un renouveau du concept. Cette troisième naissance donne à la « guerre hybride » une forme encore différente. Cette fois, il s'agirait de l'emploi par un État – en l'occurrence, la Russie – d'une combinaison de moyens divers, pas uniquement ni principalement militaires, pour déstabiliser politiquement et socialement un adversaire et lui imposer sa volonté… sans nécessairement franchir le seuil du conflit ouvert. Cette troisième itération du concept fait de la « guerre hybride » une forme contemporaine de la « subversion » chère à la guerre froide, mais dans laquelle les réseaux mafieux instrumentalisés par le FSB auraient remplacé les « cinquièmes colonnes » communistes. Quand Hoffman voyait après 2006 l'hybridation dans le divorce apparent entre la nature politique – étatique ou non – d'une force et son niveau d'équipement, la guerre hybride post-2014 devient un amalgame de l'ensemble des outils de politique étrangère à des fins agressives – on oserait presque dire maléfiques, tant les descriptions faites à l'époque évoquent plus le SPECTRE des *James Bond* que la politique d'un État réel, fut-il dirigé par Vladimir Poutine. Ces mutations rapides du concept n'empêchent pas l'OTAN de mettre dorénavant la guerre hybride au centre de ses documents doctrinaux. Le flou de la notion offre au moins l'avantage de réconcilier les priorités en réalité très diverses des nations membres en matière de défense.

Le triomphe du marketing doctrinal

Ces arrière-pensées – budgétaires aux États-Unis, diplomatiques au sein de l'OTAN – sont décisives dans le succès de la « guerre hybride ». Si l'imprécision, voire la vacuité du concept le rendent, en définitive, de peu d'utilité opérationnelle, elle fonde en revanche son succès comme outil de communication et de *marketing* militaire : chacun peut y glisser sa préoccupation du moment. Le mot fait alors florès notamment dans de grandes organisations internationales.

Aux États-Unis, les enjeux recouverts par « l'hybridité » sont plus directement liés aux luttes de factions au sein du Pentagone. En novembre 2005, la parution de l'article de Mattis et Hoffman pouvait à cet égard se lire comme une critique directe de la ligne adoptée par Donald Rumsfeld, alors secrétaire à la Défense. Derrière l'affirmation de guerres « hybrides » qui nécessiteraient de revenir à des armées aptes à faire face simultanément à plusieurs catégories d'adversaires et de missions, se déployait en réalité une critique directe de la réduction drastique des effectifs initialement prévus pour l'invasion de l'Irak imposée par le même Rumsfeld, au motif que la supériorité technologique américaine réduirait le besoin de *boots on the ground*.

La redite de 2007-2008, au lendemain de la guerre contre le Hezbollah, bien qu'elle se déploie d'abord sous la plume du même auteur, peut se lire comme une volonté de modérer ceux que l'on baptise alors les *coindinistas* : ce groupe qui, au sein du Pentagone, est alors en train de faire de la contre-insurrection la seule forme de guerre future. Ceux-là s'opposent directement aux intérêts plus conservateurs de la *Big Army*, qui ne s'imagine pas être dépossédée de ses chars et de son artillerie au prétexte que le Hezbollah aurait, une fois, su entraver une offensive mécanisée de Tsahal. Le niveau d'armement de la milice libanaise sert au contraire à restaurer l'utilité de ces forces mécanisées précédemment mises à mal par la guérilla urbaine irakienne et le crapahut dans les montagnes afghanes. Quant à la Russie, par-delà le besoin interne de consensus de l'OTAN, agiter le spectre d'une « guerre hybride » tous azimuts menaçant la fabrique même des sociétés d'Europe occidentale est commode pour implanter chez tous les alliés l'idée d'une résurrection du péril à l'Est. Bref, la « guerre hybride » est d'abord un formidable outil de communication, qui permet aussi de donner une cohérence de façade à des politiques de défense en réalité de plus en plus écartelées entre des missions de nature variée, et ce sans avoir à les prioriser. C'est la raison principale de son succès en France, où elle s'énonce plus comme « menace hybride » que comme forme de guerre. Le caractère protéiforme des menaces est bien réel mais, au lieu de les sérier et d'accorder à chacune un degré de priorité, on mêle tout dans « l'hybride ». Ce qui permet de justifier la préservation d'un « modèle d'armée complet », donc apte à faire face à tout et qui doit permettre, le jour venu, une « remontée en puissance ». Derrière le mot se cachent encore une fois des batailles budgétaires, d'ailleurs justifiées vu la saignée subie par les capacités militaires nationales, mais qui n'aident en rien à doter « l'armée complète » des capacités à penser la guerre – et donc à élaborer des stratégies.

L'étiolement de la pensée militaire

Par-delà l'instrumentalisation de concepts théoriques douteux pour des motifs institutionnels, au fond assez classique et nullement réservée au monde militaire – cet objectif fonde pour l'essentiel l'industrie du conseil en management –, le concept de « guerre hybride » met en évidence une dynamique plus grave, à l'œuvre depuis plusieurs décennies dans toute la pensée militaire occidentale, principalement sous l'influence américaine : l'appauvrissement progressif de la réflexion sur la *conduite* de la guerre. On délaisse la réflexion stratégique au profit de caractérisations davantage *descriptives* qui reposent sur l'élaboration de typologies fonctionnant souvent en binôme : guerre régulière et irrégulière, conventionnelle et non-conventionnelle, de haute ou basse intensité, etc. Comme la réalité est plus complexe, ces typologies approximatives invitent à inventer de nouvelles catégories qu'on voudrait plus précises et plus complètes. Et la liste ne cesse de s'allonger…

De ce point de vue, la « guerre hybride » apparaît comme une tentative pour alléger la litanie des catégories de conflits, en en inventant une nouvelle qui, parce qu'elle se refuse à être clairement définie, permettrait de classifier plus aisément des guerres véritables. Mais elle reprend en fait la même démarche, et pose les mêmes problèmes : il s'agit toujours de chercher à faire rentrer la guerre dans une case théorique, de faire ressembler la réalité à un modèle normé *a priori*, sans prendre en compte son caractère dynamique. Les « empires du management », selon l'expression de l'historien Pierre Legendre, que sont devenues les sociétés occidentales sous l'influence du déploiement de cette science outre-Atlantique ont besoin de concepts, y compris militaires, qui s'adaptent aux présentations PowerPoint®…

La « guerre hybride » n'émerge pas de n'importe quel lieu d'élaboration. Le corps des Marines joue, à cet égard, dans l'évolution des doctrines militaires occidentales un rôle important et méconnu, en tout cas en Europe. Depuis les années 1980, les Marines se sont fait les apôtres de l'idée selon laquelle la conflictualité ne serait pas définie par la rencontre entre un contexte politique local – celui du conflit considéré – et un état de ressources, l'art étant de définir à leur intersection une modalité d'emploi victorieux de la force – à savoir une stratégie. Les penseurs du *Corps* préfèrent émettre des considérations plus globales sur l'évolution des sociétés humaines et, partant, de la guerre. Inspirées par divers travaux en vogue, ces théories entendent aboutir à une description de « l'état de l'art » en matière militaire à un moment donné, d'où il serait possible d'extraire une théorie générale propre à ce moment.

L'un des promoteurs de cette approche, un civil très proche des Marines, William S. Lind, a ainsi élaboré l'idée d'une succession de « générations » de guerres modernes. La « 1re génération » serait la guerre napoléonienne, la « 2e génération » la guerre industrielle de masse type 1914-1918, la « 3e génération », sous l'effet des technologies de la mobilité, correspondrait à la *Blitzkrieg*. Dans les années 1980, les Marines ont d'ailleurs cherché explicitement, au travers de la doctrine de *maneuver warfare* (« guerre de manœuvre »), à se transformer en force de « 3e génération ». Après la fin de la guerre froide, Lind prolongera cette description en proclamant l'avènement d'une « 4e génération », sous l'influence des technologies de l'information, de la globalisation encore naissante et de l'éclatement des sociétés en réseaux : il annonce l'émergence de guerres « néotribales » de haute technologie. Lind, ce n'est pas un hasard, fut l'un des mentors d'Hoffman dont la « guerre hybride » emprunte beaucoup à la « guerre de 4e génération ».

Cette approche est très discutable, en particulier du point de vue de ses fondements historiques. La Wehrmacht, par exemple, évoque autant une armée du XIXe siècle égarée à l'ère industrielle que l'avant-garde

Le concept de « guerre hybride » met en avant une **dynamique** grave : l'appauvrissement progressif de la réflexion sur la **conduite de la guerre.**

de la « guerre de manœuvre ». Le propre de la théorie de Lind est de réduire la guerre à un *environnement*, et sa conduite à un processus d'adaptation à cet environnement. Générations successives, typologies duales, « guerre hybride », toutes ces approches évacuent la dimension des buts politiques de la guerre au profit d'une description des seuls moyens, capacités et modes d'action posés sur un substrat sociologique mais jamais politique. La stratégie devient alors une simple capacité *d'adaptation* quasiment darwinienne, sans que la question des fins – et donc, de la politique – intervienne dans l'équation.

L'exemple du Nord-Viêtnam

Si cela s'entend au plan tactique, de telles approches s'égarent lorsqu'elles tentent de penser « l'emploi des combats favorablement à la guerre ». Comment en effet élaborer une stratégie sans poser la question de ses buts politiques ? Comment comprendre, et donc comment espérer vaincre, un adversaire en le réduisant à ses seules caractéristiques fonctionnelles, fussent-elles mêlées d'analyses sociologiques ? C'est d'autant moins pertinent que les caractéristiques militaires d'un adversaire peuvent changer sans que sa stratégie en soit affectée. Il suffit de réfléchir à l'exemple du Nord-Viêtnam qui, tout au long de la guerre qu'il mène pour s'emparer du Sud, a alterné l'emploi de la guérilla – le Viêt-công – et de son armée régulière, livré simultanément une défense aérienne classique de son territoire et fini par l'emporter en lançant contre le Sud une offensive mécanisée tout à fait « conventionnelle ». Le tout, sans jamais avoir varié d'un iota quant à ses buts de guerre. Avoir qualifié la guerre du Viêtnam de « guerre hybride » n'aurait rien changé à l'issue du conflit. Celle-ci a été décidée par l'importance relative de l'enjeu politique entre Hanoï et Washington, et, surtout, par l'incapacité du Sud-Viêtnam à perdurer comme État viable – un problème qui n'a rien à voir avec la catégorisation de la guerre et qui s'est posé à l'identique en Irak et en Afghanistan. La « guerre hybride », dernière-née des catégorisations de la guerre, est bien, comme toutes les autres, une impasse intellectuelle, un concept qui, alors que c'est son but proclamé, n'aide ni à comprendre ni à gagner les guerres auxquelles il est susceptible de s'appliquer.

Dans ses versions les plus récentes, la « guerre hybride » va plus loin et pose un autre problème, aux conséquences potentielles plus graves. Selon les propos tenus en 2015 par le général Breedlove, alors commandant des forces de l'OTAN en Europe, le concept est désormais étendu à « *l'usage du sabotage politique, de la pression économique, des opérations de renseignement* », sans oublier le « cyber » et la tout aussi peu précise « guerre de l'information », l'ensemble fusionnant dans « *un continuum de menaces, incluant des méthodes non-conventionnelles et conventionnelles, (...) auquel nous nous référons communément comme la guerre hybride* ». Nous voici loin au-delà du domaine militaire ! Étrange théorie qui inclut des outils traditionnellement compris comme des moyens de la diplomatie – la pression économique, par exemple, ou le renseignement – et qui ne constituent en aucun cas des actes de *guerre*.

Il y a de ce fait fort à craindre que la « guerre hybride »ne témoigne surtout, au sein des gouvernements et des armées des sociétés démocratiques, d'une dangereuse inversion des termes de la fameuse « formule » de Clausewitz selon laquelle « *la guerre n'est rien d'autre que la poursuite de la relation politique par d'autres moyens* ». Désormais, la seule réalité serait une « compétition » dont le caractère « hybride » aurait pour effet principal d'effacer la différence entre guerre et paix. C'est oublier que si guerre et paix ont bien une logique unique, celle de la politique, leurs grammaires sont différentes. Les confondre aboutit à voir la guerre partout – et accroît dangereusement le risque d'y plonger *vraiment*, y compris lorsqu'il aurait été plus sage de l'éviter, et de surcroît avec un logiciel erroné : celui de guerres réduites au « conflit armé », à ses méthodes et ses moyens, mais dénué de toute intelligence politique – et donc, de conduite stratégique. Cette description, il est vrai, pourrait coller à la conduite occidentale de toutes les guerres depuis 1991 : des luttes de tacticiens perdus sans la boussole de la stratégie, faute il est vrai de disposer de buts de guerre clairement définis par le politique. C'est bien là, et non dans les difficultés techniques posées par une « hybridité » en réalité normale et de tout temps, que réside le problème essentiel des guerres contemporaines : comment les gagner en l'absence d'intelligence politique pour les conduire ? /

* *James A. Mattis and Frank G. Hoffman, « Future Warfare: The Rise of Hybrid Wars », in* Proceedings, *vol. 132/11, US Naval Institute, novembre 2005.*

Hubert Védrine
« Je me méfie de l'exaltation »

L'on connaît le questionnaire de Proust, qui entendait sonder les âmes. Quand le futur écrivain y répond, en 1890, il effectue un volontariat d'un an au 76e régiment d'infanterie à Orléans. Ce détail encouragea *De la guerre* à lancer un questionnaire de Clausewitz dans l'espoir de dévoiler un pan de l'imaginaire militaire de notre invité.

PROPOS RECUEILLIS PAR **JEAN LOPEZ**

AFP/PHOTO JEAN-PIERRE MULLER

La bataille du passé à laquelle vous auriez voulu participer ?
Le Débarquement. Mais évidemment cela n'est pas pareil d'être Eisenhower où un GI débarquant à Omaha Beach !

Le fait militaire que vous admirez le plus ?
Je ne suis pas un professionnel et donc mon avis n'aurait pas de valeur. Un ami général me suggère : la campagne d'Allemagne et d'Autriche de 1805 (Ulm et Austerlitz), chef-d'œuvre tactique. Napoléon à son apogée tactique.

Le grand capitaine que vous admirez le plus ?
Hannibal.

La qualité majeure d'un chef d'État en guerre ?
Un chef d'État en guerre n'est pas qu'un chef de guerre, mais un chef d'État, et donc sa qualité majeure – sa responsabilité – est de penser la suite, politique.

La bataille la plus importante du xxe siècle ?
Peut-être la bataille de la Marne ? Ou celle de Stalingrad ? Dans les deux cas, si l'issue n'avait pas été celle que l'on connaît, cela changeait la suite de l'histoire.

Le moment le plus glorieux de l'histoire de France ?
L'Édit de Nantes.

Le principal obstacle à l'entente entre deux nations ?
L'obstination de chefs guerriers belliqueux, mais aussi les passions populaires.

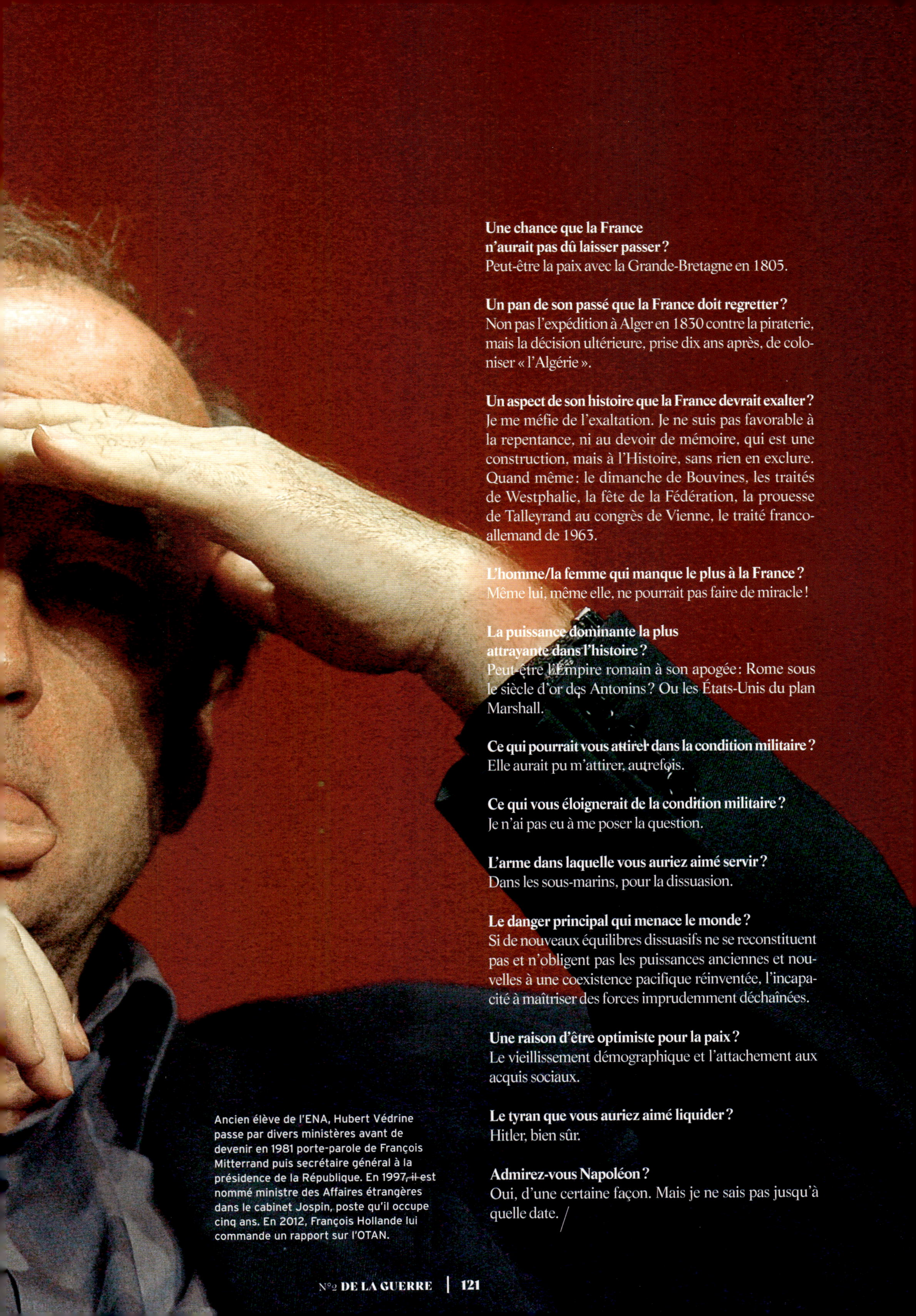

Une chance que la France n'aurait pas dû laisser passer ?
Peut-être la paix avec la Grande-Bretagne en 1805.

Un pan de son passé que la France doit regretter ?
Non pas l'expédition à Alger en 1830 contre la piraterie, mais la décision ultérieure, prise dix ans après, de coloniser « l'Algérie ».

Un aspect de son histoire que la France devrait exalter ?
Je me méfie de l'exaltation. Je ne suis pas favorable à la repentance, ni au devoir de mémoire, qui est une construction, mais à l'Histoire, sans rien en exclure. Quand même : le dimanche de Bouvines, les traités de Westphalie, la fête de la Fédération, la prouesse de Talleyrand au congrès de Vienne, le traité franco-allemand de 1963.

L'homme/la femme qui manque le plus à la France ?
Même lui, même elle, ne pourrait pas faire de miracle !

La puissance dominante la plus attrayante dans l'histoire ?
Peut-être l'Empire romain à son apogée : Rome sous le siècle d'or des Antonins ? Ou les États-Unis du plan Marshall.

Ce qui pourrait vous attirer dans la condition militaire ?
Elle aurait pu m'attirer, autrefois.

Ce qui vous éloignerait de la condition militaire ?
Je n'ai pas eu à me poser la question.

L'arme dans laquelle vous auriez aimé servir ?
Dans les sous-marins, pour la dissuasion.

Le danger principal qui menace le monde ?
Si de nouveaux équilibres dissuasifs ne se reconstituent pas et n'obligent pas les puissances anciennes et nouvelles à une coexistence pacifique réinventée, l'incapacité à maîtriser des forces imprudemment déchaînées.

Une raison d'être optimiste pour la paix ?
Le vieillissement démographique et l'attachement aux acquis sociaux.

Le tyran que vous auriez aimé liquider ?
Hitler, bien sûr.

Admirez-vous Napoléon ?
Oui, d'une certaine façon. Mais je ne sais pas jusqu'à quelle date. /

Ancien élève de l'ENA, Hubert Védrine passe par divers ministères avant de devenir en 1981 porte-parole de François Mitterrand puis secrétaire général à la présidence de la République. En 1997~~, il~~ est nommé ministre des Affaires étrangères dans le cabinet Jospin, poste qu'il occupe cinq ans. En 2012, François Hollande lui commande un rapport sur l'OTAN.

AKG

Des milliers de corolles tombant du ciel : les Crétois sont les premiers civils européens à voir se déployer toute une division de parachutistes. Jusque-là, cette arme n'avait été employée que par petits paquets pour des actions commandos, en Norvège, aux Pays-Bas et en Belgique.

Opération Merkur une victoire pas si désastreuse

En mai 1941, pour la première fois dans l'histoire, un territoire est conquis du seul fait d'unités parachutistes appuyées par l'aviation. La prise de la Crète est un authentique exploit allemand, et pourtant elle a la réputation de dissimuler un désastre plus profond qui aurait, en réalité, condamné l'arme aéroportée. Il est temps de balayer ces idées fausses.

PAR NICOLAS AUBIN

AKG

Le récit de l'opération Merkur pourrait commencer comme un film de guerre britannique des années 1970. Vers 8 heures, le 20 mai 1941, le major Montague Woodhouse se présente à la villa qu'occupe le commandant en chef en Crète, le général Bernard Freyberg, près de La Canée, la capitale. Le premier, 24 ans, arbore un physique d'athlète et la nonchalance de mise pour un 5e baron Terrington. Le second, 52 ans, ancien champion de natation de Nouvelle-Zélande, s'est un peu empâté depuis la guerre précédente qu'il a finie comme le plus jeune général et l'un des soldats les plus décorés. La journée s'annonce chaude, le ciel est d'un azur éclatant, le paysage idyllique entre mer, coteaux plantés d'oliviers et sommets desséchés de 2000 mètres. Woodhouse est venu apporter à son supérieur un message, peut-être du roi de Grèce George II – auprès duquel sa connaissance du grec lui vaut de remplir une fonction d'officier de liaison. Le monarque a été évacué en Crète après que les Allemands ont occupé la partie continentale de son pays. Depuis plus d'une heure, la Luftwaffe danse au-dessus de La Canée sans que Woodhouse n'ose s'inquiéter tant l'attitude impavide de Freyberg lui en impose. Cela fait d'ailleurs plusieurs jours que les Dornier et les bombardiers en piqué stukas s'en prennent aux aérodromes et aux installations portuaires. Maintenant que le dernier chasseur anglais s'est replié en Égypte, la garnison de l'île doit en prendre son parti : les cieux sont allemands. Le général invite Woodhouse à partager son petit-déjeuner. Un grondement sourd, énorme, s'élève soudain du côté de la mer, qui fait trembler les tasses en porcelaine et la marmelade d'orange : c'est le vacarme produit par des dizaines de trimoteurs Junker 52 chargés jusqu'à la gueule de parachutistes. « *Ils vont mourir à l'heure* », commente un Freyberg flegmatique en jetant un œil à sa montre avant de se resservir une tasse de

Tiré d'un film de propagande, l'image montre des éléments d'une section de chasseurs alpins (*Gebirgsjäger*) allemands transportée par un trimoteur Junker 52. Appartenant à la 5e division de montagne, ils forment le second échelon de l'opération contre la Crète.

thé. Woodhouse en reste coi, n'osant interpréter cette phrase sibylline.

À 8 h 15 précises, à une trentaine de kilomètres de là, sur le terrain d'aviation de Maleme, l'ambiance n'est pas la même. Le bataillon néo-zélandais du lieutenant-colonel Andrew se remet à peine d'un terrible pilonnage des stukas quand surgissent les premiers planeurs. La DCA, assommée, ne réagit pas. Les engins de bois et d'acier se posent en silence à quelques mètres à l'ouest de la piste, dans le lit d'une rivière asséchée. Trois se disloquent au beau milieu du camp britannique. Le mécanicien Comeau voit un premier « Diable vert » en surgir. « *J'ai tiré presque à bout portant. Il est tombé en arrière sur un second para qui se tenait derrière lui… Celui-ci a pris sa tête entre ses mains. J'ai encore tiré et il s'est effondré, son corps bloquant le passage* ». Le combat est sans merci. Un second commence presque aussitôt. Au-dessus des têtes des Néo-Zélandais, en effet, le ciel se couvre d'ombrelles blanches. « *J'ai sauté le premier,* se souvient Helmut Wenzel. *Au moment précis où mon parachute s'est ouvert, j'ai entendu le crépitement des balles. Des balles ! Les Anglais nous souhaitaient la bienvenue. J'étais tout juste au-dessus d'eux et je pouvais voir six Tommies debout qui m'allumaient.* "Chiens !" *ai-je pensé.* "Attendez que je me pose". *J'ai défait mon harnachement jusqu'à la cuisse afin de pouvoir attraper*

KURT STUDENT, LE SPÉCIALISTE DU COMBAT AÉROPORTÉ

Né dans le Brandebourg en 1890, Kurt Student suit la carrière classique d'un fils de *junker* prussien voué à l'armée dès son plus jeune âge. Son itinéraire bifurque en 1913 lorsqu'il obtient son brevet de pilote. Il fait la Première Guerre mondiale dans la chasse, commande une escadrille, est blessé grièvement en 1917 puis demeure dans la Reichswehr après la défaite, où il sert en secret comme conseiller en technologie aéronautique. Il entre dans la Luftwaffe, encore clandestine, en septembre 1933. Inlassable prophète des troupes aéroportées, il a pu observer plusieurs grandes manœuvres soviétiques avec lâchers de 1500 parachutistes. Il fonde la première école de saut en 1937 et devient commandant des troupes aéroportées en 1938

Au début de la guerre, il prend le commandement de la 7e division aéroportée tout en étant inspecteur général de cette arme. Après les exploits de ses « Diables verts » – qui lui valent une nouvelle blessure – en août 1940, il est fait chevalier de la croix de fer et est promu général des troupes aéroportées. Tenu en très haute considération par Hitler, il prendra ensuite la tête des différentes formations aéroportées créées pour servir d'infanterie d'élite (XI. Fliegerkorps, 1re armée de parachutistes) et même d'un groupement d'armées, et accumulera les décorations. Capturé par les Britanniques, il est condamné à cinq ans de prison pour les crimes commis en Crète, malgré le témoignage favorable d'un officier néo-zélandais. La sentence n'est pas confirmée et il n'est plus inquiété après 1948. Il meurt en 1978.

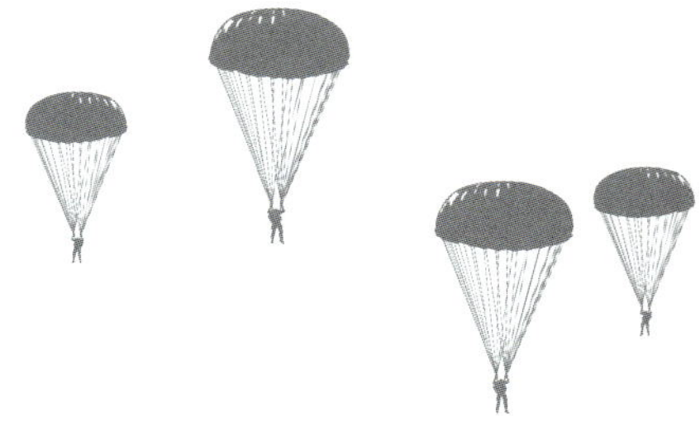

mon pistolet. Juste avant d'atteindre le sol, j'ai été touché à la poitrine. [...] *J'ai dû me cacher* ». Des centaines de parachutistes meurent, pas tant en l'air – les soldats néo-zélandais sont loin d'être des tireurs d'élite – qu'une fois au sol, faute de réussir à dessangler leurs harnais à temps, ou tués en essayant de récupérer leurs armes larguées séparément dans des conteneurs. Grand chasseur de canards, le lieutenant-colonel Leckie du 23e bataillon abat lui-même cinq parachutistes au-dessus de son PC. Les autres sont dispersés. Les bataillons qui ont le malheur de sauter à la verticale d'unités alliées sont anéantis. Il n'y a plus que 85 hommes valides sur les 580 que comptait celui du major Scherber, quelques minutes plus tôt.

Une victoire à goût de cendre

Flegme britannique, audace allemande, ciel d'azur, sirènes hurlantes des stukas, cadavres en parachute pleuvant sur les oliviers : ces premiers instants de la bataille de Crète cochent toutes les cases de notre imaginaire. Quatre-vingts ans plus tard, on demeure sidéré que les « Diables verts » aient pu inverser un scénario qui commençait si mal pour eux et arracher l'île à une garnison deux fois plus nombreuse. On devrait en conclure à un coup de maître de cette arme aéroportée tout juste sortie des langes. Au contraire, cette victoire a laissé un goût de cendre. Le créateur de cette arme nouvelle et son commandant en chef, le général de la Luftwaffe Kurt Student (*voir encadré p. 125*), pleure 3 000 camarades tombés et 2 000 blessés, la moitié des effectifs de sa division. Échaudé par une affaire qui a failli mal tourner, Hitler tire un trait sur les opérations aéroportées : « *Il n'y a pas de futur pour les forces aéroportées car elles ne peuvent plus compter sur la surprise* ». À Student qui rêvait de voir ses hommes à l'avant-garde de toutes les offensives, la décision du Führer apparaît comme un coup de poignard. Après guerre, l'historiographie britannique emboîte le pas à Churchill pour qui « *la pointe de la lance allemande a été brisée* » en Crète. D'autant plus, juge-t-il avec malice, qu'il ne servait à rien de prendre la Crète pour finalement ne pas poursuivre vers le Proche-Orient. La conquête de l'île est restée dans l'histoire comme une « *victoire désastreuse* », une victoire à la Pyrrhus, le « *tombeau des parachutistes allemands* ». L'historien de la Luftwaffe Karl Gundelach partage cet avis : « *La Crète n'a pas été une récompense suffisante pour le sacrifice consenti* [car] *elle est devenue une belle endormie pour le reste de la guerre* ». Il est temps de réviser tous ces jugements.

Si Kurt Student a lui aussi propagé cette réputation de « victoire désastreuse » faite à l'opération Merkur, c'est sans doute parce qu'il y a placé des espoirs démesurés. Le père des paras allemands croit en effet depuis le début des années trente en une révolution militaire, celle de la troisième dimension. Il n'est pas le seul à s'emballer pour des opérations de grand style qui verraient ses parachutistes tomber sur les arrières de l'ennemi, le paralyser et emporter, seuls, la décision. Les Soviétiques sont en proie au même mirage. Au moins Student a-t-il commencé à apporter de l'eau à son moulin. Ses hommes n'avaient-ils pas, en avril 1940, pris par surprise Stavanger et l'aéroport d'Oslo, désarticulant la défense norvégienne ? Puis, en mai 1940, conquis plusieurs positions clés de la « forteresse Hollande » et démantelé l'énorme fort belge d'Ében-Émael ? En quelques heures, tout le plan de défense hollandais et belge s'effondrait. Tout l'été 1940, Student a attendu l'ordre de sauter sur l'Angleterre. En automne, il a espéré rejoindre le théâtre méditerranéen qui s'était embrasé. Mais en avril 1941, c'est sans lui et ses paras qu'Hitler décide de déferler en

LA COURTE EXISTENCE DU XI. FLIEGERKORPS (1941-1944)

Le XI. Fliegerkorps, ou 11e corps aérien, est une formation créée le 1er janvier 1941 à la suite des succès des troupes aéroportées en Norvège et à l'Ouest. Student en est le commandant. Elle se compose de la 7e division parachutiste (du général Wilhelm Süßmann), de la 22e division aérotransportée – non engagée en Crète et remplacée par la 5e division de montagne du général Julius Ringel, ces deux dernières prêtées par l'armée de terre. La 7e division se compose de trois régiments de paras, d'un bataillon d'artillerie et de divers bataillons de soutien (génie d'assaut, mitrailleuses, canons antichar et antiaérien), soit environ 7 500 hommes auxquels s'ajoute le puissant régiment d'assaut aéroporté (*Sturm-Regiment*) indépendant du général Meindl.

Chaque régiment à trois bataillons peut compter sur une batterie d'artillerie et une compagnie de pièces antichar, une section de transmission et une du génie. Les dix groupes de transport du XI. Fliegerkorps disposent de 502 trimoteurs Ju 52 (il en faudrait 900) et 60 planeurs DFS 230. Après l'assaut sur la Crète, la formation sera, dans les faits, démantelée puis reconstituée en 1943 après adjonction d'une 2e division de parachutistes. Les unités du corps serviront d'infanterie durant la campagne d'Italie. Le 3 avril 1944, le XI. Fliegerkorps disparaît, absorbé par la 1re armée parachutiste.

Depuis la Crète, les quadrimoteurs anglais sont à portée des gisements de pétrole roumains de Ploiesti, qui alimentent l'Allemagne.

Yougoslavie et en Grèce. Tout juste le Führer ordonne-t-il de larguer deux bataillons sur un pont qui enjambe le canal de Corinthe ; mais il ne s'agit là que d'une action tactique. Student voit plus grand.

Göring veut réhabiliter la Luftwaffe

Dans son esprit, prendre la Crète à l'aide des seuls parachutistes aurait un tout autre retentissement. Son XI. Fliegerkorps (*voir encadré p. 126*) prouverait qu'il est un outil de décision opérationnelle. Student ferait taire les sceptiques et renforcerait sa position au sein de la Luftwaffe. Frustré de ne rien voir venir, il produit mi-avril 1941 un premier projet relatif à la Crète : à ce moment la Wehrmacht a déjà écrasé la Yougoslavie et la Grèce agonise. Le 20, son éloquence convainc Göring : le patron de la Luftwaffe est trop heureux de redorer le blason d'une aviation mortifiée par les échecs de Dunkerque et de la bataille d'Angleterre. Le 21 avril, Student se présente au quartier général du Führer. Enflammé, il entame son exposé en insistant sur la valeur stratégique de la Crète. L'île, qui s'étire sur 250 km et qui est située à 300 km d'Athènes, 750 km d'Alexandrie et 1 000 km du Proche Orient, serait, dit-il, la clé de la Méditerranée orientale. Celui qui tient la Crète couperait la route des Britanniques entre Alexandrie et Gibraltar et disposerait d'un tremplin pour envahir le Proche Orient. Keitel et Jodl, n° 1 et 2 du haut commandement de la Wehrmacht (OKW), soupirent. Plusieurs mois auparavant, ils ont défendu un projet semblable avant d'y renoncer au profit de la prise de Malte : ils jugent la conquête de la petite île plus urgente pour sécuriser les approvisionnements de Rommel qui vient d'arriver en Libye au secours des Italiens. Ils n'ont pas tort, et multiplient les objections. Hitler les interrompt : « *la conquête de Malte ne sortira pas l'Empire britannique de la guerre, la prise de la Crète me libère pour attaquer l'URSS* ». Car Hitler ne voit pas dans la Crète une épée mais un bouclier. Depuis que le Duce a envahi la Grèce en octobre 1940, et tout à la préparation de son empoignade avec le bolchevisme, il s'inquiète pour son flanc sud dorénavant à découvert. C'est d'ailleurs pour cette raison qu'il vient de régler leurs comptes à la Yougoslavie et à la Grèce. En outre, depuis la Crète, les quadrimoteurs britanniques sont à portée des gisements roumains de Ploiesti qui lui livrent le tiers de son pétrole (*voir carte p. 128-129*). Une épée de Damoclès insupportable que Student lui offre de décrocher, avant qu'il aille régler son compte au judéo-bolchevisme.

Quatre jours plus tard, Hitler a tranché. Il donne trois semaines à la Luftwaffe pour entreprendre l'opération Merkur, la conquête de la Crète. Göring et Student exultent. La tâche s'annonce pourtant herculéenne. Hitler exige que l'opération soit terminée avant le déclenchement de l'opération Barbarossa et qu'elle n'en entrave pas les préparatifs. Student devra se débrouiller avec les moyens à proximité : sa 7e division parachutiste, naturellement, plus la 5e division de montagne, une solide unité choisie pour son équipement démontable et transportable par avion, présente en Grèce. La situation du VIII. Fliegerkorps du général von Richthofen est plus délicate. Fort de 280 bombardiers, 150 stukas, 180 chasseurs et 40 avions de reconnaissance, ce corps aérien est le marteau de la Wehrmacht. Il a certes les moyens de garantir la sécurité des avions de transport et d'appuyer les parachutistes une fois au sol, mais la Luftwaffe a entamé son transfert vers l'est. Voilà la formation déshabillée d'une partie de ses unités administratives et de transmissions ainsi que de ses personnels au sol. Quant aux munitions, elles sont rationnées. Le XI. Fliegerkorps, fer de lance de l'assaut, manque pour sa part d'officiers d'état-major pour planifier et conduire Merkur. Ne pouvant compter sur le réseau téléphonique local, Student, installé dans un hôtel athénien, en est réduit à communiquer par estafettes avec ses subordonnés dispersés dans sept aérodromes, au risque de commander à contretemps. Lui qui espérait centraliser à son QG toute l'opération, y compris l'appui aérien, comprend qu'il n'a pas les moyens matériels de prendre en plus sous son aile le corps de Richthofen. Ainsi, même si la Luftwaffe a la haute main sur l'opération, il n'y aura pas d'unité du commandement.

Les rustiques aérodromes grecs

La situation ne sera pas meilleure au front. En l'absence d'équipement radio permettant aux paras de communiquer avec les pilotes, il faudra se contenter de panneaux signalétiques. Enfin, Student doit composer avec les moyens limités de l'écosystème grec. Il découvre à son arrivée que Richthofen s'est attribué les meilleurs aérodromes. Aussi doit-il se replier sur des installations dépourvues de pistes en dur, de logements, de réservoirs de carburant, de pompes électriques, éparpillées et éloignées d'Athènes. Des travaux sont engagés mais Hitler ne lui laisse que trois semaines, et seules quelques pistes pourront être agrandies. Quand les premiers appareils atterrissent le 14 mai, ils font s'envoler un nuage de poussière étouffante et aveuglante. On ne voit pas à cinq mètres. Les moteurs s'encrassent et toussent. Arroser les pistes ne change rien. Il faut se résoudre à espacer les décollages, ce qui est grave, la dispersion des moyens étant la plaie numéro un des troupes aéroportées. Enfin, Student attend toujours son carburant, qui vient du Reich. Merkur doit être reportée de cinq jours. Que les paras puissent embarquer le 20 mai relève finalement de l'exploit.

Student prévoit un assaut massif selon la « tactique des taches d'huile » : sauter par surprise en plusieurs points pour sidérer l'ennemi. Le général en compte d'abord sept mais, sur ordre de ses supérieurs inquiets de cette dispersion, il ne retient que quatre objectifs, tous situés sur le littoral nord, la partie habitée de la Crète. Des commandos à bord de planeurs ouvriront la voie à trois bataillons de parachutistes pour capturer l'aérodrome de Maleme. Simultanément, cinq autres bataillons sauteront à proximité de la capitale, La Canée, pour fixer les réserves de l'ennemi et paralyser son système de commandement. Dans l'après-midi, une deuxième vague larguera deux bataillons sur le terrain de Réthymnon que l'on croit inoccupé et quatre sur celui d'Héraklion. Student regrette cet échelonnement mais il n'a pas assez d'appareils pour larguer sa division en une seule vague. Ensuite, selon l'adage « on s'engage partout et puis on voit », les troupes de

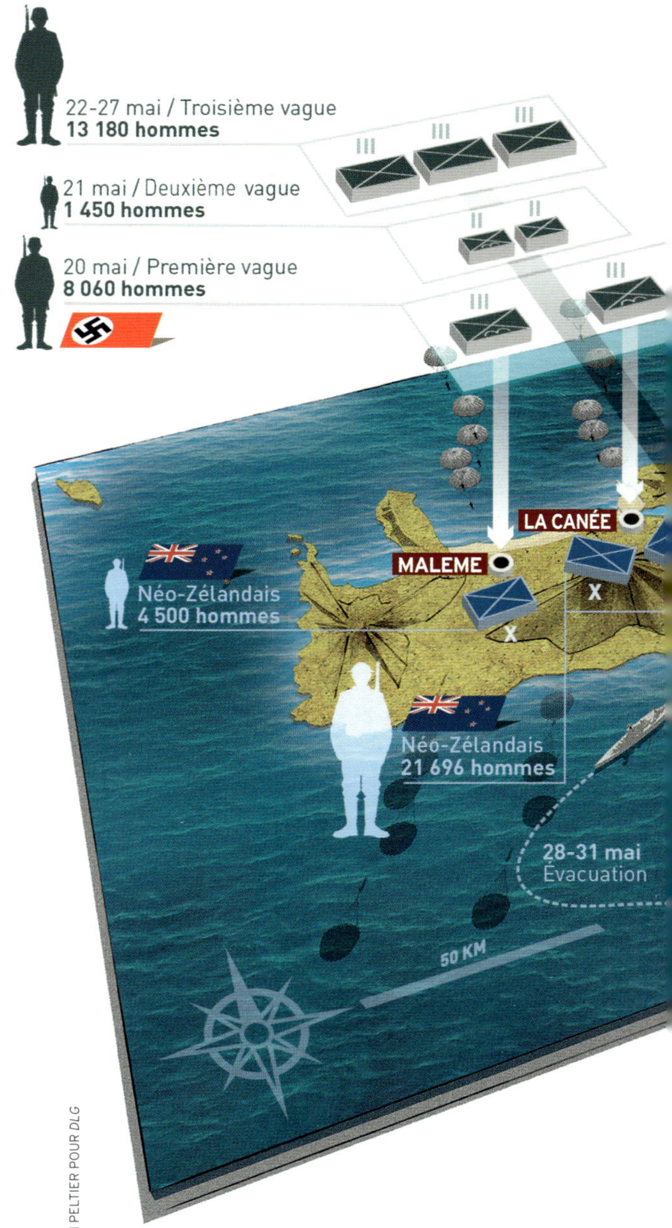

JULIEN PELTIER POUR *DLG*

DES TUERIES DES DEUX CÔTÉS, MAIS PEU COMPARABLES

Les combats ont été sauvages. En mer, la Royal Navy choisit dans la hâte de couler les transports allemands désarmés et prêts à se rendre plutôt que de les aborder. Sur terre, les Britanniques n'ont aucun remords à abattre les parachutistes empêtrés dans leur harnais. Des blessés sont achevés. Le tankiste Roy Farran reconnaîtra que, sous le feu de snipers, il ne s'est pas posé de question quand « *cinq paras sont sortis de l'oliveraie avec les mains en l'air… Je n'étais pas d'humeur à me laisser prendre à une quelconque ruse allemande… J'ai ordonné à mon tireur de les mitrailler, trois sont tombés raides morts, les deux autres ont réussi à s'en tirer* ». L'intensité du combat, son atomisation qui prive la plupart des soldats de leurs officiers, son scénario même, où les combattants sont tour à tour chasseurs et chassés, ont conduit pendant quelques heures à enfreindre les règles.

Si les crimes britanniques s'expliquent par la peur de s'exposer, ceux des paras sont parfois commis de sang-froid. Ils abattent plusieurs soldats qui refusent de servir de supplétifs tandis que les pilotes mitraillent des naufragés anglais. Leur vindicte se dirige surtout contre la population. Annoncée amicale, celle-ci, forte de ses traditions de guérilla contre les Ottomans, a en fait pris faux, haches et même simples pelles pour traquer les « Diables verts » sans faire de quartier. Les Allemands fusillent en retour les francs-tireurs capturés puis cèdent à des représailles aveugles. Student fait exécuter les 23 hommes du village de Kondomari sous le prétexte fallacieux que des cadavres allemands auraient été mutilés (en fait victimes des rapaces locaux) tandis que les 180 habitants de Kándanos sont massacrés, leur village rasé et déclaré zone interdite.

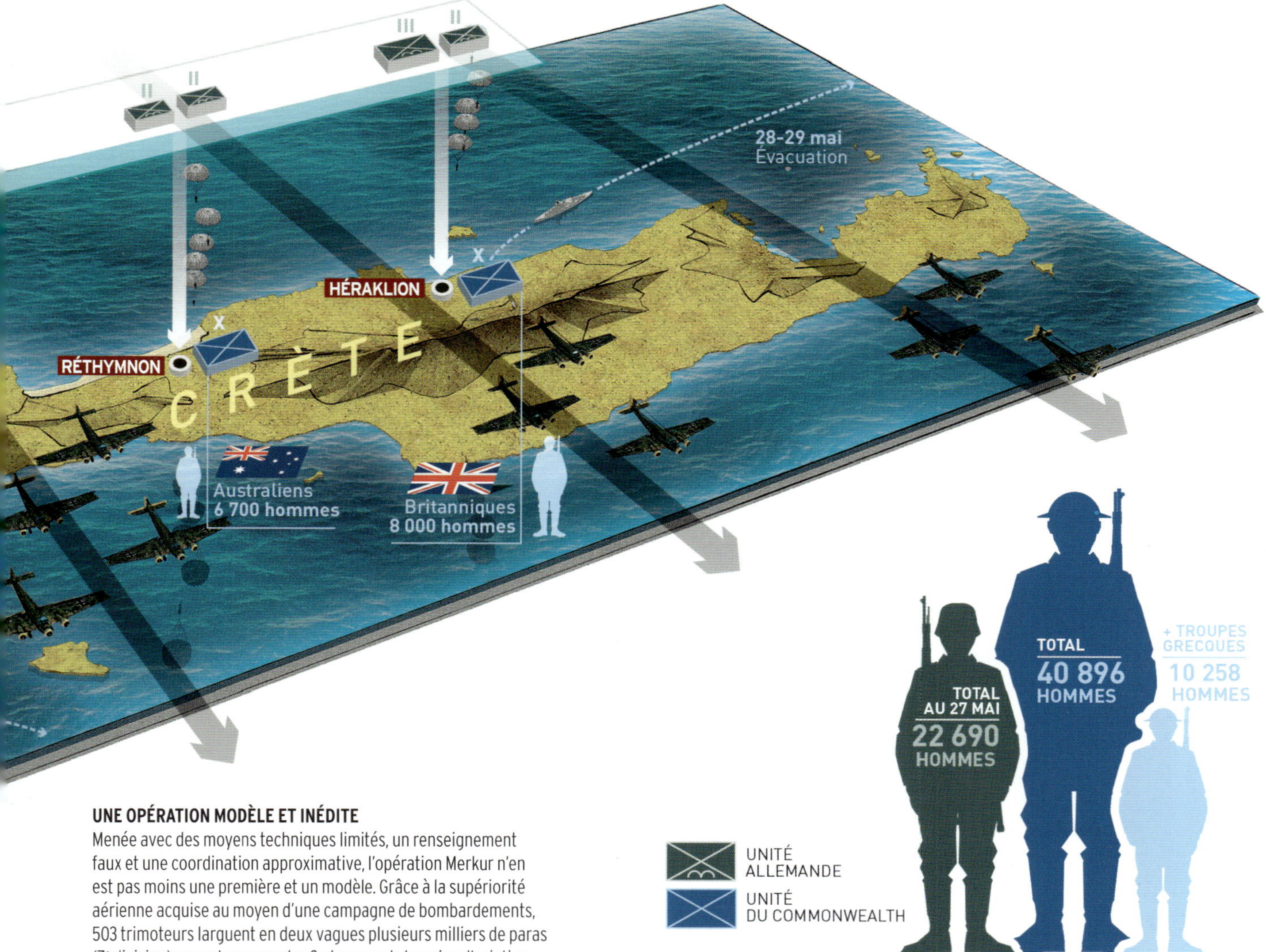

UNE OPÉRATION MODÈLE ET INÉDITE
Menée avec des moyens techniques limités, un renseignement faux et une coordination approximative, l'opération Merkur n'en est pas moins une première et un modèle. Grâce à la supériorité aérienne acquise au moyen d'une campagne de bombardements, 503 trimoteurs larguent en deux vagues plusieurs milliers de paras (7e division) pour s'emparer des 3 plus grands terrains d'aviation. Une troisième vague (5e division de montagne) vient par air et par mer renforcer les paras. Les hommes de Student ont montré, au prix de 50 % de pertes, qu'ils pouvaient vaincre un adversaire deux fois plus nombreux mais surpris par cette nouvelle forme de combat.

montagne aérotransportées renforceront les meilleures positions qui enfleront, telles des tumeurs, jusqu'à provoquer l'effondrement de la résistance. Student a conçu une opération purement aéroterrestre, la plus spectaculaire possible pour valider sans discussion son concept de révolution militaire dans la troisième dimension. Il n'y ajoute un modeste volet maritime que sous la contrainte du Führer : une soixantaine de petits voiliers grecs sont réquisitionnés pour convoyer deux bataillons de troupes de montagne qui seront débarqués dans les ports près de La Canée et d'Héraklion, une fois ces derniers sécurisés par les paras.

Des renseignements trompeurs

Pareille audace ne se comprend qu'à la lumière des renseignements optimistes fournis par les services d'espionnage de l'armée – l'Abwehr – et des reconnaissances aériennes : il n'y aurait pas plus de 5 000 combattants ennemis démoralisés et mal équipés en cours d'évacuation dit l'un, « *l'île est comme morte* » affirme l'autre. Avec ses 25 000 hommes, Student est persuadé de disposer d'une marge de supériorité confortable. Il compte aussi sur une domination aérienne totale et sur l'effet de surprise, un vœu pieux une fois déployés 500 trimoteurs Ju 52 reconnaissables entre tous, dans une Grèce truffée d'espions pro-britanniques. Lors du *briefing*, certains officiers avancent en plaisantant que « *la division de montagne arrivera juste à temps pour prendre part à la cérémonie de victoire* »… La réalité sera toute autre.

Ce ne sont pas 5 000 Anglais démoralisés, en effet, qui campent en Crète mais 42 000 Grecs, Britanniques, Néo-Zélandais et Australiens. Et ils sont bien au fait des intentions allemandes, renseignés par ULTRA, le service qui décrypte les messages envoyés depuis les machines de codage allemandes Enigma, et en particulier ceux de la Luftwaffe. Date, nature des forces engagées et cibles

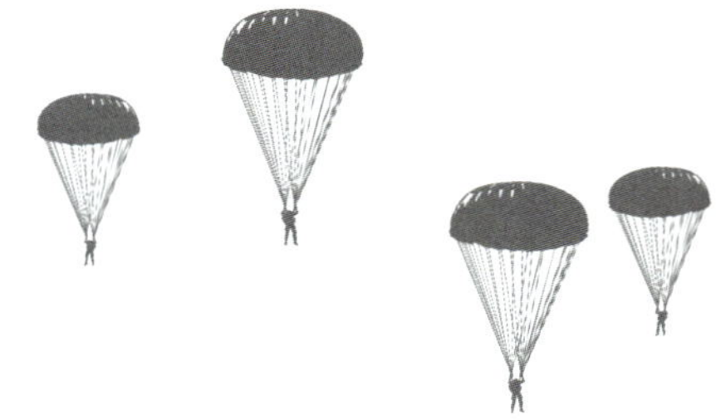

Sans les **fausses informations** fournies par **l'Abwehr**, nul doute qu'Hitler aurait **annulé l'opération Merkur.**

de l'opération, jamais défenseurs n'ont bénéficié de telles informations avant une bataille. Même s'il n'en a pas conscience – car, en réalité, ULTRA exagère les effectifs ennemis –, Freyberg dispose d'une confortable supériorité allant de 2 contre 1 à 5 contre 1 selon les secteurs. *A priori*, le match est plié en faveur des Britanniques. Mais si Merkur va bel et bien sourire à l'envahisseur, c'est que les Alliés aussi ont leurs faiblesses.

Manque de matériel et de discipline

Tout d'abord, des 42000 hommes présents il faut en défalquer une dizaine de milliers exfiltrés de Grèce, orphelins de leurs unités et sans valeur combative ; quelques centaines se sont même émancipés de l'armée et vivent de larcins. Il faut aussi compter à part 11 000 soldats et gendarmes grecs, combatifs mais qui manquent de tout, entraînement, cadres, bottes, fusils, munitions et dont les officiers du Commonwealth condescendants et handicapés par la barrière de la langue ne savent pas quoi faire. On les retrouvera ventilés par paquet de 500 à 1 000 hommes pour combler les vides puis sacrifiés pour couvrir le repli britannique. Quant aux trois brigades des dominions rapatriées de Grèce, elles n'ont pu être correctement rééquipées. Le rapport de force réel est donc moins défavorable au Reich que ne le suggèrent les chiffres bruts, mais toujours plus que ne l'a anticipé l'Abwehr. De surcroît, les travaux de fortifications ne sont poussés qu'une fois la Crète placée en première ligne. Il est dès lors trop tard pour amener du matériel de terrassement et élargir l'unique route côtière, avec pour conséquence une extrême difficulté à circuler. Réthymnon et Héraklion, distants de 60 et 140 km de La Canée où se trouvent l'état-major et les réserves, ne pourront compter que sur eux-mêmes. L'isolement est encore aggravé par l'absence de transmissions dignes de ce nom. Dès le début de la bataille, les officiers auront le plus grand mal à communiquer entre eux.

Dans ces conditions, pour les Britanniques, le déploiement initial et les consignes sont déterminants. Au premier regard, l'ensemble est cohérent. Le commandant de la garnison a formé quatre commandements semi-autonomes d'une puissance équivalente à une brigade interarmes judicieusement placés (Maleme, La Canée, Réthymnon et Héraklion). Chaque aérodrome dispose de deux chars Matilda et de chars légers ainsi que de tubes d'artillerie pour repousser n'importe quelle attaque venue du ciel. Freyberg encourage ses subordonnés à être réactifs et agressifs en mettant sur pied des groupes de chasse qui traqueront les paras dès qu'ils toucheront terre. Mais le général néo-zélandais envoie des signaux contradictoires. N'osant croire les Allemands capables de tout miser sur un assaut aéroporté, il se persuade que les « *troupes devant arriver par mer* » évoquées à juste titre dans les rapports d'ULTRA sont en fait une force d'invasion dotée de chars capable à eux seuls d'emporter la décision. Son supérieur au Caire, Wavell, a beau lui assurer que les Germano-Italiens ne disposent pas de barges de débarquement et que la Royal Navy veille, ULTRA a beau estimer les troupes aéroportées au double des troupes arrivant par mer, rien n'y fait : Freyberg s'auto-intoxique et avertit ses subordonnés de ne surtout pas délaisser les plages, ce qui conduit à diluer la défense. Ainsi, dans le secteur de Maleme tenu par toute une brigade, il n'y a pour défendre le terrain d'aviation qu'un seul bataillon, les trois autres s'échelonnent le long du littoral, à l'Est. Et il n'y a rien à l'Ouest ! De manière incompréhensible, en effet, l'extrémité occidentale de la piste marque la fin du dispositif défensif, ce qui offre une zone de regroupement dont ne manqueront pas de profiter les « Diables verts ». Merkur, on le voit, constitue un cas d'école de l'importance du renseignement et de son exploitation. Sans les fausses informations de l'Abwehr, nul doute qu'Hitler aurait annulé l'opération. Tandis que l'incapacité de Freyberg à exploiter les données du décryptage redonne une chance aux Allemands.

Décollage dans la poussière

20 mai, 6 heures : les trimoteurs tressautent, commencent à rouler sur les sept aérodromes grecs, ballottant chacun une douzaine de parachutistes serrés dans la carlingue. Les moteurs s'emballent, le premier appareil décolle. Derrière lui un épais nuage de poussière rouge enveloppe toute la piste. Immédiatement, il faut espacer les envols, parfois de plusieurs minutes, pour laisser retomber le nuage. Après avoir tourné en rond plus d'une heure, les premiers Ju 52 ne peuvent plus attendre : ils virent en direction de l'océan. Le vol au ras des flots est sans histoire sauf

pour 5 des 40 planeurs qui cassent leurs amarres. Celui qui emporte le général Süßmann, commandant de la 7e division parachutiste, s'écrase sur l'île d'Égine. Il n'y a pas de survivants. À Athènes, Student se morfond devant téléscripteurs et téléphones. À 8 heures, il note que les largages ont dû commencer. Richthofen lui transmet des informations rassurantes, ses pilotes ont dévasté les défenses et ont constaté que les parachutages étaient précis. Seul bémol, les lâchers se sont étirés deux heures durant à cause du retard initial. À midi, seuls 7 Ju 52 manquent à l'appel. Un premier contact radio est établi avec Maleme : la piste aurait été évacuée par l'ennemi (ce qui est faux). Student en déduit qu'un franc succès se dessine. Il ordonne à la deuxième vague de décoller.

Une entame catastrophique

Celle-ci se présente en ordre dispersé et en retard – toujours à cause de la poussière mais aussi de la lenteur à refaire le plein avec les pompes à bras –, trop tard en tout cas pour profiter du bombardement préliminaire qui n'a pu être décalé faute de transmissions entre Student et Richthofen. La casse est terrible. À Héraklion, 15 des 240 Ju 52 sont abattus. Les Britanniques traquent et éliminent en une demi-heure 400 paras. C'est alors que Student prend conscience qu'un désastre est possible. Au soir, si les parachutistes s'accrochent partout, ils n'ont atteint aucun de leurs objectifs. 2000 sont déjà morts, plus d'un homme sur deux est hors de combat, les autres manquent d'eau, de nourriture, d'armes, de munitions, de médicaments. De nombreux paras combattent avec leur seul pistolet et quelques grenades, faute d'avoir pu atteindre les conteneurs d'équipement. À Maleme, il n'y a plus un seul chef de peloton, pas un commandant de compagnie. Il manque aussi deux des quatre chefs de bataillon, et le général Meindl, qui commande le *Sturm-Regiment* – le régiment spécial d'assaut de la 7e division –, blessé, est en proie au délire. Student a le sang glacé. Si ses hommes ne saisissent pas au plus vite une piste d'aviation pour acheminer les troupes de montagne, la 7e division est condamnée. Lui-même ne peut plus guère peser sur la bataille. Il n'a plus en main que les 650 paras qui devaient sauter sur Héraklion et qui n'ont pu décoller à cause des retards. Il paie cher sa décision de tout larguer dès le premier jour.

Personne ne l'imagine mais la bataille est pourtant en passe de basculer du fait d'erreurs commises par les Britanniques. Le bataillon d'Andrew qui a si bien tenu l'aérodrome de Maleme se replie durant la nuit. Cette décision a pour origine le médiocre dispositif initial. Deux bataillons de parachutistes ont pu se réorganiser dans le *no man's land* à l'ouest de la piste et ont commencé à grignoter les positions ennemies. En face, les Néo-Zélandais se sont accrochés, tant sur les flancs d'une colline qui domine la piste que sur la piste elle-même ; mais le lieutenant-colonel a estimé – non sans raison – avoir besoin de renforts pour contre-attaquer. Une radio capricieuse l'a empêché de communiquer avec son supérieur et les unités voisines. L'infernale Luftwaffe a sapé le moral de ses hommes. En fin d'après-midi, Andrew s'est essayé à une sortie avec ses deux chars Matilda et les a aussitôt perdus par accident. Au soir, lui-même blessé, croyant à tort ses deux compagnies de l'avant submergées et l'aérodrome aux mains des Allemands, il juge sa position intenable. Il n'imagine pas un instant que l'ennemi est encore plus épuisé et à court de munitions. À en croire deux officiers du *Sturm-Regiment*, « *nous aurions été bien incapables de repousser une contre-attaque énergique d'un bataillon* » car « *nous aurions dû combattre avec des pierres et nos couteaux* ».

Deux bataillons pourraient venir en aide à Andrew

L'AUTRE AIGLE QUI A FONDU SUR SA PROIE

Les pilotes du corps aérien de Richthofen ont pesé de manière décisive sur la bataille. Ils n'ont jamais cessé de mitrailler les positions ennemies. À plusieurs reprises, leur simple apparition a tué dans l'œuf une contre-attaque. Mais ce n'est pas tant les frappes que la simple présence des avions qui a sapé le moral des Alliés. Selon un retour d'expérience britannique, à Maleme, les mitraillages n'auraient tué qu'un sous-officier et blessé trois soldats ; mais l'aviation a suscité une paranoïa chez ces hommes qui ne pouvaient jamais se sentir en sécurité. « *Le signal "tous à couvert" accompagné de tirs de fusils saluait toute apparition d'un avion n'importe où dans le ciel.* »

La circulation des estafettes en était ralentie et les officiers étaient dissuadés de quitter leurs abris. Le 21 mai, les chasseurs ont freiné les déplacements, retardant ainsi la contre-attaque pour reprendre l'aérodrome. En mer, les stukas ont mis hors de combat plus de la moitié de la flotte de l'amiral Cunningham. Un tel traitement aurait dû suffire à garantir le blocus de l'île, mais c'était compter sans l'héroïsme et la détermination des marins britanniques. « *Il faut trois ans à la Navy pour construire un nouveau navire, il en faudra 300 pour rétablir une réputation. L'évacuation doit se poursuivre* », se justifia alors l'amiral.

Le 29 mai 1941, un officier parachutiste allemand s'entretient avec le maire grec (en civil) d'Héraklion. La ville vient d'être occupée, et plusieurs navires britanniques de la « Force B » brûlent encore dans le port en tentant d'évacuer vers Alexandrie 4000 hommes.

AKG

mais son supérieur, le *brigadier general* Hargest, peine à cerner la situation. Il est en outre paralysé par la peur de dégarnir le littoral. Chez Freyberg, seules des informations parcellaires arrivent, noyées au milieu de folles rumeurs comme celle d'Allemands construisant une piste d'atterrissage au sud de La Canée. Les largages à proximité du quartier général accentuent la confusion. Et même lorsqu'on lui apporte des plans ennemis saisis, le général ne pèse en rien sur la bataille. Sous un flegme de façade pointe sa vraie nature : celle d'un homme paralysé par l'enjeu. Toute la chaîne de commandement, de la compagnie jusqu'au sommet, s'est désintégrée. Malgré une supériorité considérable, les Néo-Zélandais se retrouvent en difficulté sur l'un des objectifs les plus importants. À la nuit, Andrew arrive enfin à joindre Hargest, et lui demande à défaut de renforts le droit de se replier. Tout en lui promettant deux compagnies, son supérieur ajoute ces mots fatidiques : « *Bien. Si vous n'avez pas le choix, faites-le* ». À minuit, ne voyant rien venir, Andrew décroche. Les deux compagnies situées en pointe, abandonnées à leur sort, prendront peu après l'initiative de l'imiter.

Ni les deux autres chefs de bataillons qu'il rejoint à 2 heures, ni son supérieur à qui il fait son rapport ne contestent sa décision. Il faut attendre le lendemain midi pour que les Néo-Zélandais prennent conscience de leur terrible erreur. Entretemps les paras ont occupé l'aérodrome et les hauteurs. Hargest estime alors préférable d'attendre la nuit pour contre-attaquer afin d'échapper aux foudres de la Luftwaffe. Malgré ce délai, son supérieur tarde à lui envoyer des renforts. Ce n'est qu'en milieu d'après-midi que Freyberg convoque quelques officiers afin d'exposer sa manœuvre. Un bataillon australien va relever un bataillon néo-zélandais qui garde la côte près de La Canée. Ce dernier pourra alors rallier la brigade de Hargest qui contre-attaquera durant la nuit. L'opération de relève est inutilement complexe et les hommes n'arrivent à Maleme, éreintés, qu'au milieu de la nuit suivante, trop tard pour attaquer dans l'obscurité. L'attente de ce maigre renfort a fait perdre un temps précieux. Freyberg n'est pas plus heureux en confiant cette attaque au *major general* Puttick, le commandant de la division néo-zélandaise, qui n'a aucune idée de la situation et qui, depuis la veille, fait preuve d'une apathie coupable. Entretemps, Student a appris à 7 h 15 que la piste était utilisable bien que sous le feu britannique. Il décide de larguer ses derniers paras : une partie sur la tête de pont pour la renforcer, l'autre quelques kilomètres plus à l'est pour prendre à revers les défenseurs. Il fait également embarquer un premier bataillon de chasseurs

La défaillance du réseau de transmissions a empêché les officiers britanniques d'avoir une vision claire des combats.

de montagne. Maleme devient la porte d'entrée des forces allemandes. À partir de 17 heures, les Ju 52 entament leur ballet. Héroïques, les pilotes qui ont été formés au « *poser d'assaut* » atterrissent sous le feu de l'artillerie à raison de 22 par heure. Vingt appareils sont détruits sur la piste dès la première rotation, près de 130 le seront en deux jours. Les carcasses sont évacuées à l'aide de Bren Carrier de prise, tandis que des prisonniers sont contraints de risquer leur vie pour décharger les appareils. À 18 heures, les paras sautent à leur tour. Ceux qui tombent à l'est sont massacrés par les Maoris, confirmant qu'il est suicidaire de fondre à la verticale d'une unité ennemie. Au soir, 1 800 hommes tiennent néanmoins l'aérodrome.

Cache-cache avec les Messerschmitt

La contre-attaque néo-zélandaise ne se concrétise que le lendemain matin 22 mai et tourne court : trop faible (3 bataillons), trop décousue, trop tardive, harcelée par la Luftwaffe alors que l'artillerie britannique brille par son absence. À la décharge de cette dernière, ses servants doivent jouer à cache-cache avec les Messerschmitt et sont déjà très sollicités par le pilonnage de l'aérodrome. Freyberg ordonne à ses hommes de se replier, craignant qu'ils ne se fassent tourner. Il gâche là sa dernière carte alors qu'il disposait encore de trois bataillons en réserve. Il renonce ainsi à garder la piste de Maleme à portée de l'artillerie. Les Allemands peuvent sereinement monter en puissance. Freyberg perd l'initiative, et la Crète par la même occasion. La suite de la bataille est une progression méthodique des Allemands d'ouest en est. Les chasseurs de montagne assument les premiers rôles, couverts par l'aviation, et dégagent une à une les poches des paras, celle au sud de La Canée dès le 23, puis celle de Réthymnon le 29, tandis que les paras prennent Héraklion après l'évacuation par mer des Britanniques. Entretemps, le 27 mai, Freyberg a acté sa défaite et organisé le repli vers le sud. 17 000 hommes réussiront à rembarquer de nuit, ce qui sera le seul succès à mettre à son actif. À l'aube du 1er juin, tandis que le dernier destroyer chargé de rescapés atteint Alexandrie, 12 000 malheureux capitulent.

Racontée ainsi, la victoire de Student semble tenir du miracle. En fait, le scénario résulte d'une mécanique prévisible au regard des cultures militaires des belligérants. Les « Diables verts » savent que leur survie dépend de la prise d'une piste. Élevés au biberon de l'autonomie de commandement – ce que les Allemands nomment l'*Auftragstaktik* –, ils ont multiplié les initiatives, mettant une pression considérable sur les défenseurs. Ils ont démontré une remarquable résilience face aux pertes en cadres et en matériels. Il n'en a pas été de même des unités du Commonwealth. Comme l'a souligné l'historien Martin Samuels en étudiant la Première Guerre mondiale, l'armée britannique est imprégnée du « *restrictive control* », c'est-à-dire du « *réflexe des officiers de vouloir surmonter le chaos de la bataille en centralisant la prise de décision* ». Certains officiers comme Hargest et encore plus Puttick ont été incapables de s'approprier l'autonomie accordée par Freyberg, tant elle leur était étrangère et semblait contradictoire avec la consigne de défense des plages. S'y ajoute la défaillance du réseau de transmissions qui a empêché les officiers d'avoir une vision claire des combats. Hargest imagine même que les Ju 52 qui se posent à Maleme sont « *peut-être là pour essayer d'évacuer des troupes* », ce qui en dit long ! Trop d'officiers n'ont jamais ressenti le besoin de s'aventurer en première ligne pour prendre le pouls de la bataille. Trop ont refusé d'engager leurs réserves de peur d'exposer leurs arrières à de nouvelles attaques venues du ciel ou de la mer.

L'état-major allié à la dérive

L'historien écossais Callum MacDonald (*auteur d'une étude sur la bataille en 1993, voir bibliographie p. 135*) le souligne : « *la lutte pour la Crète exigeait souplesse et réactivité. La clé résidait dans la destruction des forces ennemies avant qu'elles n'aient pris un aérodrome. Tenir une ligne de front, conserver ses réserves intactes n'avaient plus aucun sens une fois un aérodrome perdu* ». Freyberg reconnaîtra avoir mal choisi ses subordonnés : trop âgés, trop imprégnés de l'expérience de la Grande Guerre, incapables de comprendre la nature nouvelle de la bataille. Mais lui-même est apparu pusillanime, dilettante, apathique. Son autorité s'est délitée au point que personne n'a paru plus savoir à quelle chaîne de commandement était rattachée chaque unité. Lors de la bataille pour La Canée,

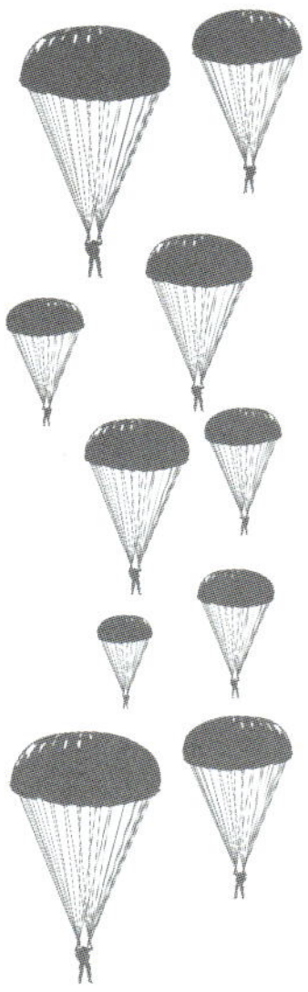

les 26 et 27 mai, des bataillons sont abandonnés à leur sort, d'autres reçoivent des ordres contradictoires de canaux différents, ce qui consomme sans profit 1 000 soldats jusque-là épargnés par les combats. Dans ces conditions, croire possible une contre-attaque vigoureuse dès la première nuit tient de l'utopie. La victoire allemande ne doit que fort peu à un miracle. L'incapacité systémique des forces du Commonwealth à prendre l'initiative a inversé le rapport de force et les a conduits à un désastre : 2000 tués et 2000 blessés, plus de 23 000 prisonniers. La Royal Navy est obligée de se sacrifier pour protéger puis évacuer la garnison : 2000 marins noyés, trois croiseurs et six destroyers coulés par l'aviation, un porte-avions, deux cuirassés, six croiseurs et sept destroyers endommagés. Quand 42 000 défenseurs au fait des intentions ennemies sont balayés en onze jours par 22 000 assaillants tombés du ciel, pourtant trompés par leur service de renseignement, il ne s'agit pas là d'une victoire à la Pyrrhus : c'est un succès allemand incontestable et exceptionnel.

Pourquoi alors cette réputation faite à l'opération Merkur ? Elle tient d'abord à Churchill – grand pourvoyeur de mythes sur la Seconde Guerre mondiale – qui a maquillé ce nouveau désastre en un sacrifice qui aurait saigné et diverti l'ennemi au moment décisif. Le « Vieux Lion » a ainsi marqué durablement l'historiographie au point qu'en 2003, Maria A. Biank (aujourd'hui *brigadier general* dans l'US Army) défendait toujours cette thèse d'« *une victoire stratégique pour les Alliés* » car « *Hitler n'a pas capitalisé sur la victoire durement acquise en Crète* ». Rappelons qu'Hitler n'a pas envahi la Crète pour en faire une épée mais pour s'offrir un bouclier. Imaginons l'île restée britannique : 500 quadrimoteurs auraient fort bien pu y opérer dès 1943 et ravager les derricks de Ploiesti. Cela n'a rien d'impossible. Les Américains ont bien réussi à déployer des centaines de B-29 sur les minuscules îles Mariannes et les Alliés à multiplier les raids partiellement sans escorte sur Berlin dès 1943. La guerre aurait pu être abrégée de plusieurs mois. Ainsi, s'il y avait bien une île à prendre en Méditerranée, c'était la Crète ! Que

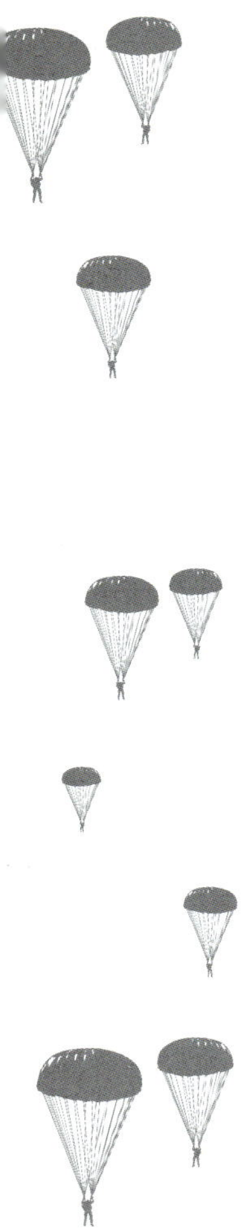

ORDALIE EN MER

Les combats ont sol ont eu tendance à éclipser une terrible bataille aéronavale. Merkur a en effet un - très artisanal - volet maritime. Les Allemands embarquent deux bataillons de chasseurs de montagne, du ravitaillement et des tubes d'artillerie à bord de deux convois de caïques à voile. L'opération est périlleuse, chaque convoi n'étant escorté que d'un modeste torpilleur italien tandis qu'au large patrouille la Royal Navy.

L'amiral Cunningham a promis qu'il ne laisserait jamais les Allemands mettre un pied en Crète. Pour limiter les risques, une étape sur l'île de Milos permet à ceux-ci de réduire la traversée finale à quelques heures sous la protection de la Luftwaffe. Le trajet se passe d'abord bien. Dès 10 heures le 21, la première flottille entrevoit les cimes crétoises, mais le convoi fait subitement demi-tour. Des navires britanniques ont été signalés. Fausse alerte. Le temps de s'en rendre compte, plusieurs heures ont été perdues et, à la nuit, les voiliers sont encore à près de 16 milles marins de Maleme. Anxieux, les hommes regardent disparaître leur couverture aérienne. C'est alors que surgissent trois croiseurs et sept destroyers de la Navy. L'escorteur est mis hors de combat. La suite est racontée par un chasseur de montagne : « *Soudain le ciel s'est rempli de fusées d'un blanc éclatant.* [...] *Puis des projecteurs ont balayé l'eau et se sont fixés sur le navire à bâbord avant. Nous avons vu plusieurs éclairs* [et] *des obus ont commencé à exploser sur ce caïque. Bientôt, il était en feu et nous pouvions voir nos gars sauter dans l'eau. Notre navire était éclairé par le feu et le lieutenant nous a dit de mettre nos gilets de sauvetage et d'enlever nos lourdes bottes cloutées. À peine l'avions-nous fait que nous avons été surpris par les projecteurs. Nous avons formé deux rangs. Notre officier a crié* "Bonne chance les gars !" *et a ordonné au premier de sauter. L'eau était très froide.* »

La dizaine de voiliers en tête du convoi sombre, des hommes se noient, aspirés par les hélices des navires britanniques, mais les vingt voiliers suivants réussissent à disparaître dans la nuit. Le lendemain matin, des hydravions secourront les deux tiers du millier de naufragés. Ordre est donné à la seconde flottille de faire demi-tour avant de subir le même sort, mais elle est interceptée à l'aube par une autre escadre britannique... avant d'être sauvée par le courageux escorteur italien *Lupo* et l'apparition opportune des bombardiers de Richthofen. Le chasseur devient chassé. Toute la journée, 320 appareils à svastika se relaient au-dessus des pavillons de l'Union Jack. Refusant de fuir, ce qui condamnerait les naufragés d'un premier destroyer coulé, l'amiral King s'obstine sur zone jusqu'à ce que ses munitions antiaériennes soient presque épuisées.

Au soir, deux croiseurs et un destroyer gisent par le fond, deux autres croiseurs et plusieurs destroyers sont endommagés. La promesse de Cunningham a exigé un terrible sacrifice. Quelques jours plus tard, il en tiendra une autre, celle d'évacuer la garnison. Ce qui lui coûtera encore six navires. L'attaché militaire américain au Caire en tire une leçon précieuse : « *L'engagement d'une flotte de premier ordre sans soutien aérien contre une puissance aérienne de premier ordre s'est achevé sur une victoire complète et indéniable de l'aviation* ».

Merkur alimente la **légende** faisant des paras des **héros versant leur sang** pour réussir d'authentiques exploits ensuite **gâchés** par d'autres.

par la suite elle devienne une « belle endormie » a suffi au bonheur d'Hitler. Elle n'a pas davantage diverti de moyens pour Barbarossa, on l'a vu.

Un succès trop cher payé ? Bien sûr, 7 000 combattants d'élite perdus (dont 4 000 tués) en ajoutant les pilotes et les troupes de montagne ainsi que 251 appareils (dont 151 précieux trimoteurs Ju 52), c'est cher. Mais Hitler n'avait pas d'alternative : seuls les parachutistes pouvaient lui offrir la Crète. L'Axe ne disposait pas des moyens pour une opération amphibie – en témoigne le bricolage pour embarquer deux simples bataillons de montagnards – et la Royal Navy demeurait trop agressive malgré la domination écrasante de la Luftwaffe. La marine italienne s'était fait rosser quelques semaines plus tôt au cap Matapan, et il lui en cuit encore. Il fallait donc cette solution innovante imaginée par Student. Quant au coût exorbitant en pilotes et en matériel qui auraient cruellement manqué lors du pont aérien de Stalingrad, un reproche fréquent des pourfendeurs de Merkur, il ne tient pas la route. Stalingrad ne s'est pas joué à quelques dizaines d'avions près !

Hitler lâche ses paras

Cette réputation tient enfin à Student lui-même, qui s'est convaincu d'avoir « *fait un mauvais calcul en recommandant cette attaque, non seulement parce qu'elle a signifié la perte de tant de parachutistes... mais aussi, en fin de compte, parce qu'elle a conduit à la mort de la force aéroportée allemande elle-même* ». Il fait ici référence à la décision d'Hitler de renoncer aux largages massifs après la Crète. À titre personnel, c'est sans aucun doute ici qu'il a enterré ses rêves de gloire... Depuis, Merkur alimente la légende prompte à faire des paras des héros versant leur sang pour réussir d'authentiques exploits ensuite gâchés par d'autres. On entendra encore le même refrain en Indochine entre 1950 et 1954, ou à Suez en 1956. La conclusion de Student ne tient qu'à la condition de considérer que sa théorie de l'enveloppement vertical avait un avenir. La réalité est qu'une opération aéroportée de masse est par nature coûteuse. Déjà en mai 1940, l'attaque des Pays-Bas avait coûté 28 % de pertes et 120 avions. Merkur confirme que l'enveloppement vertical n'a pas vocation à se banaliser car la lame est aussi tranchante que fragile. Elle se brise à chaque saut. Sa remise sur pied est longue et coûteuse et son emploi exige parc aérien, planification, collecte de renseignements, logistique, surprise et supériorité aérienne, une alchimie difficile à combiner. Dans l'esprit d'Hitler, cette arme lui a offert son bouclier et c'est fort bien ; mais il devine qu'elle n'aura plus l'occasion de lui offrir davantage et c'est là le sens de sa sentence. Il n'a pas tort, même s'il cédera devant Göring en reconstituant, et étoffant même, les forces aéroportées. Par la suite, jamais en URSS et encore moins à l'Ouest du fait de la supériorité aérienne alliée, il n'a eu l'occasion de les larguer en masse. En revanche, l'arme aéroportée allemande survivra à travers des actions plus modestes : missions de contre-insurrection dans les Balkans et au-dessus du Vercors, actions commando telle que la libération de Mussolini en 1943. Merkur n'est pas le tombeau de la force aéroportée mais le tombeau du fantasme de l'enveloppement vertical. Du moins en Allemagne, car il faudra aux Alliés plusieurs désillusions pour qu'ils arrivent à la même conclusion en 1945. Merkur n'a été une victoire à la Pyrrhus que pour l'ambitieux Student et certainement pas pour le IIIe Reich. /

POUR EN SAVOIR PLUS

- *Crete. The Battle & the Resistance*, Antony Beevor, John Murray, 1991.
- *The Lost Battle. Crete 1941*, Callum MacDonald, Pan Books, 1993.
- *German Airlift During the Battle of Crete*, Allen Morris, U.S. Army Command and General Staff College, 2014.
- *The Battle of Crete : Hitler's Airborne Gamble*, Maria A. Biank, U.S. Army Command and General Staff College, 2003.
- *When Failure Thrives, Institution & the Evolutions of Postwar Airborne Forces*, Marc De Vore, The Army Press, Fort Leavenworth, 2015.

Le canon
une histoire qui

BRIDGEMAN

médiéval sent la poudre

Le canon aurait-il été cet accélérateur de l'Histoire qui, avec la boussole et l'imprimerie, aurait précipité la fin du Moyen Âge, assassiné la féodalité, accouché de l'État moderne et donné à l'Europe les clés de la domination du monde ? Las ! Ce beau récit né au XIXe siècle reposait sur l'ignorance de ce que fut véritablement le développement de l'artillerie à poudre aux XIVe et XVe siècles. Démystification et… complexification.

PAR EMMANUEL DE CROUY-CHANEL

Cette image tirée des *Chroniques* de Froissart (édition de 1472) représente une scène de la bataille de Beverhoustsveld, en Flandres, qui a eu lieu un siècle auparavant. L'on distingue dans la mêlée deux groupements de trois canons montés sur un chariot mobile appelé ribaudequin.

Les historiens de la IIIe République, attachés à l'écriture du roman national, ont construit un beau récit sur l'importance du canon dans le rétablissement de la puissance royale française à la fin de la guerre de Cent Ans. Ce récit continue d'imprégner notre représentation de l'histoire européenne. Rappelons-en les principaux traits : découverte en Orient, la poudre à canon serait arrivée par l'intermédiaire des Arabes en Europe. Apparus au cours du XIVe siècle, les premiers canons, de fer forgé et à boulets de pierre, seraient longtemps restés assez inefficaces, malgré le gigantisme des bombardes. Heureusement, Charles VII, avec le soutien des frères Bureau, réorganisa l'artillerie royale, en développant le canon moderne, de bronze, chargé de poudre grainée et tirant des boulets de fer. Cet investissement coûteux donna la supériorité militaire à l'armée royale, lui permettant de chasser les Anglais de Normandie et de Guyenne et de remporter la guerre de Cent Ans, la bataille de Castillon en 1453 marquant la fin de la chevalerie devant les progrès de l'artillerie de campagne. Les performances de la nouvelle arme rendaient de même obsolètes les fortifications médiévales, ouvrant une « crise du boulet métallique » qui ne se refermerait qu'avec l'invention de la fortification bastionnée par les ingénieurs italiens dans les années 1530. La ruine de la fortification privée entraînait avec elle la chute de la féodalité et l'avènement de l'État souverain. Encore un temps, et la maîtrise de l'arme à feu allait permettre à l'Europe de contrôler les océans et de dominer le monde. Avec la boussole (pour l'expansion océanique) et l'imprimerie (pour la circulation des savoirs), la poudre noire se voyait ainsi rangée parmi les trois inventions ayant fait basculer l'Europe dans les temps modernes.

Belle histoire, mais dont, avec un pas de côté, il est aisé de voir les préjugés qui la sous-tendent : l'arme nouvelle comme explication de la supériorité militaire ; l'invention technique comme facteur de transformation des sociétés ; l'État et la bourgeoisie (les frères Bureau) comme agents de cette transformation ; le prisme national, aussi. En filigrane, un Moyen Âge qui porte bien son nom, temps d'obscurantisme et de stagnation avant la Renaissance et l'avènement de la modernité. Depuis deux générations, les historiens ont donc entrepris de reconsidérer ce récit. L'histoire de l'artillerie qui ressort de leurs travaux s'avère bien plus complexe, et conduit à remettre en cause, parfois radicalement, le discours jusque-là dominant.

Mais qui a inventé la poudre à canon ?

La poudre à canon, ou poudre noire, est un composé de charbon de bois, de salpêtre et de soufre. Le charbon se consume ; le salpêtre (nom générique des nitrates, le plus recherché pour cet usage étant le nitrate de potassium) apporte l'oxygène ; le soufre abaisse la température de réaction. Si la proportion de salpêtre est suffisante, et la vitesse de réaction accélérée par un confinement, cette combustion devient explosive. Le fort volume de gaz qu'elle produit peut alors être utilisé pour propulser un projectile dans un tube. C'est le principe du canon.

La question de l'origine des recettes de poudre à base de salpêtre est difficile à résoudre en raison des lacunes de la documentation. Les Chinois semblent bien avoir développé assez tôt des formules de substances à base de salpêtre et associent, peut-être dès le Xe siècle, charbon, salpêtre et soufre pour des mélanges incendiaires ou détonants. Les Arabes, en Syrie ou en Égypte, semblent faire usage de produits incendiaires à base de salpêtre à partir de la fin du XIIe siècle. Des recettes de la fin du XIIIe siècle témoignent déjà de techniques élaborées de raffinage ou de dosage du salpêtre. Différents canaux ont pu diffuser la recette de la poudre vers l'Europe au XIIIe siècle : contacts directs avec la Chine (voyages commerciaux ou diplomatiques), avec l'Empire mongol (pacifiques, dès les années 1240, ou conflictuels), avec le monde islamique (notamment par le relais de l'Espagne maure). Le moine Roger Bacon donne une recette de poudre noire en 1267, en précisant – ce qui n'a pas toujours été relevé – qu'elle permettait de fabriquer des pétards, *« ce jouet d'enfant que l'on fait dans de nombreuses parties du monde »*. Peut-on pour autant parler d'une « invention » de la poudre à canon

Les Chinois associent, peut-être dès le Xe siècle, charbon, salpêtre et soufre pour des mélanges incendiaires ou détonants.

dont le « secret » aurait ensuite circulé ? Non, et pour un ensemble de raisons.

Tout d'abord, il n'existe pas *une* recette de la poudre à canon, mais toute une famille de recettes relevant des feux de guerre, qu'elles concernent des matières incendiaires, des grenades à main, des lances à feu, des pétards, etc. Le canon n'est que l'un des usages possibles, et il a sans doute évolué à partir des lances à feu incorporant de petits projectiles. Dans cette famille des feux de guerre, les techniques se sont croisées, recombinées et ont pu circuler dans plusieurs sens.

Par ailleurs, toute recette de poudre noire ne fait pas une bonne poudre à canon. Allons même plus loin : ce qui compte est moins la composition de la poudre (les trois ingrédients et leur dosage) que leur pureté et le mode de fabrication. Si les Européens connaissent la poudre noire dès le XIIIe siècle, et l'usage du canon dès les années 1320, les poudres utilisées au XIVe siècle semblent en effet leur poser encore des problèmes de puissance et d'humidité. Parmi les tournants majeurs dans la technique de fabrication, nous pouvons citer le mouillage de la poudre lors du battage (d'abord à l'eau-de-vie ou au vinaigre), qui apparaît dans les années 1420. Une fois séché, le pain de poudre est ensuite réduit en miettes fines, ce qui produit une poudre bien plus forte que le simple mélange des ingrédients broyés finement (si forte que l'un des problèmes lancinants pendant le reste du XVe siècle sera de domestiquer la puissance de cette poudre). Dans la seconde moitié du XVe siècle, un tournant conceptuel majeur est pris en abandonnant la recherche d'un adjuvant miracle pour celle de la plus grande pureté possible des ingrédients. Le salpêtre passe ainsi d'un à trois cycles de purification, avec usage de la cendre de bois pour obtenir du nitrate de potassium. Enfin, c'est seulement dans les années 1530-1540 qu'est mis au point le grainage de la poudre.

Encore ne s'agit-il là que de techniques de fabrication, car l'histoire de la poudre à canon est aussi une histoire économique et sociale. Tant que n'auront pas été constitués les réseaux commerciaux permettant d'importer d'Espagne, de Sicile ou d'Égypte de grandes quantités de salpêtre brut, le prix de la poudre en limitera fortement l'usage. Et la mise au point, dans les années 1450, d'une technique d'extraction des nitrates à partir de terres salpêtrées ne permit de répondre à la demande que dans les pays comme la France où le souverain était assez puissant pour imposer à ses sujets l'intrusion dans leur domicile des « salpêtriers du roi » venant lessiver la terre des caves, racler les murs et réquisitionner les chaudrons.

Les canons du Moyen Âge étaient-ils efficaces ?

En septembre 1409, pour une querelle d'héritage impliquant un de ses fidèles, le duc de Bourgogne envoya son armée s'emparer des places que tenait Henri de Blâmont en Franche-Comté. Arrivés sous les murs du château de Vellexon, les commandants convinrent « *qu'il n'estoit point prenable d'assault, et pour ce fut deliberé par eulx qu'il conviendroit avoir des angins, canons, bombardes et autres choses neccessaires pour batre et desrouchier ledit chastel* », et qu'un siège en règle devait être mené pour mettre à la raison les quelques dizaines de défenseurs. Malgré l'engagement de neuf grosses bombardes, dont six au moins furent accidentées et deux ne parvinrent jamais jusqu'au siège, la place ne fut prise que le 22 janvier 1410, au terme d'un siège de plus de quatre mois.

Ainsi présenté, l'apport du canon à la guerre médiévale peut sembler assez modeste. Deux nuances sont cependant à apporter. D'une part, la place était jugée

LE GRAINAGE DE LA POUDRE : UNE RÉVOLUTION TECHNIQUE TARDIVE

En faisant passer la pâte de poudre par un crible, il est possible de la façonner en grains d'une taille donnée. Tout l'intérêt du procédé est que le grain se consumera plus ou moins rapidement selon son diamètre. Or il est intéressant d'avoir une poudre un peu plus lente pour les pièces de gros calibre, car leurs boulets ont une plus forte inertie et il faut éviter un pic de pression pouvant entraîner l'explosion. Avec des grains de la même taille, la poudre présente un comportement homogène, et il est possible de régler précisément ses effets. La « poudre greslée » apparaît en France dans les années 1520, pour les seules armes portatives. La poudre grosse grainée pour les grandes pièces d'artillerie n'apparaît qu'au début des années 1540.

Les canonniers doivent rapidement s'adapter aux caractéristiques de la nouvelle poudre. La charge, qui est égale au poids du boulet avec la poudre traditionnelle, doit en effet être réduite aux deux tiers du poids du boulet avec la poudre grainée, voire moins en cas d'usage intensif. Au siège de Thérouanne en 1553, 19 des 29 canons de batterie utilisés sont mis hors d'usage, les canonniers se plaignant de ce que « *est la pouldre véhémente par estre fyne* ». Le maître de l'artillerie de l'Empereur leur préconisa donc de limiter la charge à la moitié du poids du boulet.

imprenable sans artillerie. Faisons donc confiance aux combattants expérimentés qui étaient là pour avoir apprécié l'utilité du recours aux canons. D'autre part, si la dotation initiale des deux grosses bombardes amenées en octobre s'avéra insuffisante (et toutes deux étaient hors d'usage à la mi-décembre), ce sont au moins cinq grosses bombardes qui arrivèrent entre la fin décembre et la mi-janvier et emportèrent la décision en trois semaines.

Les bombardes de Vellexon semblent bien correspondre à la représentation souvent faite des canons médiévaux comme des pièces excessivement grandes, de fer forgé, tirant des boulets de pierre, et lentes car transportées sur des chariots. Mais deux raisons au moins doivent nous inciter à nous méfier de cette représentation. Tout d'abord, les pièces les plus emblématiques des canons du Moyen Âge qui ont été conservées sont les grosses bombardes de fer, comme la Dulle Griet (à Gand) ou la Mons Meg (à Édimbourg). Mais c'est bien parce qu'elles sont exceptionnellement grandes que ces pièces sont devenues célèbres, et même objets de fierté locale. Et c'est parce qu'elles sont de fer et non de bronze qu'elles n'ont pas été refondues et nous sont donc parvenues. L'autre raison est que l'accent mis sur l'artillerie « moderne » (qu'elle soit attribuée aux frères Bureau ou aux canonniers de Charles VIII) a défini, par opposition, l'artillerie médiévale. Puisque la modernité tenait à l'usage du bronze, du boulet de fer, de l'affût à rouage, l'artillerie médiévale ne pouvait être que de fer forgé (donc fragile), à boulet de pierre (donc peu destructrice) et descendue au palan sur sa position de tir. Or c'est oublier un peu vite que le canon a évolué pendant plus d'un siècle et demi avant que n'apparaisse la pièce de type moderne. L'artillerie à poudre médiévale se caractérise en réalité par une succession de tournants techniques et la rapidité de diffusion des innovations.

Un foisonnement de formes

Au moment du siège de Vellexon, les canons jetant pierre, apparus au milieu des années 1370, se répartissent approximativement en deux familles : les gros (boulets de 40 kg et plus, jusqu'à 250 kg) et les petits (boulets de 1 à 12 kg). Ceux-ci sont d'ailleurs aussi présents à Vellexon, puisque l'on sait que la milice de Besançon est venue avec trois petites bombardes. Fer et bronze sont pareillement utilisés pour réaliser ces

Ce canon bourguignon, dit courtault, à chargement par la gueule, représenté ici au début du XVIe siècle, tire des boulets de pierre impeccablement calibrés. Il est en bronze et dépasse les deux tonnes !

L'artillerie médiévale se caractérise par une succession de tournants techniques et la rapidité de diffusion des innovations.

pièces. À côté des canons jetant pierre existent également les canons à plommées (balles de plomb), des pièces plus légères, portatives. Elles souffrent cependant d'un manque de puissance de la poudre et ne sont efficaces qu'à bout portant sur un soldat en armure. Les plommées ne sont d'ailleurs pas toujours des billes mais peuvent prendre l'aspect de petits cylindres pour un meilleur positionnement dans le tube du canon. Cette famille de canons sera révolutionnée vingt ans plus tard, quand la puissance de la poudre émiettée permettra la mise au point de la couleuvrine. Cette nouvelle arme frappe si fort les imaginations qu'un clerc rouennais note en 1429 dans son journal ce qu'il a entendu dire des troupes royales assiégeant Paris: « *et avoient une maniere de instrumens nommés couleuvres qui jetoient pierres et plombées, mès ne faisoient point de noise, sinon ung poy siffler, et jetoient auxi droit comme ung arbalestre* ».

À cette époque, les canons à garrots (de grosses flèches), qui étaient utilisés notamment pour des tirs incendiaires, sont pratiquement sortis d'usage, même s'il en subsiste encore un certain nombre dans les artilleries des châteaux et des villes. Le faible poids des garrots permettait de ne charger les canons qu'avec des quantités très réduites de poudre, ce qui était au XIVe siècle un avantage déterminant quand la poudre était rare et extrêmement chère; mais son prix, qui était encore de 10 sols la livre vers 1375, s'est abaissé à environ 3 sols la livre en 1409.

Enfin, un nouveau type de pièce, qui vient d'apparaître en Flandres, n'est pas encore connu en Bourgogne. Il s'agit du canon à chambre mobile – celle-ci ressemble un peu à une chope de bière et, chargée de poudre et fermée d'un tampon de bois, se fixe à l'arrière de la volée –, qui se diffusera sous le nom de veuglaire (sans doute du flamand *vogheleer*, l'oiseleur).

Alors, efficace, le canon? La réponse dépend de la date et des attentes. Un point paraît cependant clair:

DEUX PORTRAITS DE TIREURS D'ÉLITE DU ROI DE FRANCE

Célébré par les Orléanais assiégés par les Anglais (1428):
« *Sur tous faisoit moult de mal ung couleuvrinier, natif de Lorraine, estant lors de la garnison d'Orléans, nommé maistre Jehan, que l'on disoit estre le meilleur maistre qui fust lors d'icelluy mestier. Et bien le monstra, car il avoit une grosse couleuvrine dont il gectoit souvent, estant dedans le pillier du pont, près du bolevart de la Belle Croix, tellement qu'il en tua et bleça moult d'Angloys. Et pour les mocquer, se laissoit aucune fois cheoir à terre, faignant estre mort ou blecié, et s'en faisoit porter en la ville; mais il retournoit incontinent à l'escarmouche, et faisoit tant que les Anglais la (sic) sçavoient estre vif en leur grant dommaige et desplaisir.* »
(*Journal du siège d'Orléans*, p. 18-19, éd. P. Charpentier et C. Cuissard, 1896)

Honni par les Bourguignons assiégeant Compiègne (1430):
« *Mortellement dru venoit le trait de dedens sur eux tant de canons comme de colevrines, dont il en y avoit de bons ouvriers avecques eux, par espécial un cordelier natif et vestu à Valenciennes, nommé Noiroufle, un haut grant bomme noir, atout un laid murtrier visage et une felle veue et un grant long nez et portoit rude grosse faconde et semblant espoventable entre tous les autres d'église et de religion (de tous ceux que je vis oncques, le moins apparant homme d'église). Cestuy estoit mis dedens ceste ville en garnison, ne sçay si comme apostat ou autrement (à Dieu je m'en rapporte), mais estoit tous les jours aux créneaux atout une coleuvrine dont il estoit maistre, le non pareil des autres, voire le plus murdrier, ce disoit-on, qui oncques avoit esté vu; car durant le temps du logis devant luy et premier que le siège prist fin, luy-mesme se vantoit, disoit-on, d'avoir tué de sa seule main trois cens hommes par sa coleuvrine et en faisoit sa risée, et s'en tenoit à tout honnoré et joyeux.* » (*Œuvres de Georges Chastellain*, II, p. 53, éd. Kervyn de Lettenhove, 1863-1866). Ce brave couleuvrinier accumule donc les tares: homme d'Église mais combattant et tuant, traître à son comte (il est du Hainaut), aussi laid physiquement que moralement.

le canon ne se contente pas d'agrémenter le combat de bruit et de fumée. Il a des effets, même s'il a aussi une dimension symbolique – et le premier tir d'une grosse bombarde vient rapidement à être considéré comme marquant irrévocablement l'ouverture du siège : les assiégés sont désormais officiellement rebelles à leur prince, et celui-ci ne peut plus s'en aller sans entacher son honneur. À Vellexon, le tir des grosses bombardes est assez puissant pour briser les troncs qui contrebutent les pièces et renverser de leur souffle les manteaux de protection. Dans les années 1410, les grosses bombardes sont capables, à 200 ou 300 m de distance, de transpercer des murs faibles, de ruiner parapets et mâchicoulis, de faire brèche. Mais leur tir est lent (un coup par heure environ) et assez imprécis, et l'efficacité sur les fortifications dépend donc pour une bonne partie du nombre de bombardes qui sont réunies. Dans les années 1430, on compte deux ou trois bombardes pour un siège de château, une demi-douzaine pour le siège d'une forte ville. Mais qu'il s'agisse-là d'une vraie menace pour les places fortes peut s'apprécier à l'apparition et à la vitesse de diffusion d'un nouveau type de fortification : le boulevard (l'étymologie est encore à chercher du côté des Flandres : *boelwerk*, ouvrage charpenté). Dans son principe, cette fortification détachée sert avant tout de bouclier contre les tirs de canon, notamment pour couvrir un organe fragile comme la porte de la place. Les premiers boulevards des années 1410 sont ainsi des ouvrages de charpenterie matelassés d'une bonne épaisseur de terre (le rempart, au sens précis du mot).

Se protéger des tirs des assiégés devient indispensable

L'efficacité du canon se mesure aussi aux précautions que prennent désormais les assiégeants contre les tirs des assiégés. Elles sont encore modestes au début des années 1410 même si, nous l'avons vu, les bombardes bourguignonnes sont protégées à Vellexon par des manteaux de bois. La donne va clairement changer avec la diffusion du veuglaire. Les mentions de combattants prestigieux tués d'un boulet commencent à se multiplier. Les assiégeants adoptent à leur tour la technique du remparement pour les postes avancés, tandis que le percement des canonnières devient systématique au milieu des années 1410 dans les enceintes de ville. La force d'impact de la couleuvrine, capable de percer « *deux ou trois fortes croustes de quesne* », son faible coût d'usage, marqueront une nouvelle escalade. Du côté des assiégés, on renforce précipitamment les couronnements de bois (les hourds). Du côté des assiégeants, on creuse des tranchées et des boyaux de circulation pour se mettre à couvert des tireurs d'élite.

Les frères Bureau ont-ils inventé le canon moderne ?

Même avant les années 1470, le canon est donc déjà une arme utile dont on n'envisage pas de se passer. Elle n'est pas pour autant absolue, et son efficacité exige notamment des ressources importantes pour amener les canons à pied d'œuvre, les alimenter en poudre et boulets, et disposer des canonniers pour les servir. Avec les pièces de siège, l'artillerie permet donc aux puissants de concrétiser le déséquilibre des forces.

On a beaucoup prêté aux frères Bureau, à la fois au plan institutionnel – la réorganisation de l'artillerie royale sous Charles VII – et au plan technique – l'invention du canon moderne, de bronze, monté sur un affût à roues, tirant des boulets de fer et chargé à la poudre grainée. La conclusion était évidemment que la reconquête de la Normandie et de la Guyenne en 1449-1450 était imputable à l'écrasante supériorité technique de l'artillerie française.

Du point de vue technique, il existe en réalité une évolution relativement continue sur toute la seconde moitié du XVe siècle, selon des lignes à peu près similaires en France et en Bourgogne. Le principal problème semble avoir été la transposition pour des pièces de plus grande taille du principe de la couleuvrine : poudre violente, balle étroitement ajustée et propulsée dans la volée du canon par la poussée des gaz, chargement par la gueule. L'une des difficultés était qu'il était dangereux de conserver le plomb comme matériau pour le boulet car l'accélération devenait trop faible pour des boulets de grande taille au risque que se produise un pic de pression faisant éclater la pièce. La solution qui se dégagea progressivement

Après l'expédition de Naples de 1494-1495, Italiens et Espagnols se lancent à marche forcée dans l'imitation du système français.

fut celle du canon coulé en bronze (sa structure monobloc lui conférant plus de résistance), et du boulet de fonte de fer (suffisamment dense sans l'être autant que le plomb, et bien régulier puisque moulé). Un second problème fut de conserver pour des pièces de plus en plus lourdes les affûts à roue des pièces de campagne, avec là aussi des innovations remarquables concernant le support du canon (adoption des tourillons) ou le charroi (renforcement de la roue et des essieux, diminution des frottements). À partir de la fin des années 1460, les canonniers disposent de grosses couleuvrines capables de viser avec précision et de détruire des éléments de fortification fragiles; à partir des années 1480, ils développent la formule du canon serpentin (à boulet de fer), utilisé en batterie pour faire brèche.

Y a-t-il eu une « crise du boulet métallique » ?

Le système efficace mis au point par les canonniers français et bourguignons fut rapidement imité, à commencer par la Bretagne et l'Angleterre. Les États d'Europe du Sud semblent s'être d'abord montrés plus circonspects, mais la démonstration de force de l'artillerie française lors de l'expédition de Naples de 1494-1495 balaya les préventions : principautés italiennes et royaume espagnol se lancèrent à marche forcée dans l'imitation du système français.

« *Quand ils vont à une place, quand ils arrivent en vue, ils détachent les bêtes des charrois, retournent les canons, et peu à peu les font avancer de sorte que, avec la protection des charrois, en un jour, sans faire d'approches en sape, ils parviennent aux murailles. En premier, ils éliminent tous les postes de défense. Quand ils en viennent à canonner, ils engagent trente ou quarante pièces d'artillerie, de sorte qu'elles mettent en pièces le mur au point qu'il ne peut plus résister. Ils disent que leur artillerie peut traverser un mur de huit brasses d'épaisseur, qu'ils le transperceraient. Et bien que le trou soit petit, par la grande multitude des coups, il est forcé que tout soit mis en pièces, car de l'heure où ils ont commencé à tirer, ils ne s'arrêtent plus ni le jour ni la nuit (…). Il ne fait doute pour aucun d'eux qu'ils peuvent prendre Livourne en un jour, Pise en deux. Ils se rient d'Ostie et trouveraient honteux de ne pas l'avoir eu en deux jours, et un canonnier, qui alla espionner Naples, met sa tête à couper s'il ne prend pas le Castelnuovo en deux jours.* » Ce rapport en 1494 de l'ambassadeur florentin a pu laisser dubitatifs ses

LES FRÈRES BUREAU ET LA RÉORGANISATION DE L'ARTILLERIE FRANÇAISE

Il est quelque peu réducteur de parler en bloc des « frères Bureau » en méconnaissant leurs fonctions. Jehan Bureau a un profil d'administrateur, et notamment d'administrateur financier. Issu de la bourgeoisie parisienne, il passe au service du roi de France en 1436, quand celui-ci reprend Paris, et devient en 1443 trésorier de France, c'est-à-dire l'un des trois grands administrateurs du domaine royal. Proche conseiller du roi, il est chargé de missions diplomatiques ou financières. Mais il semble avoir aussi montré un intérêt particulier pour l'administration militaire, ce qui amène le roi à lui confier en 1439 le délicat intérim du maître de l'artillerie Pierre Bessonneau, toujours nominalement titulaire de la charge. Il en exerce les fonctions jusqu'en novembre 1441, quand son frère Jaspard lui succède. Il conserve indéniablement une compétence en la matière et vient seconder son frère pour certaines opérations de grande ampleur mettant en jeu plusieurs trains d'artillerie. Jaspard, s'il a une carrière moins brillante que son frère, est plus centré sur l'artillerie, dont il assure la maîtrise par intérim jusqu'en 1444, puis comme titulaire jusqu'à sa mort en 1469.

La connaissance de l'artillerie française durant cette période est limitée par la perte des archives, et le contraste est de ce point de vue marqué avec l'artillerie bourguignonne. Il faut nuancer cependant l'idée d'une organisation particulièrement en avance sur celle des puissances rivales. Sur certains points, la longue maîtrise de Jaspard Bureau est simplement un rétablissement de l'organisation qui existait avant le royaume de Bourges, avec un maître et un contrôleur de l'artillerie. Sur d'autres, elle accuse plutôt une forme de retard. Il faut par exemple attendre 1470 pour voir apparaître un trésorier permanent de l'artillerie, alors que la fonction existe dans le duché de Bourgogne depuis 1458. Le grand succès de l'artillerie royale française est cependant la constitution d'un corps permanent de canonniers. La bonne paye, la stabilité de l'emploi, permettent de réunir des spécialistes extrêmement qualifiés qui, avec l'intérêt manifeste des rois successifs et la continuité des investissements, font de l'artillerie royale française un foyer d'innovations. La puissance de l'artillerie royale tient aussi au développement d'une production nationale de salpêtre (années 1470) et à la mise en place d'un système sophistiqué de réquisition des chevaux de trait (début des années 1480). Du point de vue administratif, les principales avancées sont, on le voit, imputables au règne de Louis XI.

Le mode d'emploi de la nouvelle artillerie exige beaucoup plus de **chevaux**, de **poudre**, de **sapeurs**, de **canonniers.**

destinataires, mais leur sourire se figea en voyant passer les pièces de l'artillerie royale sur leurs affûts à roues, et ils perdirent toute envie de rire quand les troupes françaises enlevèrent en quelques heures en février 1495 les deux places fortes de Montefortino et Monte San Giovanni qui verrouillaient l'accès au royaume de Naples. Dans les deux cas, quelques heures de batterie avaient suffi à ouvrir la brèche. Le retentissement du voyage de Naples chez les historiens italiens de la Renaissance a contribué à entretenir l'idée que la nouvelle artillerie avait du jour au lendemain périmé la fortification traditionnelle, en ouvrant une crise qui ne serait refermée que par l'invention du tracé bastionné.

La réalité est, comme souvent, plus nuancée. La nouvelle artillerie, tirant des boulets plus denses (mais plus petits) et avec plus de puissance, faisait effectivement des dégâts importants. Elle avait surtout l'avantage de tirer de plus loin et avec davantage de précision, ce qui permettait aux assiégeants de détruire impunément les positions de défense de la place attaquée : parapets crénelés, mâchicoulis, canonnières… Une fois la défense réduite au silence, la batterie continue sur plusieurs heures voire plusieurs jours ouvrait une grande brèche par où était donné l'assaut. La durée moyenne d'un siège passait ainsi d'une dizaine de semaines à une dizaine de jours.

L'artillerie évolue, et les fortifications aussi

Mais s'il fut particulièrement désagréable aux Italiens de faire les frais d'un système parvenu à maturité, la fortification avait déjà commencé à s'adapter dès les années 1470 avec l'abandon du mâchicoulis, l'adoption du parapet élargi à embrasures, l'épaississement du mur, les défenses basses dans le fossé, l'adaptation de postes de tir défensifs pour l'emploi de la nouvelle artillerie.

CASTILLON, 1453 : L'ARTILLERIE MET FIN À LA CHEVALERIE… OU PAS

L'idée d'employer la nouvelle arme sur le champ de bataille a été précocement envisagée, dès les années 1370. La difficulté est que la très courte portée du canon supposait qu'il soit tiré quasiment à bout portant. Flamands et Italiens s'intéressèrent à la possibilité de grouper suffisamment de pièces (quelques centaines) pour obtenir un effet de choc brisant la résistance ennemie : mais si les Gantois remportèrent ainsi une victoire mémorable sur les Brugeois en 1382, les résultats s'avérèrent bien décevants sur des troupes plus aguerries. Jusqu'aux années 1430, le canon en campagne fut surtout utilisé pour renforcer des positions défensives, et notamment le camp ou le parc de l'armée.

Les premières grosses couleuvrines montées sur roues (les serpentines) changent un peu la perspective, avec un emploi plus offensif, sur la ligne de bataille. Les effets sont quelque peu paradoxaux. Ces canons, encore rares, qui ne peuvent tirer qu'une ou deux décharges avant d'être masqués par le mouvement des troupes, avec des difficultés de visée, sont assez peu meurtriers. Mais – et c'est un grand mais – les combattants supportent fort mal de rester passifs sous la canonnade. À Formigny (1450), une paire de couleuvrines suffit à perturber l'ordre de bataille anglais, les combattants quittant leur position pour se lancer à l'assaut des canons importuns. Cet effet psychologique diminue rapidement dans la seconde moitié du XVe siècle, avec la valorisation d'une nouvelle forme de courage : l'impassibilité sous le feu ennemi.

Castillon correspond en réalité à une situation assez habituelle, si l'on songe aux déboires anglais à Orléans (1428) ou Dieppe (1442) : l'assaut du camp de siège par une armée de secours. Si cet assaut a tourné au désastre pour Talbot, c'est qu'il a à la fois cru les défenseurs en fuite et sous-estimé la puissance de l'artillerie défendant le camp, dans une configuration statique-défensive particulièrement favorable à son emploi. La cavalerie lourde continuera jusqu'au milieu du XVIe siècle à constituer l'arme de choc par excellence sur le champ de bataille, avant que l'arquebuse (Pavie, 1525) et le pistolet de selle (Saint-Quentin, 1557) n'en émoussent le tranchant.

BRIDGEMAN

Les pièces d'artillerie figurant sur cette enluminure des années 1470 n'ont aucun caractère réaliste. L'artiste a amalgamé des éléments archaïques (volée courte, chambre longue) et modernes (boulets métalliques) pour représenter un siège ancien, celui de Calais en 1346-1347.

Bref, les transformations rapides de l'artillerie entraînèrent des transformations rapides de la fortification, et il serait exagéré de voir dans le canon moderne une arme absolue entraînant une suprématie militaire.

Le point essentiel, en fait, se situe ailleurs. Le mode d'emploi de la nouvelle artillerie exige beaucoup plus de chevaux, de poudre, de sapeurs, de canonniers, qu'il faut pouvoir lever, convoyer, payer. L'artillerie suppose donc des organisations étatiques puissantes aux larges ressources financières, lesquelles seront aussi les seules à même de supporter les coûts de la nouvelle fortification. Elle met moins en crise la fortification que les petites principautés. Pour continuer à jouer dans le jeu des puissances, pour survivre tout simplement, il leur faut se doter des moyens humains, techniques, financiers surtout, requis par la guerre moderne. En ce sens, l'artillerie à poudre, cette « *ultima ratio regum* », est bien l'un des facteurs de la concentration des pouvoirs dont est né l'État moderne. /

GLOSSAIRE

L'histoire de l'artillerie à poudre médiévale, qui évolue si rapidement, est d'abord une histoire des mots. Mais le sens de ces mots eux-mêmes varie selon la date et selon le lieu, ce qui rend particulièrement délicat l'exercice de la définition.

BOMBARDE : durant tout le XIVe siècle, dans la moitié est (Lorraine, Comté, Lyonnais, Savoie, Provence) « bombarde » est utilisé à la place de « canon ». Dans les années 1410, le terme tend à se spécialiser. Le Val-de-Loire distingue ainsi les canons des bombardes, qui sont peut-être ici des pièces un peu plus longues. Le duché de Bourgogne, notamment dans les Flandres, commence à utiliser le terme pour désigner les gros canons jetant pierre. Ce sens semble avoir dominé à partir des années 1430, mais comme ces bombardes sont plus ramassées (rapport longueur/calibre de 4 à 8) que les veuglaires ou couleuvrines, le terme peut se trouver aussi utilisé pour désigner de petites pièces en forme de bombarde (petite bombarde, bombardelle).

VEUGLAIRE : le terme apparaît en Flandres entre 1405 et 1410 et se diffuse dans le courant des années 1410. Il semble désigner des canons à chambre mobile, plus élancés que la bombarde (rapport longueur calibre de 8 à 12). Le veuglaire peut être aussi bien une pièce moyenne qu'une pièce lourde, et si le duché de Bourgogne utilise très largement le terme, notamment pour des pièces moyennes, il semble davantage réservé à des pièces de grande taille en France royale et en Bretagne (où le mot « canon » peut recevoir un sens plus précis que l'habituel sens générique).

COULEUVRINE : le terme « couleuvrine », qui apparaît en 1428 et se diffuse à toute la zone en quelques années, désigne d'abord une arme portative ou semi-portative, à balle de plomb, qui n'a que très exceptionnellement une chambre mobile, et dont la principale caractéristique semble être sa forme allongée (rapport longueur calibre sans doute autour de 20 à 30). Le procédé de la couleuvrine donnera rapidement lieu à la naissance de toute une famille : couleuvrine pour les petites pièces (de 5 à 40 kg), à main ou à manche ; crapaudeau ou crapaudin pour les pièces moyennes (de 40 à 80 kg), à chambre mobile, souvent groupées sur des chariots ; serpentine pour les grandes pièces, à chambre mobile, montées sur petites roues. À partir du milieu du XVe siècle, la tendance sera à la suppression de la chambre mobile pour les grandes pièces de la famille. L'artillerie royale française considérera ces pièces comme une croissance en taille des couleuvrines et les appellera des « grosses couleuvrines » - tout en conservant le terme de « serpentine » pour les plus grandes pièces, vite caractérisées par l'emploi de boulets de fer, les boulets « serpentins » - ; l'artillerie bourguignonne de son côté y verra une évolution de la serpentine et les qualifiera de « petite serpentine » : deux termes différents, donc, pour un même objet. « Grosse couleuvrine » désigne ainsi pour les Français une pièce de plus en plus considérable, d'une centaine de kg dans les années 1450 à plus d'une tonne dans les années 1480, ce qui amène à la création de nouveaux termes pour nommer une gamme de pièces allant de la couleuvrine à main jusqu'à la grande couleuvrine en passant par la couleuvrine à crochet (vers 1460), le faucon (vers 1470), la couleuvrine moyenne (vers 1480) et la couleuvrine bâtarde (vers 1505).

La destruction du Second Temple

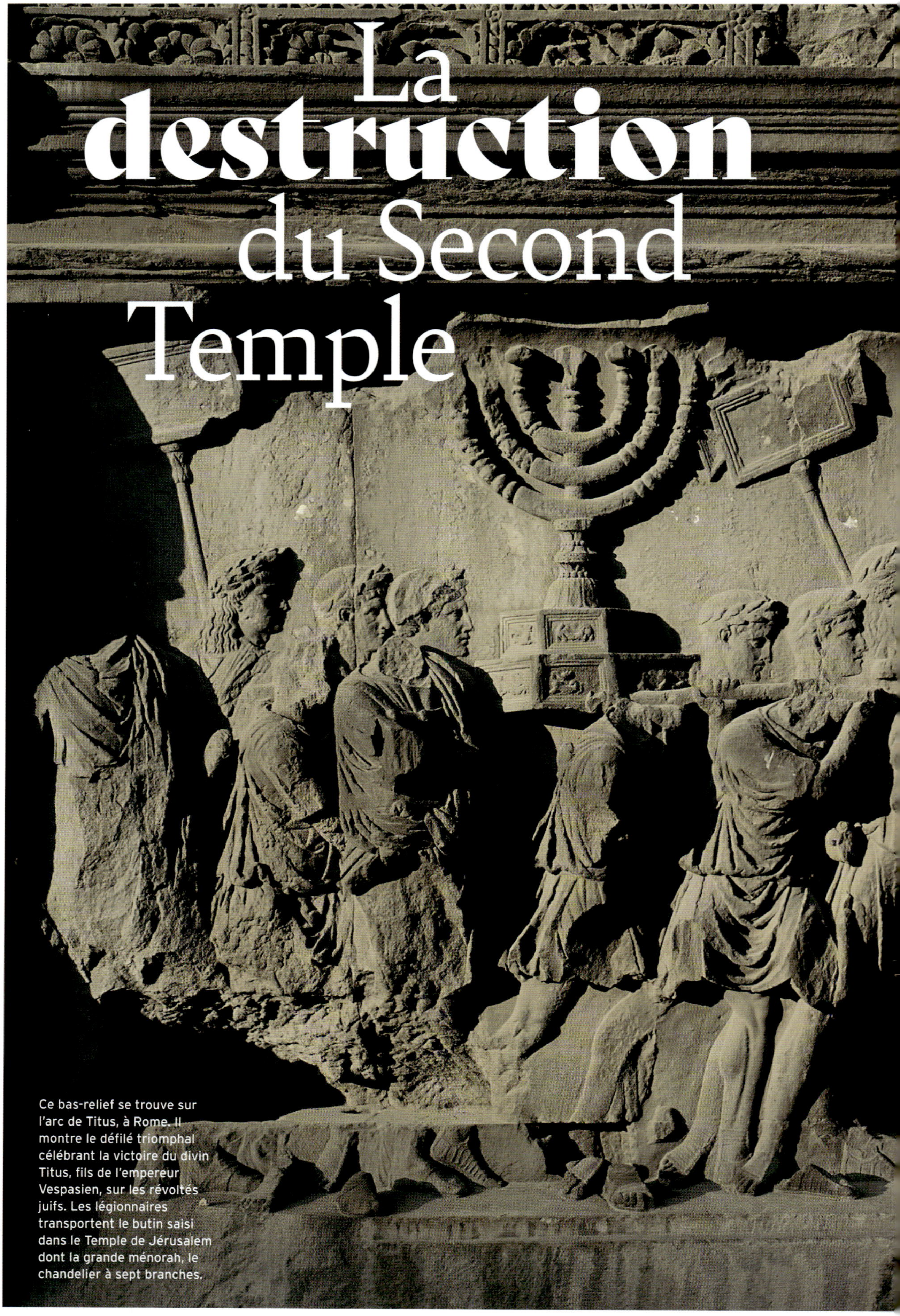

Ce bas-relief se trouve sur l'arc de Titus, à Rome. Il montre le défilé triomphal célébrant la victoire du divin Titus, fils de l'empereur Vespasien, sur les révoltés juifs. Les légionnaires transportent le butin saisi dans le Temple de Jérusalem dont la grande ménorah, le chandelier à sept branches.

AKG

Un court assaut des murailles du temple de Jérusalem, un pillage, un incendie, et voilà quatre légions qui déclenchent la séparation définitive du christianisme d'avec le judaïsme, dont elles provoquent la refondation.

PAR **LASHA OTKHMEZURI,**
DOCTEUR EN HISTOIRE DES RELIGIONS

L'arc de Titus se dresse sur la Via Sacra, non loin du Colisée. La basilique Saint-Pierre, cœur de tout le christianisme hier et du catholicisme aujourd'hui, se trouve au nord-ouest, sur l'autre rive du Tibre. Une heure de promenade – à peine quatre kilomètres – sépare ces deux points de Rome bien connus.

J'ai conservé le souvenir d'une de mes visites à Titus et à Saint-Pierre.

C'était au mitan d'un jour de juillet accablant de chaleur. Près de moi, touriste parmi d'autres, un groupe de rabbins israéliens scrute le panneau sculpté qui se trouve sur la jambe sud de l'arc de Titus. Ce qui me frappe c'est, bien sûr, les habits de laine noire emmagasinant le feu du ciel mais aussi le fait que tous sont équipés de jumelles. Je ne les avais pas vus arriver, absorbé que j'étais à regarder à l'opposé, côté nord donc, un autre panneau, celui qui représente le *« divin Titus Vespasien Auguste fils de Vespasien »* au milieu de la procession triomphale célébrant sa victoire sur les révoltés juifs. Debout sur un char, la déesse Victoire équipée en légionnaire ceint Titus d'une couronne de laurier. Tout crie la puissance militaire de Rome, l'amitié des dieux pour la Ville conquérante mais aussi l'histoire de la famille des Flaviens: Titus est de facto vice-empereur de Rome, sous son père Vespasien, et c'est son frère Domitien qui construit l'arche en souvenir de sa divinisation, en 81.

Le butin énorme de Titus

Les jumelles des rabbins sont braquées de l'autre côté, sur le panneau sud. Chose curieuse, aucun d'entre eux n'a osé s'engager sous la voûte d'où, pourtant, ils verraient mieux, et sans jumelles. Ignorent-ils que le grand rabbin de Rome a levé en 1948 la vieille interdiction faite aux Juifs de passer en ce point maudit pour eux? La décision a d'ailleurs été réitérée[1] en 1997. Ce qu'ils regardent avec tant d'intensité? Le bas-relief de marbre le plus connu de l'arc de Titus, celui qui donne une vie saisissante au transport par les légionnaires du butin saisi dans le temple de Jérusalem. Le guide explique aux rabbins que l'énorme richesse arrachée au sanctuaire a permis à Vespasien de financer la construction du Colisée et du temple de Paix, ce dernier classé merveille du monde par Pline l'Ancien. Rien de moins. Parmi les trophées poussés derrière le quadrige de Titus, on distingue une grande ménorah – le chandelier à sept branches –, les trompettes sacrées et la table d'or sur laquelle on disposait les pains de proposition. Une copie des rouleaux de la Torah fermait la procession: c'est Flavius Josèphe, l'historien juif contemporain des événements, qui l'affirme dans son récit de la guerre de Judée. Le marbre crie que Rome a triomphé du Dieu d'Israël et détruit sa maison, et le groupe de rabbins semble en être accablé encore plus que par la chaleur.

Le guide a terminé son *speech*. En silence, la petite troupe quitte l'arc de Titus, en direction de la Piazza d'Aracoeli. Je la suivrai un moment avant de la perdre de vue lorsqu'elle tournera à gauche, sans doute pour aller vers le musée de la Shoah ou vers la Grande Synagogue. Quant à moi, je continuerai vers le coude du Tibre et le pont Victor-Emmanuel II jusqu'à la basilique Saint-Pierre. Je ne me souviens pas de la suite de mon séjour. J'ai juste gardé en mémoire cette troupe de rabbins à jumelles qui semblait encore souffrir des exactions des diaboliques légions romaines, deux mille ans après.

Une affaire pas si mince

J'ai longtemps cru que le siège de Jérusalem n'avait été qu'une affaire militaire de second ordre. C'est en tout cas l'impression que m'avaient laissée les deux lignes que Suétone consacre à la campagne de Judée. *« Au dernier assaut de Jérusalem, il* [Titus] *tua de douze flèches douze défenseurs de la place, et la prit le jour de la naissance de sa fille*[2]*. »* Que, sous la plume de l'auteur de la *Vie des douze Césars*, l'anniversaire familial figure à égalité avec la victoire ne fait pas de celle-ci une formalité. En réalité, Vespasien et Titus ont passé de longs mois à rassembler des forces et à préparer l'opération contre la capitale de l'État juif de Judée. La révolte avait éclaté en 66. Deux ans plus tard, elle était matée partout, sauf à Jérusalem et dans quelques forteresses périphériques. Quatre légions d'élite sont affectées au siège. Avec les détachements auxiliaires – vingt cohortes d'infanterie, huit *alae* montées et 18000 hommes fournis par des rois vassaux –, c'est plus de monde qu'il n'en avait fallu à Claude pour envahir la Bretagne – l'actuelle Angleterre – vingt-cinq ans auparavant. Impossible donc de parler d'une petite affaire militaire.

Les révoltés se défendent avec une énergie stupéfiante. L'enjeu était pour eux gigantesque, sans doute un des plus élevés qui se puisse concevoir. Pour les Juifs, le Temple était *« l'univers entier »* a écrit le philosophe Philon d'Alexandrie[3], peu enclin à l'hyperbole. L'investissement de la nation dans ce sanctuaire avait été gigantesque, hors de proportion avec son nombre et ses moyens. Ordonnés par le roi Hérode, les travaux d'embellissement du Second Temple (et non pas la construction d'un nouveau temple comme on le croit souvent) mobilisèrent

Le **temple de Jérusalem** était non seulement la **demeure de Dieu** mais aussi le **centre du pouvoir** économique et politique.

18 000 ouvriers. Les travaux s'étirèrent sur 84 années. Ils seront achevés vers 64, c'est-à-dire six ans à peine avant la destruction.

Le Temple se dressait sur une esplanade remblayée de 144 000 m², soit presque dix fois la superficie de la basilique Saint-Pierre, le plus grand édifice religieux du monde actuel. Le sanctuaire lui-même était organisé en trois parties : le vestibule, le Saint et le Saint des Saints. Seuls les deux premiers étaient ouverts à quelques religieux. Le troisième, où le Grand Prêtre lui-même ne pouvait entrer, restait vide : c'était l'espace réservé au Dieu d'Israël, caché derrière des voiles pourpres, hyacinthe et écarlates. Autour de ce temple vivait une religion – le judaïsme du Second Temple. La terre promise au peuple de l'Alliance était centrée sur le Temple. La Judée était l'État du Temple, et le Temple était la justification même de l'existence de la Judée. Que le Temple disparaisse et cette religion devait s'effondrer.

Exaspération générale

Le temple de Jérusalem était non seulement la demeure de Dieu mais aussi le centre du pouvoir économique et politique. Il était donc logique que la révolte commençât à cet endroit quand fut prise la décision capitale de cesser d'offrir le sacrifice quotidien à l'empereur. « *Au Temple,* rapporte Flavius Josèphe, *Eleazar, fils du grand prêtre Ananias et jeune homme d'une extrême hardiesse qui était alors chef de la police du Temple, persuada les ministres du culte de ne plus accepter de présent ni de sacrifice d'aucun étranger : ce fut le fondement de la guerre avec les Romains*[4] ». Qui, parmi les prêtres, ne savait que cette décision constituait un *casus belli* ? Sans parler de la blessure infligée à l'idée centrale du monothéisme, le refus de sacrifier au Jupiter romain couronnait une exaspération générale face aux agissements de Gessius Florus. Comment ce gouverneur-procurateur de Judée pouvait-il penser continuer à puiser dans le trésor du Temple qui n'était autre que l'accumulation des offrandes sacrées du peuple élu à son Dieu ? Le geste d'Eleazar avait été précédé d'émeutes et de nombreux accrochages avec les Romains. À peu près au moment où Eleazar suspendait le sacrifice à Jupiter, les zélotes – un groupe de juifs radicaux, rigoristes et nationalistes – saisissaient la forteresse de Massada et s'équipaient des armes des légionnaires massacrés par centaines. Dans leur audace même à refuser l'offrande à l'empereur, ces exaltés ont sûrement vu un signe avant-coureur de la fin des temps. Et également l'occasion de brûler les archives du Temple – institution financière –, pour faire disparaître les reconnaissances de dettes. La lutte sociale était dans la lutte nationale, elle-même lovée dans la lutte religieuse. Ce ne serait pas la dernière fois dans l'Histoire.

Titus en service commandé

Le roi Agrippa II, arrière-petit-fils d'Hérode le Grand et souverain d'une partie de la Galilée et de la Judée, échoue à mater l'insurrection avec les moyens militaires qu'il a sous la main. Le gouverneur romain de Syrie, Cestius Gallus, s'y casse aussi les dents. En février 1967, l'empereur Néron confie l'affaire à Vespasien, le conquérant de la Bretagne. Au moment où le général parvient à soumettre les insurgés, sauf à Jérusalem, Néron se suicide, le 9 juin 68. Vespasien suspend l'opération en Judée pour participer à la guerre civile qui s'allume et s'assurer, un an plus tard, de la pourpre impériale. C'est alors qu'il rétrocède la soumission de Jérusalem à son fils Titus. Avec un impératif : faire très vite ! Le nouvel empereur ne peut en effet arriver à Rome les mains vides : il lui faut le plus fastueux des triomphes. Titus comprend à quel point la victoire sur Jérusalem est importante sur le plan politique pour la nouvelle dynastie impériale, et il fouette l'ardeur de ses troupes sans souci des pertes.

L'assaut final a lieu au début de l'été 70. Il laisse Jérusalem en ruines. Les sources antiques indiquent que Titus a aussitôt convoqué un conseil pour décider du sort du Temple. Les historiens débattent toujours de l'argument qui a fait pencher la balance en faveur de la destruction. Était-il de nature religieuse, à savoir démontrer la supériorité de Jupiter sur le dieu des Juifs ainsi que la faveur qu'il dispense aux Flaviens ? S'agissait-il, plus prosaïquement, de s'emparer de l'immense richesse accumulée dans le Temple et de capter l'impôt que chaque Juif adulte payait ? Fallait-il réduire à tout prix le particularisme civique et religieux juif, exemple dangereux dans un empire aux mille peuples et aux mille religions ? Les trois motifs ne s'excluent pas.

Après la chute du Temple, et seulement après elle, le christianisme commence à se définir par opposition aux judaïsmes.

L'important est de bien comprendre les conséquences du siège de Jérusalem par quatre légions. Un an après la destruction du Temple, Vespasien décide de ne pas autoriser la relance du culte dans la ville, et il transforme la taxe du Temple en une source de revenus durable pour Rome. Avec la destruction du Temple et cette interdiction disparaissent le Grand Prêtre et son conseil, c'est-à-dire l'autorité religieuse centralisée du judaïsme : celle qui aurait pu résoudre rapidement et définitivement le problème du statut de la chrétienté naissante, qui, à cette époque, n'était qu'un des mouvements juifs hétérodoxes. La fin du judaïsme du Second Temple a puissamment contribué à l'émergence de deux nouvelles religions – le judaïsme rabbinique et le christianisme. Titus et Vespasien n'avaient certes pas prévu des conséquences à portée aussi longue !

Le Temple, facteur d'union

Le judaïsme du Second Temple était très tolérant aux différents courants hétérodoxes. Il reposait sur quatre piliers : le monothéisme – Dieu est Un – ; l'élection – le peuple choisi par Dieu pour entrer dans son Alliance – ; l'alliance centrée sur la Torah ; la terre promise centrée sur le Temple. Celui-ci et le sacerdoce permettaient aux Juifs, au-delà de leurs divergences, de s'unir autour du culte. Après la chute du Temple, le changement est radical. L'élément moteur en est la puissante confrérie des pharisiens, qui considère le pouvoir politique comme impie et le tient à distance. Le terme *« pharisien »* signifiait *« séparé »*. Ce sobriquet a été donné aux membres de ce groupe par leurs adversaires qui les accusaient de se séparer de la vraie tradition ou/et du pouvoir royal. En vérité, très soucieux de pureté rituelle, les pharisiens se séparaient de tous ceux qu'ils considéraient comme impurs.

Les pharisiens ne participent pas à la révolte de 66, ce qui leur vaut l'autorisation romaine d'établir une école rabbinique à Yavneh, près de Tel-Aviv. Là, les érudits entreprennent de redéfinir le judaïsme. L'on aurait pu supposer qu'ils le fassent autour des trois piliers restant, puisque le Temple, quatrième pilier, avait été détruit. En réalité, le principal, à vrai dire le seul objectif des érudits de Yavneh était la Torah, et la régularisation des traditions par lesquelles ils l'interprétaient. Ce processus culminera avec la rédaction de la Michnah – la Torah orale –, environ 130 ans après la destruction du Temple. C'est sur la Michnah que s'édifiera le Talmud. En fondant l'identité juive sur la seule Torah, les érudits de Yavheh et leurs successeurs ont développé une forme de judaïsme qui pouvait se maintenir sans orientation géographique ou cultuelle. Le bénéfice de leur décision apparaîtra après l'écrasement de la révolte de Bar Kokhba (132-135), quand Rome interdira aux Juifs de séjourner en Judée en général et à Jérusalem en particulier.

Scission christianisme-judaïsme

Il est presque certain que le christianisme juif conservateur, dont la base était à Jérusalem, a été aussi mortellement blessé par les événements de 66-70 que le judaïsme du Second Temple. Ce choc a éliminé les derniers obstacles à la formation graduelle, pour le dire un peu vite, d'Églises sociologiquement non-juives et théologiquement proches de Paul, le plus enclin à séparer christianisme et judaïsme. Que Jésus ait été salué comme le Messie attendu par les Juifs, que tous les premiers croyants en Jésus aient été juifs et que leurs Écritures aient été les Écritures du judaïsme du Second Temple sont des faits incontestables. Il est encore plus évident qu'après la chute du Temple, et seulement après elle, le christianisme commence à se définir par opposition aux judaïsmes. Et, bien entendu, le judaïsme du Second Temple n'est pas devenu du jour au lendemain le judaïsme rabbinique, ni le christianisme n'est devenu la religion des non-Juifs. Néanmoins, la chute du Temple a marqué le point de non-retour dans le processus de différenciation.

Dans le vide du pouvoir créé par Titus, ces deux courants sortent vainqueurs et commencent à se disputer les cœurs et les esprits des Juifs. Le christianisme échoue totalement dans cette mission et s'investit dès lors auprès des non-Juifs. Les deux mouvements s'engagent ensuite dans un processus similaire consistant à se définir l'un par rapport à l'autre, approfondissant ainsi les fossés théologiques et cultuels entre eux. Il y a fort à parier que, s'il avait survécu, le judaïsme du Second Temple aurait avalé la dissidence chrétienne comme il en avait avalé bien d'autres auparavant.

Ainsi, les quatre légions aux ordres des Flaviens ont remodelé la carte religieuse du monde. Il y en a des traces dans les Évangiles. Pour Matthieu, qui écrit peu après l'an 70, la destruction du Temple est le prix payé par Israël pour avoir rejeté Jésus. Ce thème de la punition d'Israël sera repris par de nombreux écrivains chrétiens dans les siècles suivants. Sur les motifs de cette punition, les écrits rabbiniques hésitent, eux, entre les manquements du clergé du Temple et les péchés du peuple juif tout entier. Du côté des intellectuels romains, Tacite explique très rationnellement la défaite des insurgés par la supériorité militaire romaine et la discorde entre les Juifs. Il termine sa narration par ces mots frappants : *« On vit des bataillons s'entrechoquer dans les airs, des armes étinceler et des feux, s'échappant des nues, éclairer soudainement le Temple. Les portes du sanctuaire s'ouvrirent d'elles-mêmes, et une voix plus forte que la voix humaine annonça que les dieux en sortaient ; en même temps fut entendu un grand mouvement de départ*[5]. » Tacite répète ici Flavius Josèphe, qui n'écrit pas autre chose : *« C'est pourquoi, à mon avis, Dieu, détestant leur impiété, se détourna de notre ville et, jugeant que le Temple n'était plus pour lui une résidence pure, excita contre nous les Romains et lança sur la ville la flamme purificatrice en infligeant aux habitants, à leurs femmes et à leurs enfants la servitude pour nous rendre plus sages par ces calamités*[6] ». Pour ces paroles antijuives, cet auteur juif deviendra l'auteur non-chrétien le plus aimé des chrétiens.

Tout chrétien averti des siècles suivants, qu'il habite Rome ou ailleurs, a eu conscience du tournant qu'a représenté cette guerre. Bien longtemps après, les auteurs chrétiens se soucieront encore de nous faire part du destin des objets de culte dérobés, ceux-là mêmes qui sont sculptés sur les bas-reliefs de l'arc de Titus. Il en va ainsi, au VIe siècle, de Procope de Césarée qui raconte que Bélisaire, le brillant général de l'empereur Justinien, avait rapporté de la reconquête de l'Afrique des ornements juifs que Genséric, le roi vandale, avait dérobé à Rome en 455. Et l'affaire n'est pas close.

Libérez les reliques !

Il y a 7 ans, le rabbin de Jérusalem, Yonatan Shtencel, écrit au représentant du Vatican en Israël, l'archevêque Giuseppe Lazzarotto, pour demander que *« l'Église libère les reliques du Temple, y compris la Ménorah »*. Dans sa réponse, l'archevêque, réaffirmant la position de l'Église, répond que le Vatican n'a aucune information sur les reliques du Temple. Il ajoute que si le rabbin pouvait *« fournir la preuve que les vases sacrés sont effectivement conservés aux archives ou ailleurs au Vatican »*, il *« transmettrait sa demande au préfet des mêmes archives et au pape François lui-même »*. Le rabbin Shtencel adresse ensuite une lettre à Shimon Peres, à l'époque président de l'État d'Israël, lui demandant de soulever cette question lors d'une prochaine rencontre avec le pape François. Il faut l'intervention de scientifiques israéliens pour démontrer que les preuves apportées par le rabbin sont sans fondement. J'aurais dû demander, ce jour de juillet, à ces rabbins à jumelles s'ils pensaient, eux aussi, que les reliques du Temple dormaient toujours dans les caves du Vatican. /

[1] La Repubblica, *24 décembre 1997.*
[2] *Titus V* (http://bcs.fltr.ucl.ac.be/SUET/accueil.html)
[3] *De specialibus legibus (Des lois spécifiques) 1. 66.* (https://archive.org/stream/PhiloSupplement01Genesis/Philo%2007%20Decalogue%2C%20Special%20Laws%20I-III_djvu.txt)
[4] *Guerres juives II, 409* (http://remacle.org/bloodwolf/historiens/Flajose/intro.htm)
[5] *Histoires V, 13, 1-2.* (http://bcs.fltr.ucl.ac.be/TAC/HistV.html)
[6] *Antiquités juives 20, 166* (http://remacle.org/bloodwolf/historiens/Flajose/intro.htm)

La mémoire

Créées en 1915, la Sectio cinématographique des et la Section photograph armées vont, après diver appellations, donner nai en 2001 à l'Établissemen communication et de pr audiovisuelle de la Défe ECPAD. Installé depuis au fort d'Ivry, il détient millions d'images issues nombreux engagements forces françaises. En voi extraites de ce trésor mé

PAR JEAN LOPEZ

1914, L'AVÈNEMENT DE L'IMAGE
La Grande Guerre est la première à être véritablement médiatisée par la photographie et le cinéma. L'idée heurte la culture du secret propre aux armées, et ce sont deux grands industriels du cinéma, Léon Gaumont et Charles Pathé, qui convainquent le ministre de la Guerre, Alexandre Millerand, de créer la Section cinématographique des armées. Les militaires de l'armée de terre s'y rallient, à la fois pour disposer d'archives et en devinant le potentiel de propagande, en France et à l'étranger, que recèlent les images, évidemment filtrées par la censure. Cette image – issue d'une plaque autochrome – prise dans le Pas-de-Calais, le 2 juillet 1915, montre un cantonnement de goumiers nord-africains.

AVEC LES SPAHIS DU SÉNÉGAL
Ce cliché provient de l'album personnel du lieutenant Roger Dieudonné – tombé à l'ennemi en septembre 1915 –, qui retrace sa carrière au sein du régiment de spahis sénégalais de 1913 à 1914, lorsqu'il était en poste à Saint-Louis du Sénégal et dans la brousse. Il était le parrain de la donatrice de l'album, Mme Benoist de la Grandière. Les dons de collections personnelles sont une source importante des collections de l'ECPAD.

ARRIVÉE DE LECLERC ET DE LA 2E DB
Le Service photographique et cinématographique de la guerre (SPCG), réunion des divers organes de prises d'images, est institué en août 1918 et dissous le 10 septembre 1919. Ne subsiste qu'une petite Section cinématographique de l'armée, dépendante du service géographique. Le robinet à images se tarit. Il est rouvert en grand en 1939 avec la Seconde Guerre mondiale. Parmi la masse d'images conservées, celle-ci, anonyme, montre l'arrivée du général Leclerc, à la tête de la 2e division blindée, à Utah Beach le 1er août 1944. Il est accueilli par le général américain Walker.

EN VOL VERS DIÊN BIÊN PHU
C'est sous l'impulsion de de Lattre, commandant en chef en Indochine à partir de 1950, que la production d'images aux armées devient une priorité. Il s'agit, en effet, de mobiliser l'opinion métropolitaine en faveur d'une guerre lointaine qui la laisse indifférente. De grands professionnels ont attaché leur nom à l'Indochine : Pierre Schoendoerffer, Raoul Coutard, Georges Kowal (mort en opération), Gérard Py, André Lebon, Daniel Camus, Jean Perraud. C'est un de ces deux derniers qui a pris cet émouvant cliché des parachutistes du 6e BPC avant leur saut sur Diên Biên Phu, à la mi-mars 1954.

DES IMAGES QUI MONTRENT AUSSI LA MORT
C'est au Rolleiflex de Pierre Ferrari (1924-2015) que l'on doit cette image poignante du médecin-lieutenant Patrice de Carfort auprès du sergent Camille Lambert (8e GCP, futur 8e RPIMa) mourant, à la suite de l'opération Brochet dans la région de Gia Loc, fin septembre 1953. Pur produit du SCA, Ferrari a couvert tous les conflits où la France s'est engagée jusqu'en 1963, date à laquelle il quitte l'uniforme pour prendre en main les équipes de reporters puis la photothèque du fort d'Ivry.

ALGÉRIE, 1960 : PLACE À LA PROPAGANDE
La fonction de propagande de l'image se renforce en Algérie. D'ailleurs, le Service cinématographique des armées ne dépend pas du fort d'Ivry, son siège, mais du service psychologique de la Xe région militaire (Algérie). La photo, prise le 10 mars 1960, montre un groupe d'autodéfense féminine (surnommées « harkettes ») à Catinat, à 12 kilomètres au sud-est d' El Milia, formé par le lieutenant Onrupt, officier SAS (section administrative spécialisée). Il est encadré par les supplétifs moghaznis de la SAS.

DANS LA CASBAH D'ALGER
Saisi par un photographe anonyme, un soldat d'une patrouille du 9e régiment de zouaves, le 26 janvier 1957, durant la bataille d'Alger. Ce même jour, trois bombes explosent dans des cafés des quartiers européens, faisant 5 morts et 34 blessés. L'on reconnaît une ruelle étroite de la Casbah, bouclée, où les parachutistes du général Massu commencent la chasse aux poseurs de bombes.

Images
La mémoire des armées

PATROUILLE À SARAJEVO
Vue, prise par Vincent Begon à l'automne 1995, du poste de contrôle du pont de Vrbanja à Sarejevo tenu par les militaires du 3ᵉ RPIMa. C'est ce pont que, le 27 mai précédent, les marsouins-parachutistes, coiffés du casque bleu de la force de maintien de la paix des Nations unies, ont repris de force à l'armée de la république serbe de Bosnie au prix de deux tués, les soldats Marcel Amaru et Jacky Humblot.

AUX FRONTIERES DE L'OPÉRATION SERVAL AU MALI

Couverts par des blindés légers, des soldats du groupement tactique interarmes n°4 s'infiltrent de nuit dans la vallée de Terz, au cours de l'opération Panthère 6, un des épisodes de la guerre du Mali. La scène est saisie le 15 mars 2013 au moment où les unités françaises et tchadiennes ont déjà réussi à chasser les djihadistes de l'adrar du Tigharghar, au nord-est du Mali. Le groupement se constitue de compagnies et de sections de parachutistes (légionnaires, chasseurs et hussards), du 126ᵉ RI ainsi que d'éléments du génie.

Ulysses S. Grant contre Robert E. Lee

Les champions de l'affrontement Nord-Sud

Deux chefs, deux styles, deux légendes, mais un seul vainqueur. Si, à la fin de la guerre de Sécession le 9 avril 1865, c'est Lee qui rend son épée à Grant à Appomattox Courthouse, beaucoup lui décernent pourtant les lauriers du génie militaire. Grant n'a souvent droit qu'à la palme du réalisme. Un escrimeur contre un cogneur ? Ce jugement est à revoir.

PAR VINCENT BERNARD

« *Une prédisposition naturelle de la plupart des gens les conduit à prêter au commandant d'une grande armée des capacités quasi surhumaines* », écrit dans ses mémoires Ulysses S. Grant, artisan de la victoire du Nord lors de la guerre de Sécession et par la suite deux fois président du pays réunifié (1869-1877). « *Une bonne partie de l'armée nationale, ajoute-t-il, et la plupart des journaux du pays prêtaient au général Lee de telles qualités, mais je l'avais connu personnellement et je savais bien qu'il n'était qu'un mortel.* » Ce commentaire a pour contexte le récit des événements du printemps 1864. À ce moment, après trois terribles années de guerre, Grant s'apprête à livrer ce qu'il pense être le combat décisif contre le général Robert E. Lee. Tous les *bookmakers* de la côte est auraient donné Grant vainqueur, tant celui-ci est convaincu d'obtenir un K.-O. rapide. Il n'en a rien été : si Lee n'était en effet qu'un mortel, il témoignait bien de qualités militaires exceptionnelles.

Grant bénéficie pourtant, en cette année 1864, d'une autorité incontestée pour mettre en œuvre son « grand plan » coordonné entre les différents théâtres d'opérations et destiné à mettre fin à la guerre en s'appuyant sur l'écrasante supériorité matérielle de l'Union. Le coup décisif doit être porté en Virginie. Une campagne d'été doit détruire l'armée de Lee et s'emparer de Richmond, la capitale « rebelle » située à moins de 180 kilomètres de Washington. « *Richmond is a hard road to travel* », prévient un chant confédéré. Grant n'est pas le premier à vouloir l'emprunter : ses devanciers McDowell à l'été 1861, McClellan au printemps 1862, Burnside en décembre de la même année, Hooker au printemps 1863 puis Meade à l'automne suivant ont eux aussi tenté de forcer les défenses virginiennes. En vain. Tous, à l'exception du premier, ont échoué face à Robert E. Lee. Très tôt, le général confédéré se trouve nanti d'une réputation de tacticien hors pair et du sobriquet évocateur de « Renard gris ». Lorsque Grant entre en campagne en mai 1864, il est convaincu de régler l'affaire en quelques semaines, au pire « *même si cela doit prendre tout l'été* » : il lui faudra onze mois d'efforts épuisants et assumer un carnage sans précédent pour capturer le Renard gris.

À droite, Lee en 1864. À gauche, Grant à la même époque. Sur le plan tactique, le premier conserve l'avantage dans la mémoire collective. Mais c'est le second qui remporte la victoire finale, porté par son pragmatisme et un réalisme sans faille. Les États-Unis l'éliront président en 1869.

Malgré leur différence d'âge (Lee naît en 1807, Grant en 1822), les deux hommes ont tant en commun que leur affrontement constitue une exception singulière dans l'histoire militaire. Non seulement ils sont compatriotes, mais encore issus du même double creuset : l'académie militaire de West Point et la guerre du Mexique (1846-1848).

« Bobby » Lee et « Sam » Grant : le Virginien et le « *Westerner* »

Robert Edward Lee (1807-1870) est virginien. Le fait n'est pas anodin. Le surnom de « mère des États » en dit long sur la place à part que la Virginie occupe avant la guerre de Sécession sur le plan symbolique. N'a-t-elle pas en effet donné aux États-Unis quatre de ses cinq premiers présidents, à commencer par George Washington et Thomas Jefferson ? Comme ces illustres devanciers, Lee est un rejeton de l'élite virginienne, cadet de l'une de ces « *FFV* » (*First families of Virginia*) liées entre elles. Il est issu d'une dynastie de riches et influents planteurs esclavagistes, qui font remonter leurs origines au XVIIe siècle. C'est ce qui s'approche le plus d'une aristocratie terrienne de naissance, dans le contexte de la jeune République américaine. Il compte parmi ses ascendants et collatéraux plusieurs signataires de la déclaration d'indépendance. Son père, Henry Lee III, dit « *Light Horse Harry* », est un héros de la guerre contre l'Angleterre et ancien gouverneur. Là s'arrête le tableau idéal : c'est le scandale, la ruine financière et la perte du domaine familial qui marquent la jeunesse de Robert. Le voilà obligé de soutenir une mère esseulée et malade. Il ne se dérobe pas : le sens du devoir constitue la clef de voûte d'une personnalité par ailleurs profondément religieuse.

Ulysses S. Grant (1822-1885), né Hiram Ulysses Grant, vient d'horizons très différents. Il est un enfant du Midwest pionnier, un « *Westerner* », né dans une modeste masure de l'Ohio. Solitaire, ombrageux, amoureux des grands espaces, il est le fils aîné d'un artisan tanneur autodidacte et agnostique mais dont le travail acharné permet une ascension sociale rapide, jusqu'à devenir une notabilité locale : « *le seul homme de la communauté possédant un piano* ».

Le premier point commun entre les deux hommes est leur entrée à West Point à une petite génération d'écart, respectivement en 1825 et en 1839. Il en masque un autre, plus inattendu : aucun des deux ne nourrit une quelconque vocation pour les armes. Mais voilà : l'école militaire est la seule institution supérieure qui accueille les jeunes gens sans fortune. Elle leur garantit une carrière modeste mais stable, et toute tracée. La minuscule armée américaine, éparpillée sur d'immenses espaces, n'offre à cette époque guère d'occasions de briller. Lee emprunte cette voie par devoir filial, afin de soulager sa mère ; Grant, par obligation : son père l'y a casé en jouant de ses relations après que le fils a refusé de suivre ses traces. Une erreur administrative transforme l'inscription du jeune Hiram Ulysses en Ulysses S. Grant, nom qui ne le quittera plus.

Leur scolarité reflète leur personnalité. Lee est un élève exemplaire, brillant, irréprochable dans son attitude, admiré de tous, au point de mériter de ses camarades le surnom de « modèle de marbre ». En 1829, ses notes lui accordent le choix de son arme d'affectation. Il opte pour la « crème » : le corps des ingénieurs topographes de l'armée. Grant, sans être la bête noire de ses professeurs, est un élève assez moyen, vite surnommé « *Uncle Sam* » puis « *Sam* » par ses camarades. Il fait preuve d'assez d'intelligence et d'assiduité pour franchir néanmoins toutes les étapes d'une

LES CHEVAUX, LEUR GRANDE PASSION

Lee et Grant partagent une véritable passion de jeunesse pour les chevaux et sont tous deux des cavaliers émérites. Grant détient ainsi après son passage à West Point plusieurs records de saut qui ne seront pas battus jusqu'à la guerre. Sa réputation de se livrer à des courses à cheval ou en chariot à la première occasion le poursuivra jusqu'à sa présidence. Pendant la guerre, outre le cigare qu'il fume sans modération (il finira par en mourir), son image est souvent associée à ses montures préférées, en particulier Cincinnati, superbe cheval de course issu d'une lignée célèbre dont on lui fait don en 1864 et qu'il utilise comme cheval de bataille au cours de la dernière année de la guerre. Cincinnati est célèbre, mais Traveller, le puissant étalon gris de Lee, est devenu une légende au point qu'un récent ouvrage relate la guerre à travers ses yeux. Malgré la grave blessure aux mains qu'il inflige à son maître, Traveller demeure son préféré de 1862 à 1865, et notamment à Gettysburg. Il meurt en 1871, un an après son maître, « *déplumé comme un poulet* » à cause des collectionneurs de reliques qui l'ont privé de sa crinière crin après crin. Il est enterré face au caveau de la famille Lee à l'université de Lexington.

scolarité très exigeante, tout en restant abonné aux milieux de classement, à l'exception notable de l'équitation, où il excelle (*voir encadré page précédente*). Lorsqu'il sort de l'académie, en 1843, il demande bien entendu la cavalerie mais n'obtient que le 4e régiment d'infanterie.

Instruits sur les mêmes bancs, Lee et Grant le sont selon les mêmes principes directeurs et, en partie, par les mêmes professeurs. West Point est, avant tout, une école d'ingénieurs militaires, dont on attend des promus qu'ils contribuent en sus au développement des infrastructures du pays. Le très influent Dennis H. Mahan, père du célèbre amiral Alfred Thayer Mahan, y enseigne les sciences militaires de 1824 à 1871. Il reprend pour l'essentiel les principes tactiques napoléoniens mis en forme par Antoine de Jomini, lui-même vétéran des guerres de l'Empire. Mahan met l'accent sur l'utilisation du terrain et l'importance des fortifications de campagne, et insiste sur les dernières découvertes en matière d'ingénierie et d'armement.

L'expérience mexicaine

C'est sur ces bases qu'en 1846 plusieurs générations de *Westpointers* connaissent leur première expérience du feu, au Mexique. Le conflit des États-Unis contre ce pays est une guerre d'agression et d'annexion qui ne dit pas son nom. Lee comme Grant la considèrent en privé, et en des termes proches, comme une guerre injuste. Tous deux éprouvent par ailleurs le même écœurement devant les nominations massives et les promotions fulgurantes d'officiers recommandés au sein des troupes volontaires par des notables, au désavantage des officiers de l'armée régulière dont l'avancement est d'une lenteur extrême. L'un comme l'autre n'en accomplissent pas moins leur devoir sans sourciller. Lee, capitaine du corps des ingénieurs, est déjà un officier expérimenté, aux capacités remarquées. On l'appelle de ce fait à l'état-major du général Scott lorsque ce dernier entame sa marche sur Mexico en 1847. Grant est un petit sous-lieutenant anonyme, chargé de l'intendance au sein de son régiment, d'abord sous les ordres du général Taylor puis dans l'armée de Scott. L'un et l'autre font preuve d'un esprit d'initiative et d'un courage personnel tout à fait exceptionnels. Lee se distingue par ses reconnaissances solitaires au plus près de l'ennemi; il rapporte des informations qui ont pesé sur le cours de plusieurs batailles. Grant, qui ronge son frein à « *rouler des tonneaux de porc aux haricots* », profite de sa liberté de mouvement pour venir encourager ses camarades sur la ligne de feu. Lors de la bataille de Chapultepec aux portes de Mexico, le 13 septembre 1847, on le remarque lorsqu'il fait hisser dans le clocher d'une église, de sa propre initiative, un canon dont le feu contribue à la victoire. Leurs faits d'armes valent

1 - LEURS GUERRES EN PARALLÈLE

	LEE	GRANT
1825 - 1829	Vice-major de promotion et adjudant de bataillon à West Point Corps des ingénieurs topographes	
1839 - 1843		Sortie de West Point (21e/38) 4e régiment d'infanterie
1846 - 1848 GUERRE DU MEXIQUE	Capitaine d'état-major Trois citations	Sous-lieutenant, officier d'intendance du 4e d'infanterie Deux citations
1860 - 1861 CRISE SÉCESSIONNISTE	Ancien directeur de West Point Colonel démissionnaire du 1er régiment de cavalerie Général confédéré	Civil, ex-capitaine démissionnaire Colonel puis général de l'armée volontaire
12 - 15 SEPTEMBRE 1861 VIRGINIE	Échec de Cheat Mountain Perte de la Virginie occidentale Provisoirement en disgrâce	
7 NOVEMBRE 1861 MISSOURI		Bataille mineure de Belmont Manque d'être capturé
6 - 16 FÉVRIER 1862 TENNESSEE		**Prise des forts Henry et Donelson (opération combinée)**
6 - 7 AVRIL 1862 TENNESSEE		**Victoire arrachée à Shiloh contre A.S. Johnston et Beauregard** Mais réputation ternie par la rumeur et l'ampleur du carnage
25 JUIN - 1ER JUILLET 1862 VIRGINIE	**Victoire stratégique des Sept Jours face à McClellan** **Victoire de Gaines' Mill** Défaite de Malvern Hill	
28-30 AOÛT 1862 VIRGINIE	**Victoire de Second Manassas/Bull Run face à Pope**	
17 SEPTEMBRE 1862 MARYLAND	Échec de la 1re invasion du Nord Défaite de Sharpsburg/Antietam face à McClellan	
11 - 15 DÉCEMBRE 1862 VIRGINIE	**Victoire de Fredericksburg contre Burnside**	
20 - 29 DÉCEMBRE 1862 MISSISSIPPI		Échec de la 1re campagne contre Vicksburg Défaites de Holly Springs et Chickasaw Bayou
30 AVRIL - 5 MAI 1863 VIRGINIE	**Victoire de Chancellorsville contre Hooker**	
16 MAI 1863 MISSISSIPPI		**2e campagne de Vicksburg** **Victoire de Champion Hill contre Pemberton**
1ER - 3 JUILLET 1863 PENNSYLVANIE	Échec de la 2e invasion du Nord - Défaite de Gettysburg contre Meade	
4 JUILLET 1863 MISSISSIPPI		**Prise de Vicksburg et capitulation de Pemberton**
23 - 25 NOVEMBRE 1863 TENNESSEE		**Victoire de Chattanooga contre Bragg**

aux deux hommes plusieurs promotions par brevet (*voir encadré ci-dessous*). Lee sort de la guerre avec une réputation d'étoile montante de l'armée ; Grant, qui n'a encore que 26 ans, se souviendra d'avoir regardé avec admiration celui que les rapports officiels appellent « *le vaillant et infatigable capitaine Lee (…) qui s'est si constamment distingué* ». Leur première rencontre à Mexico est éphémère et informelle, au sein d'un vaste cercle d'officiers dont presque tous combattront dans la guerre de Sécession. Les deux hommes ne se retrouveront plus en présence l'un de l'autre avant la reddition d'Appomattox, 17 ans plus tard. La dernière rencontre aura lieu en 1869 : Grant devenu président des États-Unis invitera Lee, gloire vaincue et vieillissante d'un Sud en ruines, à une brève et décevante entrevue à Washington.

Sécession et ascension

Lee comme Grant tirent de nombreuses leçons de leur expérience mexicaine. Le premier a compris les exigences d'organisation et de discipline dans la conduite d'une « grande armée » (de 20 000 hommes, nombre modeste au regard de ce qu'il connaîtra). Il saisit aussi l'importance vitale d'aller quérir le renseignement de terrain au plus près de l'ennemi pour tuer la rumeur qui enfle le danger et paralyse la décision. Son modèle de soldat restera le flamboyant général Winfield Scott, aussi distingué qu'autoritaire, professionnel méthodique aux combinaisons minutieuses. Grant, quant à lui, retient que l'initiative audacieuse est souvent la clef des situations difficiles. Il complétera la leçon en 1861 par une révélation psychologique, rapportée dans ses mémoires et qu'il n'oubliera jamais : « *L'ennemi a aussi peur de moi que moi de lui* ». Son modèle s'incarne dans le rival de Scott, le général Zachary Taylor, vainqueur des Mexicains à Monterrey et Buena Vista. Taylor est une figure d'officier « *westerner* » pragmatique, s'adaptant à toutes les situations, bien plus soucieux d'efficacité que d'apparences. Deux écoles différentes, révélatrices de deux caractères qui s'affirmeront avec les années.

La victoire sur le Mexique, acquise en 1848, voit la superficie des États-Unis s'accroître d'un tiers. Le devenir de ces nouveaux territoires relance les polémiques liées à l'esclavage et à son expansion. En une décennie, le pays glisse sur la pente d'une crise qui dégénère en guerre civile à l'occasion de l'élection d'Abraham Lincoln en novembre 1860. Pour Lee et Grant, la période 1848-1860 est terne, si ce n'est sombre. La vie de garnison pèse d'autant plus à l'un et à l'autre que, mariés et pères de famille, elle les sépare des leurs pendant des mois voire des années. Malgré l'opprobre dont a souffert sa famille, Lee a redoré son blason en épousant en 1831 la fille de l'héritier direct de George Washington : il associe son nom à la plus prestigieuse famille du pays, et au splendide domaine d'Arlington, sur la rive sud du Potomac, face à Washington. Grant a obtenu non sans peine en 1848 la main de Julia Dent, fille d'un planteur missourien propriétaire d'une vingtaine d'esclaves. Lee finit par être nommé en 1855 au poste prestigieux de surintendant de West Point à New York, avant que l'ennui, sans doute, ne l'incite à demander un transfert dans la cavalerie. Grant végète. Sa carrière lui semble définitivement enterrée lorsqu'il est muté sur la lointaine côte ouest. Loin des siens, le héros de Chapultepec sombre dans la dépression et noie sa solitude dans

LES BREVETÉS DU MEXIQUE

Jusqu'à la guerre de Sécession – quand le Congrès instituera en juillet 1862 sa médaille d'honneur –, les récompenses pour citation au feu ou les nécessités d'accorder une promotion pour occuper certaines fonctions particulières prennent au sein de l'armée américaine la forme de brevets. Être « breveté » ne signifie pas obtenir une quelconque spécialité mais autorise à arborer un grade supérieur à celui officiel et confirmé, dont chaque officier est légalement propriétaire. Ce système compense en partie l'extrême lenteur des carrières dans une petite armée régulière qui ne connaît alors aucune limite d'âge – colonels et généraux dépassent souvent 70 ans, le général en chef Winfield Scott a 75 ans en 1861 – et où le nombre de postes budgétisés par grade est étroitement limité. Le brevet offre de ce fait une forme de promotion honorifique, sans augmentation de solde (sauf associée à une fonction donnée) et il demeure réversible. Les officiers « confirmés » ont de plus toujours le pas sur les officiers « brevetés » de grade équivalent, peu importe leur ancienneté. Lors de la guerre du Mexique, Lee et Grant sont deux exemples éminents de ce système qui disparaîtra vers la fin du siècle. Le capitaine Lee en sort avec le grade de colonel par brevet, et le lieutenant Grant avec celui de capitaine. Mais les deux hommes ne jouiront pleinement de ces grades « confirmés » que beaucoup plus tard : Grant en 1854, et Lee en 1861, peu avant sa démission pour rejoindre le Sud.

l'alcool. Il dégringole au point qu'en 1854 il n'a plus d'autre choix que la démission ou l'humiliation d'une éviction de l'armée.

Lors de la crise sécessionniste de 1860-1861, les deux officiers sont tiraillés entre des fidélités contradictoires. Lee est opposé à la sécession, qu'il décrit à plusieurs reprises comme une folie. Il s'y rallie cependant à la suite de la sortie de l'Union de son État natal en avril 1861 : il venait juste de refuser une offre discrète de commandement de l'armée fédérale qui doit mettre fin à la rébellion. On a beaucoup glosé sur ce choix, « *évident* » pour les uns, « *trahison* » pour les autres. Le fait est qu'il correspond à celui de la grande majorité des Virginiens. Lee, ses fils, comme la plupart de ses frères, neveux et cousins combattront dans les rangs du Sud. Encore n'est-il guère optimiste : « *Ceux qui prédisent une victoire facile ne savent pas de quoi ils parlent… la guerre durera au moins quatre ans*, écrit-il en prophète le 5 mai 1861. *Les politiciens nordistes ne mesurent pas la détermination et le courage du Sud, et les politiciens du Sud ne mesurent pas le nombre, les ressources et la patience persévérante de ceux du Nord.* » En quelques mois, il devient l'un des plus haut gradés de l'armée confédérée. Sa première campagne en Virginie occidentale, en septembre 1861, n'en est pas moins un fiasco et il connaît une période de disgrâce. En juin 1862, c'est faute d'autre candidat qu'on lui confie le commandement de la principale armée sudiste, celle de Virginie du Nord, après la blessure du titulaire, son camarade de West Point Joseph Johnston. Il ne l'abandonnera plus. Dès sa prise de fonction, il remporte une série de spectaculaires victoires en Virginie, à commencer par l'audacieuse manœuvre des Sept Jours qui dégage la capitale Richmond assiégée par le général McClellan. Il porte à deux reprises la guerre au nord, mais doit se replier après les défaites d'Antietam (17 septembre 1862) et de Gettysburg (1er-3 juillet 1863). À rebours d'une idée reçue, Lee n'est nommé général en chef des armées confédérées qu'à l'extrême fin de la guerre, en février 1865. Auparavant, il n'exerce d'autorité que sur le front de Virginie.

Réflexe patriotique

En 1861, Grant, qui a démissionné de l'armée, sort de sept années très difficiles. Il s'est essayé sans succès à diverses carrières civiles comme fermier, agent d'assurances, enfin simple employé dans la tannerie familiale de l'Illinois. Malgré l'opposition de son beau-père, un sécessionniste convaincu, il se rengage, par réflexe patriotique, encouragé par son ami l'avocat John Rawlins. En juin 1861, il obtient avec difficulté un poste de colonel à la tête d'un régiment de volontaires. Son ascension est un peu plus tardive que celle de Lee, mais aussi rapide grâce à d'efficaces appuis politiques.

2 - LE DUEL (1864-1865)

	JALONS	PERTES
25 MARS 1864	Grant promu lieutenant-général et général en chef de l'Union	
5 - 7 MAI 1864 VIRGINIE	Bataille de la Wilderness Victoire tactique de Lee mais Grant poursuit vers le sud	USA : 18 000 CSA (Confederate States of America) : 11 000
8 - 21 MAI 1864 VIRGINIE	Bataille de Spotsylvania Victoire défensive de Lee mais Grant poursuit vers Richmond	USA : 18 000 CSA : 13 000
31 MAI - 12 JUIN 1864 VIRGINIE	Bataille de Cold Harbor Victoire défensive de Lee mais Grant poursuit vers Petersburg	USA : 13 000 CSA : 5 000
15 - 18 JUIN 1864 VIRGINIE	Bataille de Petersburg Victoire défensive de Beauregard secouru par Lee Grant débute le siège	USA : 54 000 CSA : 30 000
30 JUILLET 1864 VIRGINIE	Bataille du Cratère Victoire défensive de Lee	
14 - 20 AOÛT 1864 VIRGINIE	Bataille de Deep Bottom Victoire défensive de Lee	
9 FÉVRIER 1865	Lee nommé général en chef des armées confédérées	
25 MARS 1865 VIRGINIE	Bataille du Fort Stedman Échec de la dernière tentative de sortie de Lee	
1ER AVRIL 1865 VIRGINIE	Bataille de Five Forks Lee est forcé d'évacuer Richmond et Petersburg	USA : 11 000 CSA : 50 000 (dont reddition d'Appomattox : 25 000)
9 AVRIL 1865 VIRGINIE	Reddition des restes de l'armée de Lee à Grant à Appomattox Courthouse Début des capitulations confédérées en cascade	

Le voilà déjà général de brigade au mois d'août 1861, commandant les forces du sud du Missouri, puis général de division (*major general*) en février 1862. C'est à ce poste qu'il réalise le coup de maître qui le propulse au sommet : la prise d'Henry et Donelson, forts d'importance stratégique. Voici ouverte une voie d'invasion vers le sud au moment où l'Union ne brille guère par ses succès. Il se dit d'abord persuadé que la guerre sera courte. Mais la boucherie de Shiloh (6-7 avril 1862), qu'il remporte après avoir frôlé le désastre, lui fait prendre conscience de l'ampleur de l'épreuve. À la tête de sa propre armée puis, en 1863, de l'ensemble des forces entre Appalaches et Mississippi, il multiplie les initiatives et contribue plus qu'aucun autre aux succès nordistes. Il s'empare notamment en juillet 1863 du « Gibraltar sudiste », Vicksburg, la dernière place forte ennemie sur le Mississippi. Lincoln le remarque et le suit de près, lui qui recherche depuis déjà deux ans un général à la fois compétent, énergique… et sans ambition politique. Grant connaît la consécration en mars 1864 à Washington : il est fait lieutenant-général et commandant en chef de toutes les armées de l'Union.

À ce stade de la guerre, les deux hommes ont fait montre, chacun dans son genre, de réels talents. Lee a témoigné d'un esprit de décision exceptionnel. Il prend de vitesse tous ses adversaires malgré des moyens toujours inférieurs, et se montre aussi bon en attaque qu'en défense. « *Ses propres méthodes*, écrira l'un de ses officiers d'état-major, *personne ne pouvait les prévoir, il les variait avec chaque commandant qui lui était opposé. Il avait une méthode avec McClellan, une autre avec Pope, une autre avec Hooker, et encore une autre avec Grant.* » Malgré ses échecs d'Antietam et de Gettysburg, il parvient avec brio à sauver son armée. Ravitaillement et maintien des effectifs sont ses obsessions croissantes. Une grande partie de ses atouts réside dans sa personnalité charismatique, exemplaire et respectée, soudant les énergies de subordonnés bien choisis, complémentaires et efficaces, en qui il a une entière confiance, à commencer par l'exceptionnel tacticien Thomas « Stonewall » Jackson (tué en mai 1863), James « Pete » Longstreet ou le commandant de sa cavalerie JEB Stuart. « *Je pense et travaille de toutes mes forces pour amener les troupes au bon endroit et au bon moment ; alors ai-je accompli mon devoir. Aussitôt que j'ordonne de livrer bataille, je laisse mon armée entre les mains de Dieu.* » Lee ne théorise pas, mais conscient du déséquilibre des forces, qui ne cesse de s'accroître, il planifie sans cesse, saisit la moindre occasion de porter un coup, au prix du risque.

Le style napoléonien de Grant

Grant se caractérise d'abord par son audace et sa persévérance, quitte, lui aussi, à prendre des risques importants. En novembre 1861, son premier « raid » manque de le faire capturer mais jamais il ne perd une occasion de saisir un objectif majeur. C'est la ténacité, non l'obstination bornée, qui lui permet de s'emparer de Vicksburg. Il surmonte son échec de 1862 sur la rive gauche du Mississippi, œuvre de longs mois pour contourner les défenses confédérées par la rive droite et l'impénétrable delta du fleuve. Cette campagne est à la fois une véritable audace stratégique, un exploit logistique et une démonstration de la manœuvre en position centrale. Dans le plus pur style napoléonien, il sépare les forces de ses adversaires en les prenant à front renversé et obtient la chute de la ville après plusieurs semaines de siège. Ses audaces lui valent bien des revers ponctuels – troupes aventurées et mises en difficulté devant Shiloh et Donelson, assauts frontaux meurtriers sans utilité à Vicksburg – qu'un sang-froid communicatif et à toute épreuve parvient le plus souvent à surmonter.

« *Grant n'a pas encore affronté Bobby Lee* ». Tel est l'état d'esprit qui prévaut au sein de la grande armée du Potomac au seuil de la campagne du printemps 1864. Ces doutes, Grant se donne comme première tâche de les lever. L'année de combats qui s'ensuit prend l'allure d'un duel entre les deux chefs, ce qui est un peu injuste pour les autres acteurs du conflit. Elle s'organise en trois phases distinctes.

Boucher contre boucher ?

D'abord la « campagne terrestre » de mai-juin 1864, toute de mouvements ponctués de batailles indécises et terriblement meurtrières. « *L'armée de Lee sera votre objectif. Où que Lee puisse aller, alors vous irez aussi* » a ordonné Grant à Meade qu'il accompagne au plus près mais qui reste toujours commandant en titre de l'armée du Potomac. C'est pourtant Lee qui, réagissant avec une stupéfiante rapidité, surprend l'armée nordiste à peine franchie la rivière Rapidan. La bataille de rencontre de deux jours dans la Wilderness change la configuration de la campagne. L'armée nordiste est stoppée, avec des pertes beaucoup plus élevées pour les Bleus que pour les Gris. Mais Grant sait pouvoir disposer de ressources très supérieures et transférer au besoin sa base logistique en s'appuyant à la côte (il le fera à trois reprises). Nonobstant ses pertes, il joue un coup de maître psychologique en ordonnant de continuer à marcher vers le sud : « *Tout ce que je revendique, c'est qu'après la Wilderness j'ai pris l'initiative de marcher vers Richmond et qu'à partir de ce moment l'armée du Potomac ne fut plus effrayée par Bobby Lee.* » De là, une succession de manœuvres et d'offensives meurtrières, comme à Spotsylvania, puis à Cold Harbor, à chaque fois anticipées et contrées par Lee, mais où Grant conserve l'initiative au point de refouler peu à peu son adversaire jusqu'à Richmond. Un véritable exploit logistique et technique le place devant Petersburg, la « porte de derrière » de la capitale confédérée, qu'il tente en vain de prendre par surprise du 15 au 18 juin après avoir franchi la rivière James. De cette campagne, Grant tirera, non sans une pointe d'ironie modeste, une maxime : « *L'art de la guerre est assez simple. Trouvez où est votre ennemi. Rejoignez le aussi vite que possible. Frappez le aussi fort et aussi souvent que vous le pouvez, et poursuivez votre route.* »

La deuxième phase du duel correspond au long siège de Petersburg (juin 1864-mars 1865). Faute de pouvoir s'emparer frontalement des formidables fortifications confédérées, Grant tente d'épuiser et d'isoler son adversaire. Il coupe une à une ses liaisons ferroviaires et cherche à le déborder de façon à lui faire étendre sa ligne de défense jusqu'au point de rupture.

Il acquiert – jusque dans les cercles dirigeants de Washington – une réputation de « boucher » pour les pertes subies, sans précédent : 100 000 tués, blessés et disparus, sans parler d'échecs spectaculaires comme la bataille du Cratère fin juillet 1864. Il s'obstine parce qu'il dispose d'un flux continu de renforts que n'a pas son adversaire. Il dispose en outre de la confiance inébranlable de Lincoln qui vient régulièrement le voir sur le terrain et avec qui il se lie d'amitié. Son image se ternit néanmoins, d'autant plus que, dans l'Ouest, le général Sherman, son principal lieutenant à qui il a confié ses anciennes armées, multiplie les réussites (prise d'Atlanta, marche à la mer en Géorgie, invasion de la Caroline du Sud). Mais l'essentiel ne se joue pas chez Sherman. Lee a perdu des dizaines de milliers d'hommes et voit ses ressources décliner jour après jour. Et il est tout à fait conscient que la stratégie de Grant fonctionne. « *S'il arrive* [sur la rivière James], prophétise-t-il au lendemain de Cold Harbor, début juin, *cela sera un siège, et dès lors, avant tout une question de temps* ». Début avril 1865, après un ultime débordement de son aile droite, à court d'effectif, Lee doit se résoudre à évacuer Petersburg, et par voie de conséquence Richmond.

Épilogue et bilan

La troisième et dernière phase du « duel » n'est qu'un épilogue de neuf jours en forme de fuite éperdue. Alors que Lee espère se dégager en marchant vers l'ouest et rallier les autres forces confédérées encore en campagne, il est poursuivi, pris au piège et forcé de capituler devant Grant à Appomattox Courthouse le 9 avril 1865. Sa chute entraîne celle des autres armées confédérées qui déposent les armes l'une après l'autre au cours des semaines suivantes.

Quel bilan tirer de ce duel décisif ? Opposer Grant stratège moderne à Lee tacticien traditionaliste, comme on le lit souvent, n'a en réalité guère de sens. Tous deux partagent une même vision globale des enjeux, tout en sachant disposer de ressources différentes. Ni l'un ni l'autre n'hésite à risquer la vie de leurs hommes dès lors qu'un résultat décisif semble à portée de main, quitte à le regretter si les choses tournent mal. Sur un plan tactique, la plupart des affrontements directs entre Lee et Grant sont à l'avantage du premier : à la Wilderness, Grant se trouve aussitôt intercepté dans sa manœuvre et refoulé avec d'énormes pertes. À Spotsylvania, il tente tout pour percer les lignes de Lee, en vain. Ces deux grandes batailles sont considérées, au mieux, comme des matchs nuls, alors que, surtout dans le cas de la première, Lee est tout à fait fondé, selon les critères de l'époque, à revendiquer la victoire : il a infligé 36 000 pertes à son adversaire contre 23 000 de son côté, et est demeuré maître du champ de bataille.

Grant, efficace et réaliste

Lee est sans doute la meilleure tête d'une armée qu'il a organisée et dont il a assuré la cohésion pendant trois ans, protégeant avec succès le cœur politique de la Confédération. Il a toujours fait mieux avec moins, même s'il a péché parfois par excès de confiance. La croyance la plus répandue est que, s'il avait disposé des mêmes moyens que Grant, il l'aurait battu. Reste que le pragmatisme est un talent en soi, et qu'à ce titre, en termes d'efficacité brute, la palme va, de loin, à Grant. Par son réalisme, son sang-froid, sa ténacité sans faille, il a, certes à grand prix, réussi bien plus que tout autre général, Lee inclus. Qu'il n'ait pas réussi à remporter chacune de ses batailles avec une grosse marge est au fond secondaire. Il est le seul général de toute l'histoire américaine à avoir obtenu la reddition de trois grandes forces ennemies, dont une en rase campagne (Donelson en février 1862, 13 000 prisonniers ; Vicksburg en juillet 1863, 30 000 prisonniers ; Appomattox en avril 1865, 25 000 prisonniers). Lee, et encore par le truchement de son lieutenant Jackson, ne peut de ce point de vue se prévaloir que d'une seule reddition, à Harper's Ferry en septembre 1862 (13 000 prisonniers). /

POUR EN SAVOIR PLUS

- *Robert E. Lee, la légende sudiste*, V. Bernard, Perrin, 2014.
- *Ulysses S. Grant, l'étoile du Nord*, V. Bernard, Perrin, 2018.
- *La Campagne de Virginie de Grant*, S. Ferreira, Economica, 2018.
- *Grant*, R. Chernow, Penguin Books, 2018.
- *Crucible of Command: Ulysses S. Grant and Robert E. Lee*, W. C. Davis, Da Capo, 2016.
- *Grant and Lee. A Study in Personality and Generalship*, J. F. C. Fuller, Indiana U. P., 1957.
- *A Portrait of Robert E. Lee Through his Private Letters*, E. B. Pryor, Penguin Books, 2008.

Dans les pas de

Une vue de Salonique en 1916, sur une carte postale lourdement coloriée. Au fond, la flotte franco-britannique, cordon ombilical du corps expéditionnaire retranché autour d'une ville cosmopolite, forte alors de 157 000 habitants. Grecque depuis seulement 1912, elle comporte une majorité juive, des minorités

BRIDGEMAN

l'armée d'Orient

La France a gagné la Grande Guerre entre Flandres et Lorraine, apprend-on sur les bancs de l'école. Est-ce si sûr ? L'étincelle de la victoire n'est-elle pas plutôt venue des Balkans, là où tout avait commencé le 28 juin 1914 ? Sans la défaite de la Bulgarie, en septembre 1918, qui entraîne celle de l'Empire ottoman et condamne l'Autriche-Hongrie, l'Allemagne aurait-elle consenti à la reddition ? C'est à revers que les empires centraux ont été défaits, sur le front de Salonique. Et la France y a tenu un rôle de tout premier plan, avec l'armée d'Orient. C'est pour lui rendre hommage que nous avons entrepris de marcher sur ses traces durant dix jours.

PAR **EMMANUEL HECHT**

Nous avons injustement oublié cette armée des confins. Loin des yeux, loin du cœur. « *Paris ne voyait passer ni ses blessés, ni ses permissionnaires ; aux yeux du public, et parfois même des hommes publics, son rôle était celui d'une sorte d'expédition coloniale, sans influence sérieuse sur le front d'Occident* », regrettera le maréchal Franchet d'Espèrey, son ultime et victorieux chef. Preuve de cette indifférence, sur le sol français un seul monument commémore l'odyssée de ces poilus : l'arc de triomphe de Marseille.

À Bitola, dans la partie orientale de la Macédoine du Nord, à une quinzaine de kilomètres à peine de la Grèce, un cimetière militaire français abrite les sépultures de 13 000 soldats. En 2018, à l'occasion des commémorations de l'armistice du 11 novembre 1918, Emmanuel Rimbert, conseiller culturel de l'ambassade de France à Skopje, a l'idée de monter une petite expédition sur la ligne de front de l'armée d'Orient, en hommage à nos poilus. À ses côtés, l'équipage comprend Petar, un guide de montagne ; Vendim, un paysan, qui veille sur les deux animaux chargés de nos *impedimenta*, le cheval Dori et le mulet Tito (nous sommes en ex-Yougoslavie) ; un photographe, Marc Renversé ; moi-même, enfin, Emmanuel Hecht. Pendant une dizaine de jours, nous suivrons les traces des fantassins métropolitains, des zouaves, des spahis et des chasseurs d'Afrique.

Bloqués dans les tranchées

Le principe d'un théâtre d'Orient s'est joué à la fin de l'année 1914, lorsque le front occidental s'est figé après la bataille de la Marne et la « course à la mer », série de combats confus le long de nos côtes septentrionales. Les biffins rompus aux marches forcées sont soudain bloqués dans des tranchées. L'immobilité sape le moral des troupes et désespère les stratèges. Le colonel de Lardemelle, chef d'état-major de la Ve armée, croit détenir la martingale : attaquer à revers l'Allemagne et l'Autriche depuis la Serbie. Le « généralissime » Joffre est sceptique : à quoi bon dégarnir les troupes au nord et à l'est, si c'est pour se lancer dans une manœuvre aventureuse sur un terrain inconnu ? Le ministre de la Guerre britannique Lord Kitchener partage son incrédulité. Mais les échecs de l'armée tsariste, après la cuisante défaite de Tannenberg (30 août), en Prusse-Orientale, et les carences multiples révélées les mois suivants, ne laissent plus le choix aux Franco-Anglais. Ils doivent sauver le soldat Nicolas II.

Le plan élaboré entre Londres et Paris prévoit un débarquement en territoire ottoman, dans les Dardanelles – Gallipoli pour les Anglais –, le détroit donnant sur la mer resserrée de Marmara, entre Méditerranée et mer Noire. L'objectif ? Forcer le passage en détruisant les fortins turcs et assurer la libre circulation des navires, afin de ravitailler la Sainte-Russie au bord de l'apoplexie. Les Alliés ont d'autres buts de guerre, moins avouables. Les Russes voudraient chasser les Turcs de l'orthodoxe et byzantine Constantinople. Quant aux Britanniques, ils souhaiteraient les éloigner le plus possible du canal de Suez et de l'Égypte, carrefours vitaux pour leur empire.

Le bourbier des Dardanelles

Le 25 avril 1915, 240 navires et plus de 200 000 soldats français et britanniques s'enfoncent dans le détroit de la mer de Marmara, aussitôt accueillis par l'artillerie côtière turque. Leur débarquement se fait sous la mitraille. L'armée du sultan, réorganisée de fond en comble par le général allemand Liman von Sanders, est redoutable en défense. Les Français s'imaginaient une promenade de santé, ils vivront un enfer : six mois pour les premiers rapatriés à Salonique, neuf pour les derniers à quitter ce bourbier, dans la nuit du 8 au 9 janvier 1916. « *C'est la même guerre que de Nieuport aux Vosges*, écrit Albert Londres dans *Le Petit Journal*, *la lutte est à bout portant.* »

Acculés à la mer, les soldats sont à la merci de la vermine et des amibes, de la dysenterie, de la noyade ou d'une balle ennemie. Les Français déploreront 3 700 tués et 17 000 blessés, les Britanniques 127 000 pertes (morts et blessés), les Turcs le double. À la déroute militaire s'ajoute, pour Paris et Londres, l'échec politique. Ils avaient parié sur le ralliement de la Grèce et de la Roumanie, ils doivent se contenter d'une neutralité ambiguë des deux monarchies.

Début octobre 1915, le général Bailloud débarque à Salonique, avec l'assentiment du Premier ministre grec Elefthérios Venizélos – et malgré l'opposition[1] du roi Constantin Ier –, avec deux divisions d'infanterie. Sa mission est double : assurer la retraite du contingent français battu aux Dardanelles puis, avec celui-ci, secourir le petit royaume de Serbie aux prises avec les troupes allemandes, autrichiennes et, depuis peu, bulgares. L'armée d'Orient (AO), jusqu'ici corps expéditionnaire d'Orient (CEO), puis corps expéditionnaire des Dardanelles (CED), est officiellement créée. L'année suivante, elle prendra le nom d'armée française d'Orient (AFO).

Le front d'Orient est né. On l'appelle aussi front de Macédoine, front de Salonique, front du Sud. Il s'étend sur quatre cents kilomètres, de la mer Égée à l'Adriatique, et traverse quatre pays : la Bulgarie, la Grèce, la Serbie, l'Albanie. Les Alliés ne sont pas sous les meilleurs auspices. Ils comptaient, on l'a vu, sur la neutralité

CARTES : STÉPHANE HUMBERT-BASSET

LA MANŒUVRE D'USKUB CONDAMNE LES BULGARES
Plantée au fond du golfe, Salonique est défendue par une ceinture fortifiée (ligne extérieure rouge et noir) située à 20 km, augmentée de points d'appui (en rouge et noir) progressivement bétonnés par le génie français. Elle est le point de départ d'importantes voies ferrées vers Monastir (Bitola), Uskub (Skopje) et Constantinople. Sur la grande carte, en rouge, la percée initiale dans le massif du Dobropolje (14-20 septembre 1918) des Franco-Serbes. Immédiatement, Franchet d'Espèrey lance dans la trouée la brigade de cavalerie du général Jouinot-Gambetta. Un raid audacieux lui livre Uskub le 29 septembre, ce qui provoque la demande d'armistice des Bulgares. C'est le prélude à une avancée spectaculaire à travers la Serbie et jusqu'aux portes de la Hongrie.

de la Bulgarie, mais celle-ci – résolument opposée à la Serbie depuis la seconde guerre balkanique – s'est offerte à Vienne et Berlin.

Déroute de l'armée serbe

Le 18 octobre 1915, les troupes bulgares bousculent les Serbes en Macédoine, avec la ferme intention de récupérer les terres perdues lors de la seconde guerre balkanique (1913). Elles les repoussent jusqu'à Koumanovo, contournent les troupes françaises et occupent les villes de Vélès et Uskub, l'actuelle Skopje. Épuisés, les Serbes sont condamnés à une terrible retraite depuis le Kosovo, en direction de la mer Ionienne. Le franchissement des montagnes du Monténégro et d'Albanie vire à la débâcle. Les marines italienne et française convoient cette armée morte jusqu'à l'île de Corfou, où des officiers français la remettront sur pied, avant de l'expédier en mars 1916 à Salonique, sous le commandement du régent Alexandre.

Les puissances de l'Entente sont au plus mal. Plus rien n'empêche les Allemands et les Autrichiens de foncer jusqu'à Salonique et de rejeter à la mer l'armée d'Orient. Le chef d'état-major autrichien Franz Conrad von Hötzendorf défend *mordicus* cette option. Il rêve de « faire table rase dans les Balkans ». Mais il n'a pas les moyens d'imposer ses vues. Le véritable patron est un Prussien, le maréchal von Mackensen. À la tête de plus de vingt-cinq divisions allemandes, austro-hongroises et bulgares, ce dernier commande quatre fois plus de troupes que son adversaire. Il pourrait n'en faire qu'une bouchée. Pourtant, il ne bouge pas. Les priorités de Berlin sont ailleurs. L'objectif régional a été atteint : rallier la Bulgarie, afin d'assurer une continuité territoriale avec l'Empire ottoman. L'urgence est désormais la préparation de la prochaine offensive de Verdun (elle débutera le 21 février 1916) et le rapatriement de plusieurs divisions allemandes des Balkans pour étoffer ce front. Là-bas, du côté de Salonique, il s'agit seulement de fixer les Alliés, d'empêcher que leurs soldats ne viennent grossir le front de l'Ouest. Ce plan a tous les atours de la rationalité, mais la prudence peut être mère de tous les vices. « *Contre la volonté de Conrad, l'offensive sur Salonique fut ajournée, puis définitivement abandonnée en mars 1916*, écrira le général français Max Rouge : *ce fut une des fautes les plus graves de la guerre.* » Et le miracle qui sauvera l'armée d'Orient de l'anéantissement.

Le front d'Orient, qui devait desserrer l'étau sur le théâtre français, se fige à son tour sur la frontière grecque. Les troupes de l'Entente sont regroupées dans le camp retranché de Salonique, qui sera la dernière étape de notre marche du souvenir. Joffre, redoutant lui aussi l'arrivée de nouveaux renforts ennemis sur le front Ouest, ordonne au général Sarrail, commandant l'armée d'Orient, de préparer une vaste attaque à l'été pour fixer les bataillons de l'adversaire. Le « généralissime » a la même idée que son adversaire von Mackensen, mais sur place les Français temporisent. Les Bulgares, qui ont soif de revanche, les prennent de court en déclenchant les hostilités le 5 août 1916. Mais cette fois, ils ont en face d'eux des divisions serbes affûtées. Quinze jours plus tard, celles-ci s'emparent des premiers contreforts du mont Kajmakcalan. Le sommet, à plus de 2 500 mètres, est pris le 18 septembre. Les troupes du régent ont lavé l'honneur perdu du royaume de Serbie. Nous y établirons notre bivouac.

Les mauvais calculs des Roumains

La roue tournerait-elle ? Les Roumains sont désormais de la partie. Ils se sont jetés dans la bataille le 27 août 1916, côté Alliés. Eux aussi ont marchandé leur ralliement, n'exigeant ni plus ni moins que la Transylvanie et la Bucovine. Mais à force de calculs, ils perdront tout. À l'issue de quinze jours de combat, ils sont stoppés par les Bulgares et trois mois plus tard, le 6 décembre, Bucarest tombe entre les mains du général allemand von Falkenhayn. Le bilan est terrible pour cet autre petit royaume : 50 000 soldats tués, 180 000 blessés et malades, 140 000 prisonniers. Pour le commandant en chef roumain Iliesco, c'est un terrible fiasco.

Ce même mois d'août 1916, les empires centraux passent à l'offensive dans la plaine de Monastir-Bitola, et ils poussent leur avantage jusqu'en territoire grec. Bousculées, les troupes de l'Entente se ressaisissent et lancent une contre-offensive, qui durera jusqu'à novembre. Elles réinvestissent en chemin la Macédoine serbe, délogeant les Bulgares de Monastir-Bitola. Le front se fige à nouveau pour deux longues années, sur les massifs montagneux au nord de la ville, à portée des canons ennemis.

Ce n'est qu'en septembre 1918, à la fin des fortes chaleurs, que la « mère des batailles » alliée sera lancée. Le 14 septembre, un feu d'artillerie intense annonce l'attaque principale, qui a lieu le lendemain matin dès 5 h 30. Une semaine plus tard, après la prise du massif de Dobro Polje, contrôlé par les Bulgares, puis une progression dans les vallées du Vardar et de la Cerna, la percée s'enfonce sur une cinquantaine de kilomètres.

Erich Ludendorff, général en chef des armées

Après la défaite serbe, plus rien n'empêche les Allemands et les Autrichiens de foncer jusqu'à Salonique.

BRIDGEMAN

Une vue de Monastir-Bitola – avec sa grande mosquée –, seconde ville de la partie européenne de l'Empire ottoman après Salonique. Rattachée à la Serbie en 1912, située sur le front entre 1916 et 1918, elle est presque entièrement détruite.

allemandes, écrira après la guerre que « *les événements qui se déroulèrent sur le front bulgare* » à cette date « *scellèrent le destin de la quadruple alliance* ». Le 25 septembre 1918, le colonel de cavalerie Jouinot-Gambetta – neveu de Léon –, basé à Florina (aujourd'hui en Grèce), reçoit l'ordre de foncer avec ses trois régiments de cavalerie d'Afrique et ses automitrailleuses sur Prilep, puis Uskub. Les soldats français investissent la ville le 29 au petit matin. Cette offensive restera dans les annales sous le nom de « manœuvre d'Uskub ». Le même jour, une délégation bulgare signe le premier armistice de la Grande Guerre. Le vent a tourné. « *Le désastre de la Macédoine sera notre désastre à tous* », télégraphie le tsar des Bulgares Ferdinand au Kaiser Guillaume II. Cruelle lucidité.

Le premier acte de la défaite des puissances centrales vient de se jouer. Les armées alliées ont la voie libre pour rejoindre le nord, vers Belgrade et l'Europe centrale. L'Autriche-Hongrie et l'Allemagne n'ont plus de liaison terrestre directe avec la Turquie. Conscient de son isolement, un mois plus tard, le 30 octobre, Constantinople signe à son tour un armistice. L'Histoire s'accélère. Le 1er novembre, les Serbes entrent dans Belgrade après un mois et demi et 600 km de marche forcée. Le 3, Franchet d'Espèrey, qui commande désormais l'armée d'Orient, propose d'attaquer par le nord, de traverser l'Autriche-Hongrie et de prendre Berlin à revers. Son plan est retoqué par Paris, qui lui donne l'ordre de préparer l'envoi de grandes unités pour combattre les forces bolcheviques en Russie.

La guerre n'est pas finie que, déjà, il faut préparer la prochaine. Pressentant la victoire, les Alliés replongent dans les égoïsmes nationaux. Les Grecs rêvent d'annexer la Turquie d'Europe ; les Serbes, le sud de la Hongrie ; les Roumains, la Transylvanie hongroise et la Bessarabie russe. Faute de nouveau but de guerre, l'armée d'Orient n'a plus de raison d'être. Elle est dissoute en décembre 1918. Les troupes françaises sont rebaptisées CAA (Commandement des armées d'Orient). Leur base est transférée à Constantinople.

J–1, 2 juin 2018 – Monastir et Bitola

« Père, pourquoi est-ce qu'il faut que tu partes ?
– C'est le devoir, Maurice, le devoir, c'est ce qui est écrit sur les affiches blanches, les affiches de l'État. »
Du côté de Goderville, J. Prévost, éd. des Falaises, 2002.

C'est à Bitola, 75 000 âmes, ville carrefour du sud-ouest de la Macédoine du Nord, à une quinzaine de kilomètres de la frontière grecque, que doit débuter notre marche en souvenir des soldats français. Au mur du restaurant de l'hôtel Epinal sont accrochées des photos de Mustafa Kemal, le futur Atatürk (1881-1938), le « père des Turcs ». Mustafa Rıza, son patronyme de naissance, passé par l'école des cadets de Salonique, est admis au collège militaire de Bitola – « monastère » en vieux slave – que les Turcs avaient rebaptisée Monastir au XIVe siècle. Il en sortira officier, avant d'être affecté dans un régiment d'infanterie à Damas, puis en Tripolitaine. Les empires font voyager la jeunesse.

En 1915, aux Dardanelles – le « Verdun turc » –, il est colonel. Bras droit d'Otto Liman von Sanders, le général allemand qui a réorganisé l'armée ottomane, il bat à deux reprises les troupes du Commonwealth. Ses victoires lui valent le titre de « sauveur des Dardanelles » et le grade de pacha : général.

Entre 1912 et 1915, Bitola passe de la domination ottomane à celle des Serbes, jusqu'à l'arrivée des Bulgares.

Bitola, une mosaïque linguistique

Au début du XXe siècle, Bitola, 20000 habitants à l'époque, est une ville-Babel. On y parle l'albanais, l'aroumain ou « macédo-roumain » – qu'à peine 200000 personnes pratiquent encore aujourd'hui –, le grec, le slave macédonien – proche du bulgare –, le romani des Roms et aussi le judéo-espagnol ou ladino, apporté par les Juifs d'Espagne après leur expulsion au XVe siècle : ce mélange de vieux castillan et d'hébreu a quasiment disparu depuis l'extermination des Juifs des Balkans par les nazis. Dans les mosquées, les églises, les synagogues, les fidèles communient dans leur langue liturgique : arabe, grec byzantin, hébreu, slavon. Les écoliers écrivent en bulgare littéraire, en daco-roumain – pour les Valaques –, en katharévousa – la langue grecque « purifiée » des apports étrangers, lointain cousin du grec de la rue, le démotique –, en serbe, en turc ottoman, avec son alphabet arabe et ses mots persans et arabes, que Mustafa Kemal supprimera en 1928 au nom de la modernité.

Bitola, c'est « la ville balkanissime ». L'universitaire Bernard Lory a dégoté cette épithète homérique en 2011 pour sa thèse sur l'histoire de la cité entre 1800 et 1918. Bitola a été la bonne élève de l'Empire ottoman depuis sa soumission, en 1382. Son loyalisme a été récompensé par l'octroi de fonctions administratives, et plus encore, militaires. Deux garnisons, immenses pour l'époque, lui ont valu le surnom de « Ville des casernes [2] ». La caserne blanche accueillait la cavalerie et l'artillerie ; la rouge, un hôpital militaire. Un lycée militaire a ouvert ses portes en 1848, suivi trente-quatre ans plus tard du collège militaire. Un arsenal et quatre poudrières complétaient ce centre névralgique des opérations de maintien de l'ordre dans les Balkans.

De nombreux militaires musulmans venus des quatre coins de l'Empire ont pris leurs quartiers dans la ville. Pourtant, la population slave et chrétienne ne cesse d'augmenter par vagues successives. La bonne entente entre les communautés n'a pas résisté au mouvement des « nationalités » dans le tournant des années 1850. C'était à celle qui ouvrirait le plus d'établissements scolaires, preuve de sa supériorité culturelle : écoles juives dans le sillon de l'Alliance israélite universelle, écoles musulmanes, écoles tenues par des lazaristes et des frères maristes ; écoles bulgares, valaques, serbes, albanaises... et bientôt, protestantes, fondées par des missionnaires anglais et américains. Les pédagogues rivalisaient d'énergie, un agenda secret à l'esprit. Militants de mouvements révolutionnaires, ils rêvaient d'entraîner leurs élèves, l'élite intellectuelle de demain, dans l'action clandestine et la propagande par le fait. À Monastir, l'école se voulait une arme de destruction massive de l'ordre ancien : celui des Ottomans.

Mais c'est le chemin de fer, qui, le premier, exporte la révolution. En 1894, les locomotives mettent la « Ville des casernes » à dix heures de Salonique, son poumon économique. Un jour sur deux, la locomotive siffle trois fois à 6 h 40 et s'ébroue jusqu'à la mer Égée. Terminus à 17 h 52. Plus de onze heures pour 220 kilomètres. On se rend dans la quatrième ville de l'Empire ottoman pour consulter un grand médecin, faire des achats introuvables en « province » macédonienne, découvrir la mer.

Cette fin de siècle est aussi celle de la violence politique. L'Organisation révolutionnaire intérieure macédonienne (ORIM), créée par un groupe d'enseignants du lycée bulgare de Thessalonique (ou Salonique[3]), rêve d'indépendance. En attendant le grand soir, elle interdit les allégeances plurielles. Il faut choisir son camp. Le racket finance les partis et l'assassinat règle les différends. Le consul de Russie puis le président des écoles serbes comptent parmi les premières victimes. Dans les années 1903-1908, la ville est en proie à une véritable guerre civile, où s'entretuent allègrement militants bulgares, grecs, serbes et roumains. Une simple altercation entre un Turc et des Bulgares éméchés dans le bazar met la ville sens dessus dessous : on ramasse une dizaine de morts. C'est la révolution jeune-turque (1908) qui ramènera le calme. Pour quatre ans seulement, jusqu'au déclenchement de la première guerre balkanique. Les Serbes mettent une raclée aux Ottomans à Bitola entre les 16 et 18 novembre 1912. Les habitants n'en croient pas leurs yeux : ils s'attendaient à être libérés par les Grecs.

Dans les marchandages qui précèdent la Grande Guerre, Monastir constitue un appât de choix pour faire pencher d'un côté ou de l'autre les pays neutres, Bulgarie, Grèce et Roumanie. Contre la promesse d'annexer la ville, Sofia choisit l'axe Berlin-Vienne-Constantinople et déclenche les hostilités contre les Serbes le 14 octobre 1915. Le 4 décembre, ses troupes entrent dans Monastir-Bitola. La population slave n'est pas plus traumatisée que cela, même si les Aroumains – ou Valaques – penchent du côté d'Athènes, et les musulmans de la

Sublime Porte. Un arc de triomphe est planté au milieu de la ville avec les figures allégoriques de deux femmes incarnant l'union de la Bulgarie et de la Macédoine. L'anniversaire du tsar Ferdinand, les fêtes des saints Cyrille[4] et Méthode, les « Apôtres des Slaves » du IXᵉ siècle, et celle de saint Clément d'Ohrid, moine bulgare devenu évêque, sont prétextes à de somptueuses cérémonies. Pourtant, tout n'est pas que félicité. Les hommes sont enrôlés dans l'armée. Des médecins sont déportés en Bulgarie, qui en manque. La population commence à souffrir de la faim, faute de ravitaillement. Le tableau ne cessera de noircir.

Dehors, le soleil est une invitation au voyage. La rue principale, le « *corso* », s'appelle Maréchal-Tito, souvenir de feue la Yougoslavie. Dans un même alignement se profilent un minaret, une coupole orthodoxe et un clocher catholique. Comme un défi à une cohabitation toujours remise en cause.

Premier jour, 3 juin – La cote 1050

« *Enseigner au soldat à bondir, c'est lui apprendre, bien entendu, le mécanisme même du bond, c'est-à-dire la manière de se préparer, de se dresser, de courir, de se coucher, afin de réduire le plus possible la durée de son apparition. Mais ceci ne suffit point. Quelle que soit, en effet, la rapidité du soldat, une balle est encore plus prompte que lui : pour la devancer, il faut passer avant que l'ennemi n'ait eu le temps de tirer une balle ajustée.* » *Les Leçons de l'instructeur d'infanterie*, commandant A. Laffargue (1934).

C'est le premier pas qui compte. Se dégourdir, s'échauffer, trouver sa vitesse de croisière : le marcheur est comme un moteur diesel. Nous quittons le cimetière militaire français de Bitola et l'odeur des tilleuls. Direction la « cote 1050 », un de ces belvédères recherchés par les artilleurs. Des abris y ont été creusés dans les roches, reliés les uns aux autres par des galeries souterraines. Le tracé des tranchées se dessine malgré l'envahissement de la végétation depuis un siècle : c'est notre premier contact avec le front d'Orient. En contrebas, une centrale thermique dégage une fumée blanche écœurante.

Ce matin, nous avons visité le Mémorial de Bitola, « le Verdun des Balkans », auquel la France a décerné en 1923 le titre honorifique de « ville martyre ». L'entrée est tapissée de clichés de poilus et de civils macédoniens, œuvre des Manacki, les « frères Lumière des Balkans ». Les enfants ont le visage ravagé, les joues creusées par la faim, la détresse dans le regard. Au milieu de la pièce principale se dresse une carte en relief de la zone des combats : *grosso modo*, notre futur itinéraire.

Sur les murs, des portraits de soldats et au-dessus de leur tête, des extraits de lettres. « *J'ai reçu une balle dans le cou, elle est rentrée par-derrière et ressortie vers l'oreille.* » Quelques objets personnels. Un exemplaire de *Léna*, de Roger Vercel, son autre roman sur le front d'Orient. Passé aux oubliettes, comme *Capitaine Conan*, qui fut ressuscité par le film de Bertrand Tavernier.

À l'automne 1916, les attaques aériennes quotidiennes contraignent les envahisseurs bulgares à se retirer en bon ordre à la mi-novembre. Dans leur retraite, ils emportent 3000 moutons, 300 porcs, 72 tonnes de blé. Livrée à elle-même, la population se livre à des pillages et à des règlements de compte. Les casernes blanche et rouge, symboles de la ville pendant soixante-quinze ans, sont incendiées. Le dimanche 19 novembre à 8 h 30, les Alliés investissent la ville, accueillis par les « Vive la France » des hommes et les bouquets des femmes. Dès le lendemain, ils subissent un déluge d'obus. L'évacuation des Bulgares était un piège : ils avaient posté leur artillerie sur les collines. Les bombardements seront incessants jusqu'au 25 septembre 1918, début de l'offensive finale alliée. En presque deux ans, on dénombrera 4000 civils tués et 500 blessés, et des milliers de bâtiments et de maisons sont en ruines. Pour les Serbes, la reconquête n'avait pas de prix.

Le soir, nous arrivons au hameau de Makovo. L'oncle de notre guide Petar nous loge dans une petite dépendance ; nous dormirons à même le plancher. Il nous accueille avec une bouteille de *rakia*, l'alcool de prune, de l'ail et de l'oignon fraîchement arrachés de son petit potager. Demain, nous rejoindrons le monastère Dimitri, à une trentaine de kilomètres.

Deuxième jour – Le monastère Dimitri

Un capitaine lance à ses hommes : « Il y a erreur au manomètre ». *Il voulait dire :* « Errare humanum est ». *Journal d'un poilu sur le front d'Orient*, Jean Leymonnerie, Pygmalion, 2003.

Longue journée de marche sous un soleil de plomb jusqu'au monastère Dimitri. En lieu et place de moines, le bâtiment accueille régulièrement des colonies de vacances. La porte de la petite chapelle est surmontée d'une icône de saint Georges. Des fleurs séchées, fichées dans des petits pots de porcelaine, côtoient des dizaines de bougies tassées les unes contre les autres. Au milieu du parc, un évier recueille l'eau d'un robinet de fortune. Mais c'est dans un ruisseau bourré de sangsues, trois cents mètres plus bas, que nous ferons nos ablutions. Le corps lavé et rafraîchi, les muscles apaisés, l'esprit dégagé, nous ouvrons *La Comédie de Charleroi* à la nouvelle *Le Voyage des Dardanelles*.

Au printemps 1915, le sergent Pierre Drieu la Rochelle embarque comme volontaire pour l'Orient compliqué. Il a reçu son baptême du feu le 23 août 1914 à Charleroi. Blessé à la tête, il est soigné à l'hôtel Royal de Deauville, transformé en hôpital. Puis il rejoint Falaise, le dépôt de son régiment. Il repartira peu de temps après en Champagne. À nouveau blessé, le 29 septembre, cette fois au bras, il est hospitalisé à Toulouse, puis Paris. Le 30 mai 1915, Drieu débarque à l'île grecque de Lemnos, où la planète s'est donné rendez-vous. « *Il y a toujours des Égyptiens et des Sénégalais, des Australiens, des Zélandais, des Écossais*, observe-t-il. *Des matelots russes. Des Grecs de la Légion. Des Algériens aryens ou sémites. Des policiers grecs. L'Empire anglais et l'Empire français. Mais on s'habitue à vivre avec la terre entière, tout Français qu'on est.* » Au début de l'été, sa maîtrise de l'anglais lui vaut une nouvelle affectation : agent de liaison. Le 9 juillet, il est admis à l'hôpital de campagne pour une dysenterie. Il est rapatrié à l'hôpital de Toulon, sans avoir vu la moustache d'un seul Turc. En revanche, il y rencontre une infirmière, fille d'amiral. Le visage barré par un bec-de-lièvre, elle n'en est pas moins belle et d'une grande noblesse. Cultivée, elle fait lire à Drieu les *Cinq Grandes Odes* de Claudel. Elle lui inspirera le personnage de Marie-Laure de Hoquetot dans *Blèche*. Après la guerre, elle sera carmélite. Par dépit ?

Pour Drieu, *Le Voyage des Dardanelles* s'arrête là. Pas la guerre. En 1916, à Douaumont, il sera blessé au bras gauche par un éclat d'obus et aura le tympan crevé. Il sera ensuite affecté à une section de secrétaires d'état-major à l'hôtel des Invalides. Malgré ses blessures, il sera versé, à sa demande, dans une nouvelle unité combattante : artillerie lourde à tracteurs. À l'automne 1918, il sera interprète auprès d'une unité américaine dans le secteur de Verdun. Le comédien de Charleroi ne sera démobilisé que le 19 mars 1919. Sur le tard, tel un soldat d'Orient qu'il n'aura jamais vraiment été.

Le soir, autour du feu, nous apprécions les morceaux de porc confit préparés par la mère de Petar, accompagnés d'une *shopska* : salade de tomates, concombres, persil, oignons, fromage de brebis râpé. Autrement dit, une « salade grecque »... Le tout arrosé de *rakia*.

Des portefaix à Salonique vers 1910. Derrière l'Orient de pacotille des cartes postales, le corps expéditionnaire franco-britannique découvre la terrible réalité du paludisme, de la dysenterie et du typhus, qui tuent au total plus que les combats.

BRIDGEMAN

Troisième jour – Le miracle des cèpes

« Lorsque la nuit sereine/Descend sur les pitons/ L'poilu se sent en peur/Rêvant d'autres mamelons... » Nuits d'Orient, sur l'air de *Sous les ponts de Paris*.

Au lever du jour, nos jambes sont raides. Mais à corps courbaturé, sérénité de l'esprit. Envolée, la nervosité de la vie urbaine. Comment se représenter une marche forcée de 160 km en cinq jours, sur des pentes fortes, avec un barda de 30 kg ? Réponse d'un poilu : « *À un certain point, le corps, brisé, est résigné, on peut tout lui demander* ». Notre barda, lui, est transporté par les animaux.

Dans la forêt, des bûcherons nous accueillent d'un joyeux : « *Zdravo, zdravo !* » (« Bonjour, bonjour ! »). Ils nous offrent un bon kilo de cèpes, fraîchement cueillis. Demain, Vendim préparera un petit-déjeuner continental version balkanique : omelette aux cèpes, agrémentée de quelques gousses d'ail à croquer.

La marche dure huit heures. Dans les sous-bois, les animaux glissent sur les feuilles mortes. Ils risquent de se briser une jambe : la hantise de Vendim, le gardien de nos équidés. Notre campement est situé à côté d'une fontaine et d'un ex-poste frontière yougoslave. Le bâtiment, recouvert de lierre, a des allures de temple précolombien. La forêt est humide, légèrement brumeuse.

Le soir, autour du feu : viande grillée, fromage de brebis, pain noir et vin rouge. Nous attendons avec impatience chaque dîner, notre repas principal.

Vers 2 heures du matin, un orage d'une rare violence nous sort du sommeil, inondant tout sur son passage.

Le massif du Dobro Polje a été le théâtre de deux batailles opposant les Bulgares aux Alliés, qui l'emportent en 1918.

Quatrième jour – Le Kajmakčalan (2524 m)

« *Partout, un désolant bric-à-brac: fusils cassés, capotes en lambeaux, cartouchières, paquets de pansements. Des voitures aux roues brisées tendaient leurs brancards vers le ciel. Parfois, nos bêtes s'arrêtaient brusquement. Sortaient d'un petit monticule une main crispée, une tête encore coiffée de son casque. Des cadavres bulgares, déchiquetés par les loups, s'étalaient au fond d'un ravin. Un crâne aux maxillaires tombés semblait rire en silence.* » *Makédonia. Souvenirs d'un officier de liaison en Orient*, Jean-José Frappa, Flammarion, 1921.

Tito et Dori sont harcelés par les taons. À l'encolure et sur le bas des flancs, la chair est à vif. Le sang coule. Il nous a encore fallu huit heures d'ascension, sous la surveillance des choucas, pour atteindre le sommet au milieu des névés, tant redoutés par nos équidés qui s'y enfoncent, quand ils ne dérapent pas. Le presbytère, bas et robuste, porte défoncée, abrite deux petites pièces carrées, d'une saleté repoussante, qui fleure bon la serpillière. Nous allumons un vieil appareil de chauffage à foyer fermé. Il va falloir avaler sans appétit des pâtes réhydratées. Et tenter de dormir. Petits désagréments par temps de paix.

Où est passé le cœur de Rodolphe Archibald Reiss (1875-1929) ? Il aurait disparu de l'urne posée dans la chapelle orthodoxe, posée au sommet du mont Kajmakcalan. « Emprunté » par un soldat de l'ex-armée yougoslave ? Détruit par un Bulgare revanchard ? Mais qui est ce bon monsieur Reiss ?

Né dans le grand-duché de Bade, Reiss fait ses études en Suisse et obtient la nationalité helvète. Professeur à l'université de Lausanne, il crée le premier programme de sciences judiciaires et l'Institut de criminologie. Pendant la Grande Guerre, le gouvernement serbe le contacte pour enquêter sur les crimes de guerre commis sur des civils par les Austro-Hongrois. La paix revenue, il s'installe à Belgrade dans la maison offerte par le roi Alexandre Ier en personne. Il lui donne le nom de « Dobro Polje », autre bataille victorieuse des Serbes. Selon ses dernières volontés, son cœur a été déposé dans cette urne. D'où il a disparu.

Front. C'est pendant la Grande Guerre que le mot désigne pour la première fois une zone de bataille. Jusqu'ici, ce n'était que la partie supérieure du visage. Selon l'historien irlandais John Horne, ce néologisme a été inventé « *pour décrire la réalité insolite d'un siège industriel en rase campagne* ».

Cinquième jour – À la machette

« *Bien cher Papa, je vais te causer de la peine quand tu apprendras la nouvelle que je te communique. Je suis amputé de la jambe gauche, à hauteur de la rotule du genou.* » *Journal d'un poilu sur le front d'Orient*, Jean Leymonnerie, Pygmalion, 2003.

À Verdun, le quidam peut arpenter le champ de bataille, presque aussi soigné qu'un jardin anglais, avec ses itinéraires, ses haltes, sa muséographie, n'était-ce le terrain chaviré par les milliers d'obus. Ici, sur le front d'Orient, rien de tout cela. Gaïa, la déesse Nature, a repris ses droits. Arbres, ronces et fougères ont tout recouvert. Nous progressons mètre par mètre, à la machette, pour nous frayer un chemin. Le cheval et le mulet ont glissé, se sont relevés, ont glissé à nouveau. Notre hantise, toujours la même : qu'ils se brisent une jambe. Après dix heures de lutte, nous atteignons un pré sans enclos au milieu des arbres. Ce sera notre campement.

Sixième jour – La montagne du Dobro Polje

« *Sifflements et martèlements; nappe hurlante des 75; craquements lourds des 155 et des 120. De tous les ravins, de toutes les pentes, déferle un mascaret sonore. Le sol tremble; la tôle des abris vibre comme un gong. Impossible de se parler, de téléphoner. Les oreilles n'entendent plus. (Lorsque les pièces de 240 passent à l'action) d'immenses doigts rougeâtres, des éventails de terre, des branches d'arbres, giclent vers le ciel; parfois, des corps déchiquetés, des bras, des jambes* ». Louis Cordier, ancien sergent de la Coloniale.

Le massif du Dobropolje – ou Dobro Polje –, notre résidence du soir, a été le théâtre de deux batailles. La première, en octobre 1916, dans la foulée de la victoire serbe du Kajmakcalan, fut un coup pour rien : les Bulgares avaient stoppé dans leur élan les troupes serbo-russo-françaises. La seconde offensive, dite aussi bataille de la Moglena, est celle que l'Histoire a retenue, parce qu'elle préfigure la déroute des empires centraux.

Programmée à l'origine le 10 septembre 1918, lorsque la chaleur écrase moins les soldats, elle doit sectionner en deux les troupes bulgares. Scénario classique : un déluge d'artillerie, suivi d'un assaut de l'infanterie. Le Kajmakcalan, reconquis deux ans plus tôt, constitue la tête de pont idéale, surtout depuis que plus de 13 000 hommes ont creusé des routes pour y accéder. Pendant quinze nuits, une noria de chevaux, mulets et attelages de bœufs a hissé à 2 500 m d'altitude des batteries de 240. Les pièces ont ensuite été bâchées pour ne pas être repérées. Vaine précaution : sur ces montagnes pelées, rien n'échappe aux pilotes des rares avions.

Les Alliés disposent de deux atouts. L'effet de surprise : l'état-major allemand est convaincu d'une attaque par les vallées. Et la démobilisation morale de l'adversaire depuis que son « but de guerre » a été atteint : la reconstitution de la Grande Bulgarie, avec l'annexion de la Dobroudja roumaine, de la Macédoine serbe et de la Thrace grecque.

Le 14 septembre, les Alliés font donner les canons. Les fortifications bulgares, creusées dans la roche, tiennent le choc. Le lendemain, à 5 h 30 du matin, l'offensive générale est lancée dans trois massifs : Sokol, Veternik et Dobro Polje. En fin d'après-midi, ces deux dernières positions sont enlevées au prix de nombreux morts ; Sokol le sera dans la soirée avec des combats à 1 800 mètres d'altitude. Les ordres du général français Guillaumat sont sans ambiguïté : « *On devra marcher sans trêve jusqu'à l'extrême limite des forces des hommes et des chevaux, en utilisant tous les cheminements de manière à déborder les résistances qui pourraient surgir* ». Le 18 septembre, les Alliés tiennent le massif de Dobro Polje. Près de 4 000 soldats bulgares sont faits prisonniers et leur armée bat en retraite. Une semaine plus tard, le colonel Jouinot-Gambetta reçoit l'ordre de foncer avec ses trois régiments d'Afrique sur Prilep puis Uskub (Skopje).

« *Dobro ! Dobro !* » (Tout va bien ! Tout va bien !) C'est notre ritournelle.

Nous avons été ravitaillés en vin. Question de survie après ce déluge d'eau. « *Des distributions de vin abondantes sont indispensables, en montagne plus qu'ailleurs, pour maintenir le moral des troupes* », note un officier français.

Septième jour – Le martyre des intestins

Le mot d'ordre des tirailleurs sénégalais : « *Ya bon tuer Boche* ».

Le principal ennemi du poilu, pendant la Grande Guerre, c'est le moustique ; mais il y a aussi la dysenterie, le choléra, le typhus, la malaria… Le Bulgare n'arrive qu'après. Sur les 400 000 soldats du front d'Orient, 300 000 ont été malades. À la fin de la guerre, la grippe espagnole prendra le relais. Plus virulente, plus mortifère.

Le principal ennemi du poilu est le moustique ; mais il y a aussi la dysenterie, le choléra, le typhus, la malaria…

Changement d'habitudes alimentaires, eau saumâtre, chaleur : les intestins sont malmenés. Le fantassin doit y être aussi attentif qu'à ses pieds. « *J'ai la colique*, écrit Drieu dans *Le Voyage des Dardanelles. Pendant toute la guerre, j'ai la colique. Nous avançons par bonds, selon les règles. Je profite de chaque arrêt pour mettre bas ma culotte.* »

Jour après jour, le front d'Orient s'est transformé en un vaste hôpital de campagne.

Depuis le premier jour, nous ramassons au sol les débris de la Grande Guerre : éclats d'obus, culasses, douilles, morceaux de barbelés. Nous sommes même tombés sur un demi-casque allemand. Ces sentiers ont été désertés tout au long du siècle écoulé.

Huitième jour – Éloge du mulet

« *Quelle est cette masse noire, inerte, au fond de ce ravin ?*

– C'est un mulet (…) qui a roulé ; il a les reins brisés mais je rapporte le bât, nous n'en avons pas de rechange ; il faut bien transporter notre mitrailleuse. »
Notes et impressions d'un officier de l'armée d'Orient, Jean Saison, Plon, 1918.

Cohabiter avec une tête de mule vous change un homme. Tito-le-mulet. Du latin *mulus*, le baudet. « Mulâtre », métis blanc-noir, vient du portugais *mulato* (métis), lui-même issu du vieux castillan *mulo* : le mulet, hybride de l'âne et de la jument. Vertige de l'étymologie.

Les mulets ont embrassé la carrière militaire au milieu du XIXe siècle avec la constitution des premières troupes de montagne et des régiments de l'armée d'Afrique. Dès 1914, des compagnies muletières chargées du ravitaillement ont été constituées dans les Vosges et sur le front d'Orient. Réquisitionnés, les paysans n'avaient pas le choix.

Un peu moins de deux millions de chevaux et mulets, épaulés par 274 000 ânes venus d'Afrique du Nord, ont fait la Grande Guerre. Plus de la moitié ont péri. Au cours des seuls trois premiers mois, 130 000 chevaux sont morts d'épuisement, du changement de nourriture – habitués au foin, ils ne digéraient pas l'avoine –, de mauvais traitements – la selle vissée sur le dos plusieurs jours d'affilée – et de maladies, gale et gourme, une inflammation des voies respiratoires[5].

Bai : la robe brun rouge de Dori-le-Cheval. Noir pangaré : celle de Tito-le-Mulet. Leurs ancêtres ont-ils « fait » le front d'Orient ? Vécu l'épreuve de la traversée de la Méditerranée ? La manœuvre la plus délicate était le transbordement des animaux de la passerelle du navire, sanglés sous le ventre, au ponton. À l'aide d'une grue.

L'armée française se sépare de ses mulets en 1975. Sous Giscard.

Un ancien des Dardanelles, l'instituteur de Saône-et-Loire Henri Desvaux, avait proposé un monument aux mulets. Le pendant de l'*Animals in War Memorial* de Londres.

Neuvième jour – Objectif Salonique

« *Y a du monde aux Balkans* ». L'expression provient de la série des *Pieds nickelés*, la bande dessinée de Louis Forton, publiée à partir de juin 1913, à la fin de la seconde guerre des Balkans. Croquignol, Filochard et Ribouldingue se font passer pour des marchands d'armes auprès des Serbes, Bulgares et Monténégrins. Ils les escroquent tous, en leur fourguant chevaux de bois, canons et fusils d'opérette.

Dans les sous-bois, les lignes des tranchées comblées par les branchages se dessinent plus nettement au sol. Sentier de montagne ? Piste tracée au rouleau compresseur par les sapeurs de l'armée d'Orient ? En moins de trois ans, ces artistes du nivellement auront aménagé plus d'un millier de kilomètres de routes, et bâti des centaines de ponts capables de supporter véhicules lourds et canons. Car la préparation de la moindre offensive impose l'acheminement de 100 000 à 200 000 obus pesant de 7 à 45 kg : soit un total de 700 à 2 000 tonnes.

Gérer le quotidien de 400 000 hommes n'était pas une sinécure. Pour permettre à des milliers d'hommes et de bêtes de boire et de se laver, il a fallu capter 600 sources, creuser 240 puits, installer 4 000 lavabos, lavoirs et abreuvoirs. La javellisation fut le remède miracle pour liquider les germes en tous genres : 2 gouttes de Javel de titre 40 pour les eaux limpides par 10 litres d'eau, 4 pour les eaux légèrement troubles, 6 pour les eaux troubles.

Les scientifiques s'étaient déplacés en masse sur le front d'Orient. On comptait même une équipe d'archéologues, « fidèles à la tradition française d'Égypte », celle de Napoléon. L'un d'entre eux, l'architecte Hébrard, fut chargé du nouveau plan de Salonique après l'incendie qui a ravagé la ville en août 1917.

Sous la pluie et la grêle, la marche a paru interminable. Trempés, nous installons notre bivouac dans un bois de bouleaux. Le feu peine à prendre. Dès les premières flammes, nous séchons nos godillots autour du foyer. Au dîner, saucisses et pain noir. Et une rasade de *rakia*.

Demain, Dori et Tito repartent à Bitola en camion : les animaux sont interdits à la frontière. En ce dixième jour, nous irons en taxi jusqu'à Salonique, notre ultime étape, le port grec où l'armée d'Orient avait débarqué. /

[1] *L'opposition entre les deux hommes déclenche le « Schisme national » et la partition du pays en trois zones : au nord, celle du gouvernement de Venizélos, allié à la Triple Entente (France, Royaume-Uni, Russie) ; au sud, celle du gouvernement royal, opposé à l'entrée en guerre ; et, au centre, celle des Alliés, au sein d'une zone tampon destinée à empêcher la guerre civile.*

[2] *On l'appelait aussi la « Ville des consuls » du fait des nombreuses délégations étrangères.*

[3] *Thessalonique est le nom donné par Constantin de Macédoine à la ville qu'il fonde en –315 av. J.-C. ; Salonique vient de Selanik, le nom donné à la ville par les Ottomans, qui l'occupent dès 1430.*

[4] *Inventeur de l'alphabet cyrillique.*

[5] 1914-1918, L'Autre Hécatombe, *Claude Milhaud, Belin, 2017.*

POUR EN SAVOIR PLUS

- *Romans, récits, nouvelles*, Pierre Drieu la Rochelle, Gallimard/La Pléiade, 2012.
- *La Grèce et les Balkans* (3 vol.), Olivier Delorme, Folio/Histoire, 2013.
- *Balkans 14/18 ou le chaudron du diable*, André Ducasse, Robert Laffont, 1964.
- *Uskub c'est loin... Balkans 1918*, Pierre François et Yves Jouin, éd. Lavauzelle, 1976.
- *Makédonia. Souvenir d'un officier de liaison en Orient*, Jean-José Frappa, Flammarion, 1921.
- *Front d'Orient 1914-1919. Les soldats oubliés*, Yves Le Naour (dir.), éd. Gaussen-Ville et musée de Marseille, 2016.
- *Journal d'un poilu sur le front d'Orient*, Jean Leymonnerie, présenté par Yves Porcher, Pygmalion, 2003.
- *La Ville balkanissime, Bitola 1800-1918*, Bernard Lory, éd. Isis, 2011.
- *Notes et impressions d'un officier de l'armée d'Orient (oct. 1915 - août 1916)*, Jean Saison, Plon, 1918.
- *Le Front d'Orient. Du désastre des Dardanelles à la victoire finale 1915-1918*, Max Schiavon, Texto, 2014.

La LÉGENDE BIGEARD à la loupe

Nous connaissons tous le général Marcel Bigeard. Pour certains, cela remonte au temps où son nom s'affichait en une des journaux, tant pour ses faits d'armes que pour ses fonctions politiques. Pour d'autres, c'est une figure plus lointaine. Dans tous les cas, il s'agit d'un personnage familier, généralement respecté voire admiré, parfois aussi brocardé. Il reste associé à l'Indochine et à la guerre d'Algérie, tout autant qu'au mythe para qu'il a contribué à créer tant il l'aura incarné à la perfection. Voici comment et pourquoi la légende Bigeard s'est forgée.

PAR HERVÉ BORG

Jours de France

Bigeard tout-puissant. Revenu en France après une blessure, Bigeard est honoré lors du 14 juillet 1956 où il défile et reçoit la Légion d'honneur des mains du président René Coty. C'est la consécration pour le militaire le plus populaire de France. Ses décorations déjà abondantes témoignent de ses faits d'armes exceptionnels, notamment sur les théâtres d'opérations extérieurs (TOE). On peut également noter le béret soigneusement humidifié pour tenir presque à la verticale. C'est tout sauf un détail pour les paras qui cherchent par leur tenue à marquer leur différence avec le reste de l'armée, corps d'élite oblige !

Marcel Bigeard a fait ses premières armes lors de la Seconde Guerre mondiale. Dès 1939, à 23 ans, il intègre un corps franc, puis est fait prisonnier. Après son évasion en 1941, il rejoint la Résistance à Londres pour finalement être formé comme parachutiste par les SAS (*Special Air Service* – les forces spéciales britanniques). Il saute au-dessus de l'Ariège le 8 août 1944, et s'illustre lors de la libération de Foix à la tête d'une poignée de partisans grâce à un audacieux coup de main. Le simple soldat de 1936, au début de son service militaire, est nommé capitaine en juin 1945.

En septembre 1951, après avoir sillonné l'Indochine lors de ses deux premiers séjours, Bigeard se voit confier le 6e BPC (bataillon de parachutistes coloniaux). Dans le dispositif français, les forces parachutistes sont chargées par leur mobilité aéroportée de compenser l'insuffisance des effectifs au regard de l'étendue et des difficultés d'accès de l'Indochine. Aussi sont-elles engagées dès que les choses deviennent sérieuses.

En octobre 1952, le général Giap lance une offensive sur la haute région indochinoise avec trois divisions. Sur sa route, le modeste poste de Nghia Lo. Le

Tu Lê

Dès le début du repli de Tu Lê le 20 octobre 1952, Saïgon avait rayé le 6e BPC des effectifs. Pourtant, constamment harcelés par plusieurs régiments ennemis, les paras vont effectuer une marche d'une centaine de kilomètres en pleine jungle, tout en franchissant le col de Kao Pha. Et, le 24 octobre au matin, le 6e BPC, totalement épuisé mais au complet malgré de nombreux blessés, atteint le poste de Na San à la surprise générale. Pour 91 morts et disparus, l'unité de 800 hommes a permis de sauver 350 supplétifs et partisans (ici en porteurs de civières) tout en ayant causé à l'adversaire des pertes sensibles. Par son sang-froid et son énergie, Bigeard a été l'âme de ce succès.

ECPAD

Diên Biên Phu

Lorsque le 16 mars 1954 le 6e BPC est largué sur le camp retranché de Diên Biên Phu, la bataille est déjà perdue. Pourtant, avec le colonel Langlais, Bigeard va codiriger de fait le camp retranché. Cette photo du QG de Langlais (*deuxième en partant de la droite*) témoigne de la camaraderie qui y régnait.
La reddition, le 7 mai, des dernières troupes est vécue comme un drame national, dans une France hantée par la peur du déclin et jusque-là largement indifférente à ces combats éloignés de la métropole. La défense héroïque du camp pendant près de deux mois face à un adversaire supérieur en nombre et soutenu par l'URSS et la Chine va décupler la notoriété de Bigeard.

16 octobre, le 6e BPC est largué sur Tu Lê, à 40 km au nord-ouest de celui-ci, avec pour mission de menacer les lignes de communication adverses ou, à défaut, de tenir sa position. À peine installés, les paras ont la mauvaise surprise d'apprendre que Nghia Lo est tombé le 18 octobre. Il n'est alors plus question de tenir Tu Lê, mais de se replier aussi vite que possible. Décidant néanmoins d'attendre les survivants du poste de Gia Hoï (situé entre Tu Lê et Nghia Lo), Bigeard entame le 20 octobre un terrible périple pour rejoindre ses lignes. Le succès inespéré de ce repli opéré dans des conditions dantesques fait figure d'exploit. Bénéficiant déjà d'une certaine réputation, Bigeard fait alors la une de tous les journaux. C'est à ce moment que sa légende commence véritablement.

Aux sources de la légende

Officier sorti du rang, Marcel Bigeard n'est pas passé par Saint-Cyr ou l'École de guerre. Il développe une approche non-conventionnelle et pragmatique du combat. Non-conformiste, méprisant hiérarchie et règlements, il recherche l'infiltration, la vitesse et la surprise, comme dans les corps francs. Pour lui, les troupes paras sont des troupes de contre-insurrection, faites pour opérer sur les arrières de l'ennemi, plutôt que des troupes de choc à aligner au front. Très sportif, il impose à ses hommes comme à lui-même des entraînements physiques drastiques. Économe de la vie de ses soldats, il prépare très soigneusement ses opérations. Il est également un meneur d'hommes exceptionnel doublé d'une grande gueule.

S'il est un remarquable militaire, Bigeard est aussi un communicant hors pair, ce qui peut expliquer une notoriété surpassant souvent celle de ses supérieurs. Car Bigeard a le souci de bien faire et de le faire savoir. Déjà à 14 ans, alors qu'il travaillait dans une banque, son chef remarquait « *un garçon qui aime se faire aimer de la clientèle. De l'avenir* ». Le beau Marcel, regard clair, 1,85 m sous la toise, photogénique, est un type qui en impose. Il a surtout très vite compris que la guerre se gagne (et se perd) aussi dans les têtes. Si les troupes d'élite aiment se distinguer du tout-venant par leur uniforme et/ou leur insigne, Bigeard, lui, veut que ses hommes soient « beaux ». Alors il impose une casquette qui portera son nom et, arrivé en Algérie, il fera retailler les treillis pour qu'ils soient plus seyants. Par ailleurs, chaque fait d'armes est ponctué d'un défilé. Après Tu Lê, lors de la remise des décorations, dans un art consommé de la mise en scène, Bigeard n'amène

Retour de captivité

Juste après la reddition du camp de Diên Biên Phu, les Viets ordonnent aux officiers français de rejouer la chute de leurs positions devant les caméras. La réplique cinglante de Bigeard « *plutôt crever !* » met fin à l'affaire. En plus des maltraitances physiques (sur 10 000 prisonniers, pas plus de 3 500 reviendront), le Viêt-minh inflige aux captifs des séances de lavage de cerveau. Bigeard ne fléchira pas et tentera même de s'évader. À sa libération en septembre 1954, ses camarades et lui sont éprouvés, mais on le voit digne, rasé et en tenue, béret vissé sur la tête.

REPORTERS ASSOCIÉS/GAMMA RAPHO VIA GETTY IMAGES - AFP

En opération en Algérie

Rester tranquillement à l'arrière pendant une opération, ce n'est pas le style de « Bruno » (son indicatif radio depuis l'Indochine). Pour lui, la guerre se gagne au plus près de l'action. Si ses opérations sont minutieusement calculées (terrain, adversaire, météo), Bigeard sait improviser et s'adapter. Ce n'est pas un hasard s'il adopte immédiatement les hélicoptères. Une autre de ses qualités militaires est de comprendre que son rôle est de commander, pas de faire le coup de feu. À ce titre, son arme est bien plus sa radio ou son téléphone que son pistolet, que d'ailleurs il ne prenait même pas en opération.

que les soldats cités. Aussi, lorsque l'ordre est donné à ceux qui vont être distingués de s'avancer, tout le bataillon fait un pas en avant. Effet garanti !

L'autre arme secrète de Bigeard en matière de communication, ce sont ses liens inédits avec la presse, française et étrangère, qu'il convie après chaque succès. Il dira des journalistes : « *je les aime bien, ils m'ont toujours accompagné* ». Des mots à prendre au pied de la lettre, car plusieurs reporters de l'époque accompagnaient les troupes en opération. Pierre Schoendoerffer (1928-2012) déclara que son célèbre film *La 317e Section* avait été inspiré par les opérations du 6e BPC au Laos en 1953 auxquelles il avait participé. Certains ont même été soldats avant de se reconvertir dans le journalisme (comme Erwan Bergot, officier à Diên Biên Phu, ou Marc Flament). Quant à Daniel Camus ou Schoendoerffer, ils furent captifs avec Bigeard après Diên Biên Phu. Cela crée des liens…

En compagnie de grandes plumes

Bigeard comprend parfaitement la force des médias et fréquente régulièrement les correspondants du centre de presse à Hanoï. Ce sont eux et d'autres grandes plumes (comme Jean Lartéguy, Jules Roy ou Joseph Kessel) qui, en Indochine et plus tard en Algérie, contribueront à faire de lui comme il le dira par la suite avec une modestie feinte, une véritable « vedette ».

Rétrospectivement, on est frappé par la modernité du personnage. Tant sur le plan militaire qu'au niveau médiatique, il réalise l'idéal d'une armée actuelle : motiver ses troupes, surprendre l'ennemi, tout en s'assurant de la bienveillance des journalistes *embedded* (embarqués). Ce n'est pas pour rien qu'il a été admiré par les armées du monde entier. Le général Petraeus (ancien commandant de la coalition en Afghanistan) conserve encore aujourd'hui précieusement une photo dédicacée de son idole de jeunesse.

Mais le succès n'est pas toujours au rendez-vous. Pour avoir mal jaugé les capacités logistiques du Viêt-minh, le commandement français se laisse piéger dans la cuvette de Diên Biên Phu. Au lieu de reconnaître sa défaite, il s'acharne et y déverse plusieurs unités paras, dont le 6e BPC de Bigeard. Malgré une résistance aussi féroce que vaine, le camp retranché doit se rendre le 7 mai 1954. Pour Bigeard et ses camarades, c'est le début de quatre longs mois d'une captivité brutale. Mais, dans une France en manque de héros après l'humiliation de 1940, cela accroît l'exposition médiatique de « Bruno ».

C'est en Algérie que la notoriété de Bigeard atteint son pic, mais cette guerre est celle qu'il aima le moins. Arrivé en octobre 1955, il prend en charge le 3e RPC

Casquette Bigeard

Sensible à l'esthétique militaire, Bigeard découvre et adopte, probablement en juillet 1953 lors de l'opération Hirondelle, une casquette développée par le 8e BPC. L'innovation réside dans sa visière entièrement constituée de tissu et rigidifiée par de multiples coutures. Par la suite, Bigeard adaptera cette casquette à l'Algérie, avec son protège-nuque qui vaudra aux paras le surnom de « lézards ». Instaurée dans le 3e RPC dès mars 1956, la « casquette Bigeard » deviendra réglementaire pour les troupes aéroportées françaises en 1959.

Les parachutistes

« *Croire et oser* », la devise du 6e BPC en Indochine, repris naturellement par le 3e RPC en Algérie. Les armées du monde scrutent à la loupe les Français, maîtres incontestés de l'arme parachutiste après-guerre (plus de 250 opérations en Indochine) et premiers à utiliser l'hélicoptère de manière offensive (ici un Sikorsky H-54).

RMN - ROGER VIOLLET - MARC FLAMENT/ECPAD

En famille

Reflet de la célébrité de Bigeard, sa femme et sa fille sont, elles aussi, familières des Français. Marcel évoquera toujours avec facilité la femme de sa vie, Gabrielle (« Gaby »), qui le suivra partout. Le couple se maria en 1942 et eut une fille, Marie-France. Après le défilé du 14 juillet 1956, la petite famille prend en toute tranquillité un verre en terrasse.

(régiment de parachutistes coloniaux) : 1 200 réservistes considérés comme des bons à rien. Habilement, Bigeard joue l'arlésienne quelques jours, avant d'apparaître brusquement pour exclure du régiment quelques dizaines d'irrécupérables. Puis, à tous les autres, il offre ce choix : vous pouvez partir, mais si vous restez, je ferai de vous des hommes ! Conquis, ils le suivent sans conditions et Bigeard les emmène deux mois se faire une « caisse » au bled. Au retour, le 3e RPC défile fièrement à six hommes de rang devant une population médusée. Ses hommes se préparent au son de « Radio-Bigeard » (diffusant musique et informations diverses) et formeront une troupe d'élite employée partout et invaincue, aussi bien dans les montagnes, le désert que le milieu urbain.

Contre le terrorisme, un sale boulot

Le 3e RPC va ainsi jouer un rôle pivot dans la bataille d'Alger début 1957. Cependant, Bigeard est écœuré par la nature de la lutte contre le terrorisme du FLN : « *un sale boulot* (...) *que nous répugnons à faire* ». Il sait aussi rendre hommage à ses adversaires, notamment Larbi Ben M'hidi (*voir* DLG *n° 1, p. 7*) capturé par son régiment, et avec qui il a sympathisé. Bigeard devient le plus jeune colonel de l'armée (41 ans) cette année-là.

La garde rapprochée

À gauche, Jean Lartéguy, écrivain et journaliste, correspondant de guerre en Corée, en Indochine et en Algérie. Il s'inspire ouvertement de son ami Bigeard pour le personnage de Raspéguy dans son roman à succès *Les Centurions* (adapté au cinéma par Mark Robson en 1966).
À droite, Marc Flament, qui servit avec Bigeard en Indochine. En Algérie, il rejoint le service presse comme photographe alors qu'il n'a jamais tenu d'appareil photo… Il est affecté en 1957 au 3ᵉ RPC où il devient rapidement le photographe attitré de « Bruno ». Ses photos ont fait le tour du monde.

Les médailles

Fait grand-croix de la Légion d'honneur en septembre 1974, Marcel Bigeard présente ses décorations en 1994. Il compte ainsi une croix de guerre 1939-1945 aux multiples citations. Mais le tissu anormalement long est celui réservé à sa croix de guerre TOE où il rassemble pas moins de 17 citations dont 12 à l'ordre de l'armée ! La croix de la Valeur militaire (4 citations), la Médaille de la Résistance et celle des évadés ainsi que l'Insigne des blessés (5 blessures) complètent une carrière hors du commun.
Plus exotique, il aime notamment arborer le *Distinguished Service Order* britannique (sous la croix de guerre 1939-1945 et la Médaille des évadés) ainsi que l'ordre du Mérite civil thaï (jaune et noir), et il est commandeur dans l'ordre du Dragon d'Annam (juste en dessous, vert clair à bords orange).

ERIC BOUVET/GAMMA RAPHO VIA GETTY IMAGES – PAD / BRIDGEMAN

Gym Tonic

Dès 1938, Bigeard se passionne pour le sport. Sur ce point comme sur d'autres, il est convaincu qu'il vaut mieux la sueur plutôt que le sang. Il n'aura de cesse de soumettre ses hommes à un entraînement intensif. Dans une armée française encore conservatrice dans ce domaine, cela détonne. En Indochine, ses séances de footing quotidiennes valent au 6e BPC le sobriquet de « bataillon Zatopek » (du nom du célèbre marathonien). L'endurance exceptionnelle des « Bigeard's Boys », notamment à Tu Lê, fera taire les mauvaises langues. À 67 ans, le général faisait encore un footing quotidien de 7 km, comme il le confiera lors de l'émission TV *Gym Tonic*.

Les livres

S'il y a une chose dont on ne peut pas qualifier Bigeard, c'est d'être un intellectuel. Seul soldat français sorti du rang à être devenu général au XXe siècle, il n'est pas comme le colonel Trinquier un théoricien de la contre-guérilla. C'est pourtant lui qui va publier le premier manuel sur le sujet, armé de son expérience et de son désir de combattre un ennemi asymétrique. Jusqu'à sa retraite militaire, il publiera quatre ouvrages, orientés sur son expérience d'officier en guerre. Suivront une dizaine d'autres qu'il signera à partir des années 1990, portant sur ses souvenirs ou ses opinions de la France d'alors.

Auparavant, Bigeard et le colonel de l'armée de l'air Félix Brunet avaient innové en Algérie, mettant au point une tactique d'emploi des hélicoptères comme moyen d'assaut. La capacité d'adaptation, toujours. La chance aussi parfois : lors d'un footing en septembre 1956, Bigeard est victime d'une tentative d'assassinat. Il ne se démonte pas et met en fuite les terroristes malgré ses blessures. « Bruno la baraka » s'en sort encore…

Sa liberté de parole lui vaut aussi quelques soucis. Pour avoir critiqué des généraux en août 1958 lors d'une interview donnée à Lartéguy, il est renvoyé en France, puis rappelé en janvier 1959. Pendant la semaine des barricades (janvier 1960), il rédige une proclamation qui entraîne sa disgrâce. Il quitte alors définitivement l'Algérie et poursuit sa carrière en Centrafrique, au Sénégal, à Madagascar puis en métropole. Promu général en 1967, il quitte l'armée avec quatre étoiles (général de corps d'armée), ponctuant un parcours unique en son genre. Secrétaire d'État à la Défense sous Valéry Giscard d'Estaing, il est également député de 1978 à 1988. Il s'éteint à 94 ans en 2010, à Toul, sa ville natale.

L'équation de la légende Bigeard peut donc être exprimée ainsi : un militaire d'exception et un communicant d'exception, placé au cœur d'une période d'exception.

L'embuscade de la vallée d'Uzbin

NICOLAS JOSÉ/HANS LUCAS VIA AFP

Le 18 août 2008, dix soldats français sont tués et 21 autres blessés dans les montagnes afghanes. Personne n'a vu venir l'embuscade montée par les talibans et leurs alliés locaux. Très vite, la rumeur accuse les militaires de négligence. À l'issue d'une enquête minutieuse, l'auteur, lui-même ancien officier des troupes de marine auxquelles appartiennent les victimes, établit un enchaînement de causes beaucoup plus complexes, où le politique prend toute sa part.

PAR MICHEL GOYA

Le 18 août 2008, à 15 h 45, une section réduite du 8e régiment de parachutistes d'infanterie de marine arrive presque au col sur lequel débouche la vallée d'Uzbin… Ce cliché d'une patrouille du 8e RPIMa a été pris à l'endroit de l'embuscade, mais cinq jours plus tard.

In memoriam
Adjudant Sébastien Devez
Sergent Damien Buil
Sergent Nicolas Grégoire
Sergent Rodolphe Penon
Caporal Mélam Baouma
Caporal Kévin Chassaing
Caporal Damien Gaillet
Caporal Julien Le Pahun
Caporal Anthony Rivière
Caporal Alexis Taani

Présente en Afghanistan depuis 2001, la France n'entre véritablement en guerre qu'à l'été 2008, mais sans le savoir. Jusque-là, le pays s'était prudemment tenu à l'écart des zones les plus dangereuses, à l'exception de l'envoi en 2003 de 200 hommes des Forces spéciales dans la région de Spin Boldak, au sud, à la frontière entre l'Afghanistan et le Pakistan. D'abord caché par les autorités françaises, cet engagement a surtout servi de gage d'amitié envers les États-Unis au moment où s'ouvrait la crise entre les deux pays à propos de l'invasion de l'Irak. Sept soldats français sont tombés entre 2002 et 2006, date à laquelle est mis fin à cette mission. C'est aussi en 2006 que la FIAS (Force internationale d'assistance et de sécurité, *voir chronologie ci-dessous*) s'engage à son tour dans le sud et l'est du pays pour constater très vite que ces provinces sont à nouveau largement tenues par les talibans et leurs alliés. La posture française est alors très prudente ; la possibilité d'un retrait complet d'Afghanistan est même évoquée, y compris par le candidat à la présidence de la République, Nicolas Sarkozy.

Vers un retour français dans l'OTAN

Une fois élu, Nicolas Sarkozy demeure d'abord dans l'expectative. Puis il saisit l'occasion du sommet de l'OTAN à Bucarest (avril 2008) pour annoncer que non seulement la France n'a pas l'intention de se retirer mais qu'elle engage un nouveau bataillon, et cela hors de Kaboul. L'intention est clairement diplomatique ; elle vise à resserrer les liens avec les États-Unis, alors que, par ailleurs, la France se prépare à revenir dans le commandement intégré des forces de l'OTAN, qu'elle avait quitté en 1966, sous de Gaulle. L'engagement de ce second bataillon s'effectuera sous commandement américain de la FIAS dans la province de Kapisa, à proximité et au nord-est de la capitale afghane La Kapisa étant en grande partie contrôlée par des forces rebelles au gouvernement afghan, cette décision implique que les soldats français participeront à des combats. Le hasard veut par ailleurs que cet engagement en Kapisa coïncide avec la prise de commandement par la France des forces de la FIAS à Kaboul et avec la prise en compte par cette dernière du district de Surobi, un autre secteur hostile également proche de Kaboul. Sans doute par sous-estimation des risques mais surtout par désir de ne pas effrayer l'opinion publique, rien n'est dit ou presque de ce changement complet de posture, qui va pourtant au bout du compte impliquer la mort de 75 soldats français. Il est vrai que tout semble se passer d'abord dans la continuité d'une activité jusque-là peu violente pour les Français installés depuis six ans dans la capitale afghane et ses abords. C'est une illusion trompeuse.

Une organisation complexe

Les 700 marsouins-parachutistes du groupement tactique interarmes (GTIA) baptisé « Chimère » – pour la plupart issus du 8e régiment de parachutistes d'infanterie de marine (RPIMa) commandé par le colonel Aragones – sont déployés fin juillet sur les bases de Tagab et Nijrab en Kapisa. C'est alors, en apparence, la zone la plus difficile où sont engagés des soldats français. Pourtant, ce n'est pas de ce côté que va venir la surprise.

La France, à l'instar de l'Inde et de la Turquie, maintient depuis 2002 un petit bataillon dans Kaboul, le BATFRA. Le commandement commun de la FIAS dans la région de la capitale est depuis 2006 assuré de manière tournante par chacune de ces trois nations. En août 2008, c'est, pour la deuxième fois, le tour de la France. Cette responsabilité implique aussi la prise

CHRONOLOGIE

11 SEPTEMBRE 2001

Attentats perpétrés aux États-Unis par l'organisation Al-Qaïda.

8 OCTOBRE

Déclenchement de l'opération militaire américaine Liberté immuable en Afghanistan, pour détruire Al-Qaïda et chasser ses alliés talibans. La France s'associe à cette opération. Les talibans et Al-Qaïda se réfugient au Pakistan. L'opération Liberté immuable se poursuit le long de la frontière.

20 DÉCEMBRE

Création de la Force internationale d'assistance et de sécurité (FIAS) afin d'aider à la mise en place du nouvel État afghan. La France y participe également et y engage en janvier 2002 le bataillon français, BATFRA, basé à Kaboul.

en compte par ses propres forces de la base avancée de Tora au cœur du district de Surobi, à une cinquantaine de kilomètres à l'est de la capitale. On assiste donc simultanément à l'arrivée à Kaboul d'un état-major français de niveau brigade commandé depuis le 6 août par le général Stollsteiner et d'une compagnie de renfort destinée à être déployée sur la base de Tora. Cette compagnie d'infanterie, renforcée d'un peloton blindé et d'un détachement de mortiers lourds afin de former un sous-groupement tactique interarmes, est rattachée au BATFRA de Kaboul, commandé par le colonel de Cevins, chef de corps du régiment de marche du Tchad.

S'il ne commande opérationnellement que le BATFRA, le général Stollsteiner est également « représentant de la France » (ou REPFRANCE) pour tous les Français sur le théâtre d'opérations, ce qui inclut, outre le BATFRA et le GTIA Chimère, les forces aériennes, les instructeurs de l'opération Épidote ainsi que les équipes françaises de liaison et de tutorat, plus connues sous l'acronyme anglais OMLT (*Operational Mentor and Liaison Team*), placées auprès des états-majors et bataillons afghans. Un sous-officier français a déjà été tué au combat au sein des OMLT en juillet 2007. À cette complexité organisationnelle, il faut ajouter les difficultés propres aux forces armées françaises, alors en crise budgétaire depuis dix-sept ans, et qui viennent de sortir d'une profonde réforme avec la professionnalisation intégrale. Elles sont en outre en train d'en subir une nouvelle beaucoup plus violente, avec une réduction drastique des effectifs et une restructuration catastrophique de toute l'administration, la logistique et la maintenance. À cela s'ajoutent les contraintes politiques, comme celle qui impose de respecter l'effectif du contingent français en Afghanistan à l'individu près, quitte à désorganiser les structures, sans parler des intrusions du président de la République. On imagine alors le casse-tête permanent que constituent le déploiement et l'organisation des forces à l'étranger – qui ne se limitent pas alors à l'Afghanistan – ainsi qu'au commandement sur place.

La compagnie qui est envoyée à Tora est la 4e compagnie du 8e RPIMa, indicatif radio « Carmin ». Elle était en réalité destinée à aller en Kapisa avec le reste du régiment. Pour économiser l'engagement d'une compagnie, on l'a retirée de Chimère, qui évolue ainsi avec des forces réduites, pour la rattacher au BATFRA qui se trouve, lui, doté de deux compagnies de régiments différents, et qui ne se connaissent pas. Ce type de bricolage est une vieille habitude de gestion de ressources rares qui fonctionne tant bien que mal et surtout tant qu'il n'y a pas de problème grave.

Les officiers français sont également des ressources rares. Au bout de quinze jours de commandement, certains postes importants de l'état-major de la FIAS à Kaboul, comme l'adjoint au chef des opérations ou le chef de la « conduite » – l'officier qui suit ce qui se passe sur le terrain – sont toujours occupés par les Italiens car les Français ne sont pas encore arrivés. Les consignes et renseignements laissés par les Italiens dans les autres postes sont également des plus réduits. Très clairement, le commandement italien, qui a une conception beaucoup plus prudente que les Français de l'engagement militaire, ne s'est pas beaucoup intéressé au district de Surobi. Un accrochage avait provoqué la mort d'un soldat italien en février 2008, ce qui avait suffi à calmer toute velléité de troubler l'activité des chefs de petits groupes armés locaux – Sultan, Ghazi, Gul et autres –, au moins autant trafiquants que rebelles au gouvernement de Kaboul.

Excès de confiance

Le district de Surobi est montagneux et peu peuplé avec peut-être 60000 habitants, une statistique très incertaine. Son importance stratégique repose sur les trois axes routiers qui le traversent, deux parallèles et de direction ouest-est qui relient Kaboul à Jalalabad sur la frontière pakistanaise, et un troisième de direction sud-nord qui relie les deux premiers à Bagram, la grande base américaine située 50 km au nord de Kaboul. Ce troisième axe, qui sera baptisé « Vermont » par la FIAS, traverse également la province de Kapisa.

Bien qu'il soit incomplet, l'état-major français de Kaboul se montre beaucoup plus volontariste en

AOÛT 2003

La FIAS est dirigée par l'Organisation du traité de l'Atlantique Nord (OTAN). Elle commence à s'implanter hors de Kaboul. Le BATFRA reste dans la capitale, mais un contingent de Forces spéciales est engagé au sud du pays dans le cadre de l'opération Liberté immuable.

ÉTÉ 2006

La responsabilité de la FIAS s'étend à l'ensemble du territoire afghan, et notamment au sud et à l'est où les talibans se sont réimplantés. Il y a de violents combats. La France reste dans la région de Kaboul, dont elle assure le commandement tournant avec la Turquie et l'Italie. Le contingent français de Forces spéciales est rapatrié. Le président Jacques Chirac refuse un engagement plus avant.

3 AVRIL 2008

Lors du 20e sommet de l'OTAN à Bucarest, Nicolas Sarkozy engage la France dans la durée en Afghanistan et décide de l'envoi d'un bataillon supplémentaire.

Surobi que son prédécesseur, péchant même par excès de confiance comme l'avouera honnêtement plus tard le général Stollsteiner. Le BATFRA reçoit l'ordre de reconnaître les quatre vallées du district, c'est-à-dire de montrer que l'on peut aller partout puis de rentrer dans les bases de Tora ou de Camp Warehouse à Kaboul. Après l'embuscade, un très haut responsable des armées parlera ironiquement de « *promenade militaire* » pour qualifier ce qui n'était qu'une illusion. On discutait avec les chefs locaux, on distribuait un peu d'aide à la population et on croyait que l'on contrôlait le terrain puisque personne ne s'y opposait vraiment. Le BATFRA n'avait jamais eu à combattre.

C'est dans ce cadre que le sous-groupement de Tora reçoit l'ordre de reconnaître toute la vallée d'Uzbin. L'opération est baptisée Las Vegas et doit se dérouler du 15 au 19 août 2008. Le 15, une première mission va jusqu'au village de Sper Kunday, au pied d'un col impraticable aux véhicules. Le contact avec la population est jugé très bon et les quelques policiers locaux annoncent qu'il n'y a aucun danger dans la zone. On décide de revenir le 18 août pour aller jusqu'au col. Le jour n'est pas forcément idéal puisqu'il coïncide avec une visite à Tora du commandant de la FIAS, le général américain McKiernan. Surtout, tout le monde est en train de se préparer pour la fête nationale afghane, le 19 août. L'état-major général de la FIAS demande donc au commandement français à Kaboul de limiter les opérations hors de la capitale pendant plusieurs jours et de se concentrer sur la protection des cérémonies officielles. Pour autant, la reconnaissance du col de Sper Kunday est maintenue, sans en demander l'autorisation à l'état-major de la FIAS, qui aurait sans doute refusé. De la même façon, un renseignement d'alerte envoyé le 15 août par le même état-major de la FIAS sur la possibilité d'une embuscade à Uzbin n'est pas parvenu au BATFRA où il est probable qu'il aurait d'ailleurs été ignoré, tant les messages de ce genre sont nombreux et presque toujours faux.

On est donc persuadé au BATFRA que la mission n'est ni assez importante ni assez dangereuse pour changer quoi que ce soit. Dans l'ordre d'opération donné aux sections, la menace possible décrite se limite à quelques tirs de harcèlement d'un petit groupe d'une quinzaine d'hommes avec, au pire, l'emploi d'un engin explosif improvisé.

Les rebelles alertés

Le 18 août à 9 h 50, au mépris, donc, des procédures, une colonne part de Tora en direction du village de Sper Kunday, 20 kilomètres plus loin. Rétrospectivement, on se souviendra à la base d'un interprète téléphonant juste avant le départ, ce qui sera interprété comme une alerte envoyée aux rebelles. Une alerte mal récompensée : cet interprète sera tué et son cadavre mutilé par lesdits rebelles. Le déplacement est prudent et lent puisque la colonne n'arrive à Sper Kunday que vers 13 h 15. Le chef du village, le *malek*, est là, mais les lieux sont déserts : ni âme ni bête, ce qui n'alerte personne.

Le compartiment de terrain de la vallée d'Uzbin est un grand rectangle de 4 km de longueur sur 2 de large. Il est barré à l'ouest et à l'est par deux lignes de crête orientées nord-sud avec, d'un côté, le col 75-34, de l'autre, le col de Sper Kunday, l'objectif. Il est également fermé au sud par une autre ligne de crête ouest-est. Le nord du rectangle est moins élevé et vallonné. Le terrain est traversé par une piste praticable par véhicules, du col 75-34 jusqu'à Sper Kunday, au pied de la ligne de crête, puis par une piste sinueuse qui monte jusqu'à l'objectif et utilisable seulement à pied.

LES 5 JOURNÉES LES PLUS SANGLANTES DES GUERRES DE LA V^{E} RÉPUBLIQUE (si l'on ne prend en compte que les pertes françaises)

11 octobre 1970 : opération Limousin (Tchad). Le Front de libération nationale tend une embuscade à la 6e compagnie parachutiste d'infanterie de marine au nord du Mali. La CPIMa parvient à se dégager et à infliger de lourdes pertes à l'ennemi (estimées à environ 70 morts) mais perd 12 marsouins-parachutistes.

17 mai 1978 : opération Bonite (Zaïre). Le 2e régiment étranger de parachutistes saute sur la ville de Kolwezi dans la province du Shaba, libère la ville et sauve les otages européens face aux Tigres katangais du Front de libération nationale du Congo. Les légionnaires ont 5 morts, leurs adversaires 265 morts (pas du seul fait des Français, mais principalement).

23 octobre 1983 : attaque suicide par le Hezbollah libanais contre les composantes française et américaine de la Force multinationale de sécurité de Beyrouth. 58 morts français (241 morts américains).

18-19 août 2008 : combats dans la vallée d'Uzbin. District de Surobi, en Afghanistan. 10 soldats français tués dans une embuscade organisée par différents groupes rebelles locaux. Pertes ennemies estimées à 70 morts.

25 novembre 2021 : région d'Indelimane au Mali. 13 soldats français sont tués dans une collision d'hélicoptères au cours d'une traque de forces djihadistes.

Les deux **hélicoptères français Caracal** sont ce jour-là **réservés** aux cérémonies du 19 août, la **fête nationale afghane.**

Le dispositif franco-afghan qui se met en place sur ce terrain est très hétérogène. Un premier élément, en tête, est composé de la section d'infanterie Carmin 2 de l'adjudant Évrard, renforcée d'un groupe de deux équipes de tireurs d'élite, et d'une section de l'armée nationale afghane. Cela fait 38 Français avec cinq véhicules de l'avant blindé (VAB), véhicules de transport à roues armés de mitrailleuses de 12,7 mm, et une vingtaine d'Afghans sur *pick-up*, plus l'interprète. L'ensemble est regroupé à l'est du village.

Le second élément se tient plus en arrière. Il est composé de la section d'appui de la 2e compagnie du régiment de marche du Tchad du lieutenant Jean, indicatif « Rouge 4 », et d'une section afghane dite HSSB (*Headquarter Security and Support Brigade*) venant de Kaboul en *pick-up*. Il y a également une équipe française d'observation d'artillerie avec son VAB et un groupe de la *Task Force* 10-2 des Forces spéciales américaines, dont une équipe de guidage aérien encore en formation, avec trois véhicules légers Hummer. Les Américains, qui travaillent avec la HSSB, ont demandé au dernier moment à se joindre à la mission pour se familiariser avec la zone. Ils seront très précieux. Ce second élément comprend donc 31 Français, 13 Américains, 21 soldats de l'Armée nationale afghane (ANA) et 4 interprètes. Américains et Afghans sont à Sper Kunday. L'équipe d'observation et Rouge 4, qui comprend un groupe antichar équipé de missiles Milan et un groupe de mortiers de 81 mm, sont sur le col 75-34.

Cet ensemble bigarré présente la particularité de ne pas être commandé sur place par un chef unique. Les deux chefs de section français doivent se coordonner depuis le début de l'action. L'élément Rouge 4-HSSB a été ainsi en tête jusqu'au col 75-34 appuyé par Carmin 2-ANA, qui est passé en tête à partir de ce col. L'ensemble est suivi « en conduite » depuis la base de Tora avec qui les deux chefs de section sont en liaison radio permanente. C'est contraire à toutes les habitudes de commandement, mais les capitaines sont alors pris à d'autres tâches. Dans les faits, la présence de l'un d'entre eux sur place n'aurait sans doute pas changé grand-chose.

La principale faiblesse du dispositif est son isolement. En cas de difficulté, le sous-groupement ne peut être renforcé par la force d'alerte à Tora que sous un délai d'une heure. Il ne peut pas être non plus appuyé immédiatement par des feux. Si Tora avait disposé de canons de 155 mm TRF1 ou mieux encore de canons Caesar plus modernes, qui portent à plus de 30 km, l'élément d'observation aurait éventuellement pu demander des tirs d'appui puissants et rapides. Mais le canon Caesar vient d'être mis en service le mois précédent et on préfère l'expérimenter en métropole. La base de Tora, le BATFRA en fait, ne dispose que du détachement de mortiers de quatre pièces de 120 mm du capitaine Ruyant issu du 35e régiment d'artillerie parachutiste. À la limite, dotée d'obus de 120 mm F2 à propulsion additionnelle portant à 13 km, une section de deux pièces aurait pu être placée à mi-chemin entre Tora et Sper Kunday. Typique du bricolage permanent qui frappe les départs en mission, le détachement de mortiers lourds ne dispose pas encore d'obus F2 et ne peut tirer qu'à 8 km. Pour respecter à l'homme près les effectifs autorisés par le politique, il lui manque une dizaine d'hommes pour assurer un fonctionnement optimal et un minimum d'autoprotection. Autrement dit, ne peuvent être réellement mises en œuvre que deux pièces. Chaque fois que ce détachement se déploie hors de Tora, il lui faut une escorte, une ressource rare.

Le Tigre toujours pas opérationnel

Restent les aéronefs. Le commandement de la région de Kaboul ne dispose que de deux hélicoptères français Caracal, un excellent engin mais qui est avant un tout un appareil de transport seulement armé de deux mitrailleuses légères de 7,62 mm. De toute façon, les deux Caracal sont à ce moment réservés aux cérémonies du 19 août. Pour tout le reste, il faut passer par l'état-major général de la FIAS qui lui-même fera appel à la force aérienne globale, où figurent six chasseurs-bombardiers français, ou encore à des hélicoptères américains des régions proches. Une patrouille d'hélicoptères d'attaque Tigre aurait pu être très utile à Kaboul. Comme nombre d'équipements modernes français, le Tigre, dont le premier vol date de 1991, aurait pu être mis en service beaucoup plus tôt. Les affres des économies budgétaires et de la coopération européenne ont fait qu'il n'a finalement rejoint un premier régiment d'hélicoptères de combat français qu'en 2007 et, comme le canon Caesar, il se trouve encore en phase d'expérimentation dans l'Hexagone. On considère alors que sa mise au standard naval est plus urgente qu'un déploiement en Afghanistan. Le Tigre ne sera visible à Kaboul qu'en juillet 2009.

En résumé, en cas de difficultés, le sous-groupement dans la vallée d'Uzbin ne pourra compter que sur lui-même pendant au moins une heure.

Cet isolement général du groupement se double d'un autre isolement local : celui de la section à pied qui engage la montée vers le col de Sper Kunday. Sa mission est non seulement de reconnaître le col mais d'y bivouaquer la nuit puis de pousser le lendemain, toujours à pied, jusqu'au village de Cheshmeh-ye Masti, à la limite entre le district de Surobi et la province de Laghman, pour revenir enfin par le chemin inverse. La section à pied aurait alors été complètement isolée du reste du sous-groupement. Si les rebelles avaient connu l'ensemble de l'ordre d'opération, peut-être auraient-ils attendu ce moment encore plus favorable pour attaquer.

Le 18 août en début d'après-midi, 23 soldats français lourdement chargés montent vers un col en pleine chaleur. Une équipe cynophile avec un chien en avant du dispositif aurait peut-être été aussi très utile pour déceler l'embuscade. Là encore, les équipes cynophiles ont été victimes du calcul au plus juste des effectifs, et de toute façon personne n'y pense à ce moment-là. Le sous-groupement aurait pu également bénéficier de l'appui d'un drone. La France est en retard dans ce domaine, mais elle dispose à l'époque de quelques SDTI (système de drone tactique intérimaire), des engins de 300 kg pouvant voler jusqu'à 3 800 m dans les meilleures conditions. Le problème est qu'ils ont été envoyés au Kosovo et non en Afghanistan. Pour pallier leur absence, il aurait été sans doute possible d'acheter « sur étagère » un des drones utilisés pour les prises de vues cinéma et télévision. Au pire, on aurait pu acheter sur n'importe quel site d'aéromodélisme un micro-hélicoptère équipé d'une caméra. Comme souvent dans ce domaine, la solution rapide et bon marché a pu être freinée par l'idée qu'il ne fallait pas mettre en danger les programmes longs et coûteux déjà lancés. De toute façon, même en passant par des procédures dites d'« urgence opérationnelle », de nombreux mois sont toujours nécessaires pour effectuer des achats sur étagère. Si l'on était sorti plus tôt de l'ambiguïté sur le maintien ou non de la présence de forces françaises en Afghanistan, peut-être ces achats auraient-ils pu se réaliser à temps. Au lieu de cela, il y aura un décalage fatal de quelques mois.

L'embuscade

Dans les opérations modernes, les deux tiers des pertes de fantassins surviennent en recherchant l'ennemi. L'embuscade d'Uzbin n'échappe pas à la règle.

À 15 h 45, la section à pied arrive presque au col après une bonne heure de marche. Les premiers coups de feu claquent. Le chef de Carmin 2 rend compte aussitôt qu'il est pris à partie par des groupes d'hommes postés de part et d'autre du col. Contrairement à ce qu'on imaginait, différentes factions locales se sont associées sous l'égide du Hezb-e-Islami Gulbuddin (HIG) de Gulbuddin Hekmatyar, un mouvement présent dans l'est de l'Afghanistan. Ils ont réuni au moins sept fois plus de combattants que le maximum qui était éventuellement attendu. Cette petite coalition a préparé l'embuscade pendant trois jours, autour du col, mais aussi en « fer à cheval », sur la ligne de crête à 800 mètres au sud de Sper Kunday et dans la zone vallonnée un kilomètre au nord. Un groupe de soutien alimente les combattants en munitions et évacue les blessés et les morts. Des renforts arrivent également dans les heures qui suivent l'ouverture du feu, attirés par une part de gloire. À la fin de la journée, il y aura peut-être 170 combattants rebelles. Tous présents dès

LES TALIBANS VEULENT CONTRÔLER LA KAPISA
À 80 km au nord-est de Kaboul et de la grande base aérienne américaine de Bagram, la Kapisa est la plus petite province d'Afghanistan mais aussi la plus densément peuplée en dehors du district de la capitale. C'est la raison pour laquelle les talibans y sont très présents. Ce mouvement insurrectionnel islamiste entend en outre contrôler la route qui la traverse et qui mène, via le district de Surobi, vers Jalalabad, cinquième ville d'Afghanistan, proche de la frontière avec le Pakistan, sa base arrière.

CARTES : JULIEN PELTIER POUR *DLG*

LES FRANÇAIS DOIVENT SÉCURISER LA ZONE DE SUROBI
En plus de la province de la Kapisa, les forces françaises interviennent dans le district mitoyen de Surobi, situé à 60 km à l'est de Kaboul. Si deux routes importantes se croisent dans la ville de Surobi, la zone située au nord-est est en revanche enclavée et consiste en un fouillis de vallées surplombées par des massifs de 2 000 à 3 000 mètres. Les rebelles à l'autorité de Kaboul y circulent à l'aise grâce à des cols accessibles uniquement par des pistes ou des sentiers muletiers. Basés à Tora, les Français ont pour mission de se montrer dans quatre vallées de cette zone, dont celle d'Uzbin qui monte jusqu'au village de Sper Kunday, au pied d'un col.

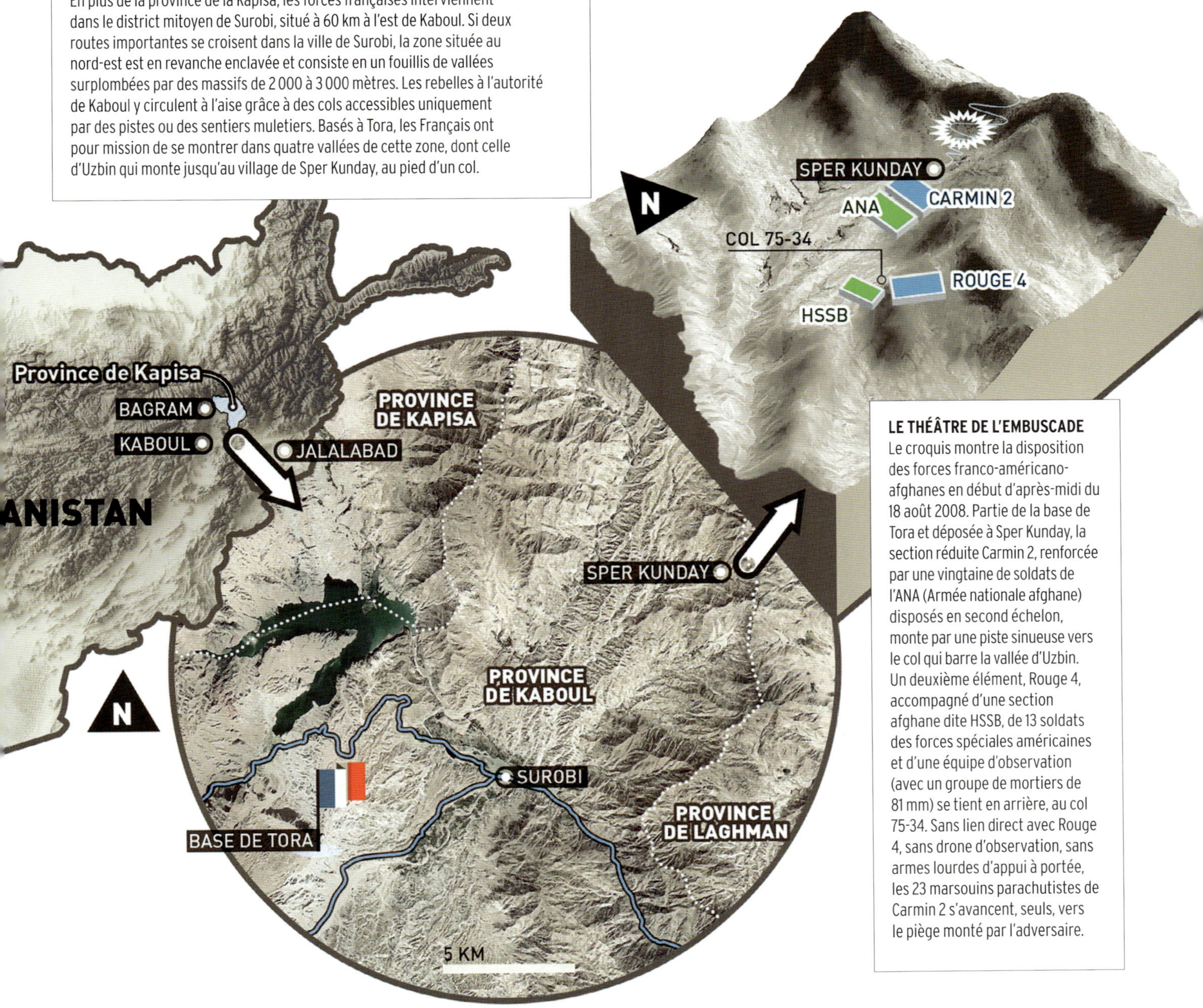

LE THÉÂTRE DE L'EMBUSCADE
Le croquis montre la disposition des forces franco-américano-afghanes en début d'après-midi du 18 août 2008. Partie de la base de Tora et déposée à Sper Kunday, la section réduite Carmin 2, renforcée par une vingtaine de soldats de l'ANA (Armée nationale afghane) disposés en second échelon, monte par une piste sinueuse vers le col qui barre la vallée d'Uzbin. Un deuxième élément, Rouge 4, accompagné d'une section afghane dite HSSB, de 13 soldats des forces spéciales américaines et d'une équipe d'observation (avec un groupe de mortiers de 81 mm) se tient en arrière, au col 75-34. Sans lien direct avec Rouge 4, sans drone d'observation, sans armes lourdes d'appui à portée, les 23 marsouins parachutistes de Carmin 2 s'avancent, seuls, vers le piège monté par l'adversaire.

le début de l'action, ils auraient peut-être pu s'emparer de Sper Kunday et couper complètement Carmin 2. Là, c'est une course de vitesse qui s'engage.

La section clouée au sol

Les marsouins-parachutistes de Carmin 2, dont les premiers sont sur le col, sont très vite cernés. Ils sont durement frappés, notamment par les snipers adverses. L'adjudant Évrard est blessé mais continue de commander. Le chef de groupe de tête, le sergent Cazzaro, parvient à se replier du col avec la plupart de ses hommes. Toute la section se retrouve sur la piste, postée derrière les rochers aux alentours. Les pertes diminuent, mais la section est immobilisée alors que l'ennemi approche.

Une section d'infanterie, en théorie, c'est 39 soldats, un nombre déjà réduit dans les années 1990 pour économiser quelques postes et jamais atteint en opération : Carmin 2 n'en a que 23. La section française est également mal organisée. Toutes les expériences de combat moderne ont montré qu'un groupe de sept hommes, comme les trois que compte Carmin 2, est trop vite neutralisé en cas de pertes. L'armée de terre française les a pourtant maintenus ainsi. De la même façon, l'expérience tend à montrer qu'il vaut mieux conserver les servants d'armes d'appui, comme les lance-grenades individuels, fusils-mitrailleurs Minimi et fusils de précision à lunette FRF2, dans un groupe à part et un peu en arrière. Au lieu de cela, ils sont répartis réglementairement dans les trois groupes. Trop près de l'ennemi dans les groupes en tête du dispositif, ces armes portant à 600 mètres n'ont pu être utilisées efficacement. Seul l'un des deux tireurs de précision, placé le plus en arrière de la section, Kévin Chassaing, a fait des ravages avec peut-être huit ennemis abattus avant d'être mortellement frappé

Il aurait suffi que la **section isolée** dispose de **plus de 200 cartouches** par homme pour **résister** jusqu'à l'approche des **renforts**.

à son tour. Il est possible que les deux tireurs de la section aient provoqué à eux seuls un quart des pertes ennemies durant la journée. Les tireurs de précision sont les fantassins français les plus redoutables dans les opérations modernes, mais là encore leur nombre est passé de trois à deux par section au début des années 1990, toujours pour économiser des postes.

Les autres hommes de Carmin 2 sont toujours équipés du FAMAS mis en service presque vingt ans plus tôt, et très usé. Il ne commencera à être remplacé par l'excellent fusil d'assaut HK416 F, plus moderne, plus précis et plus fiable, qu'à partir de 2017. Or, cette arme existait déjà trois ans avant l'embuscade d'Uzbin. Pour 3 % seulement d'une année de crédits d'équipements, il aurait été possible d'en doter tous les fantassins français avant de les engager en Afghanistan. Pour peu de choses également, il aurait été possible et utile de donner aux fantassins français un équivalent au lance-roquettes RPG-7, l'artillerie portable des rebelles en face d'eux, qu'ils ont très abondamment utilisés.

Des années de bricolages

Carmin 2 paie en bout de chaîne des années d'errements, de bricolages et de petites économies qui ont affaibli les sections françaises d'infanterie. Il est vrai qu'il n'y avait pas eu de tué au combat depuis 1995, dernière époque où l'on avait fait un effort pour les fantassins. Depuis, ce sont comme d'habitude les grands programmes industriels qui ont absorbé l'attention et les ressources. Il y avait bien le programme « Fantassin à équipements et liaisons intégrés » ou FÉLIN, destiné à faire entrer le fantassin dans la haute technologie ; mais après des années de travaux, il n'y avait en 2008 toujours aucune retombée pour les hommes qui allaient au combat. À défaut de nouveaux équipements, il aurait suffi que la section isolée dispose de plus de 200 cartouches par homme pour résister assez longtemps et laisser aux renforts le temps d'arriver ou au moins d'attendre la nuit pour se replier plus facilement. Quelques kilomètres plus au nord, en Kapisa, les fantassins français portent alors le double de munitions, mais au BATFRA on continue à appliquer les mêmes normes que celles en vigueur depuis des années.

La section de l'adjudant Évrard se trouve donc isolée sans espoir de secours rapide et avec impossibilité de résister plus de deux heures.

Pour l'appuyer, il n'y a pas grand-chose dans le sous-groupement. Il n'y a pas de véhicule blindé de type Sagaie ou AMX-10RC avec canons de 90 ou de 105 mm, en admettant qu'ils aient pu accéder à la zone. Il manque toujours un véhicule d'appui d'infanterie avec au moins deux canons mitrailleurs de 20 ou 30 mm. Les véhicules postés dans le village n'ont, au mieux, que des mitrailleuses de 12,7 mm, servies manuellement et à vue en tourelles. Les tireurs sont trop loin de l'embuscade pour fournir un tir précis, d'autant plus qu'ils n'ont que les 600 cartouches réglementaires. De plus, ils doivent eux-mêmes rapidement faire face à des tirs.

Impossibilité technique de tir

Il reste les deux mortiers de 81 mm de Rouge 4 sur le col 75-34, en limite de portée à quatre kilomètres de là. L'adjudant Évrard appelle évidemment le lieutenant Jean pour lui demander de l'appuyer, mais le groupe de mortiers répond sur le réseau radio qu'il a une « impossibilité technique de tir ». Cela signifie que les troupes opposées sont alors trop imbriquées pour pouvoir tirer sans toucher le camp français. Cela sera néanmoins à l'origine d'une légende de défaillance technique et d'une brouille persistante entre le régiment de marche du Tchad et le 8e RPIMa. À défaut d'obus de 81 mm, le groupe antichar de Rouge 4 aux abords du village peut tirer quatre missiles Milan. Les charges creuses, destinées à percer des engins, ne valent pas des charges explosives mais ces tirs, surtout le premier, ont un peu retardé l'ennemi et lui ont infligé des pertes.

Le chef de Rouge 4 ordonne à toute sa section de se regrouper dans le village pour essayer avec les Afghans de dégager Carmin 2 par la manœuvre. Il ne dispose cependant que de 17 hommes pour cela et les sections afghanes sont réticentes. Il s'avère surtout rapidement que l'ennemi est proche des abords nord et sud du village et qu'il interdit toute sortie.

Heureusement, dès le premier compte rendu d'accrochage, le capitaine Crézé, commandant la compagnie Carmin, est parti avec toutes les forces disponibles à Tora. La section d'alerte à Camp Warehouse à Kaboul a également été envoyée pour renforcer

Carmin un peu plus tard, tandis que le reste du BATFRA forme un sous-groupement pour les rejoindre dans un troisième temps.

Les renforts arrivent enfin

Le sous-groupement de Tora arrive sur place à 16 h 50. Il est d'abord composé de la section de combat Carmin 3 du lieutenant Micoleau qui rejoint les véhicules de Carmin 2 à l'est de Sper Kunday. Il y a également une nouvelle section d'appui, Carmin 4, qui s'installe sur le col 75-34. Elle y place ses deux mortiers de 81 mm et prépare une zone de poser d'hélicoptères. Le capitaine installe son VAB de commandement entre 75-34 et Sper Kunday et y forme une petite base d'appui et soutien, avec des équipes de guidage aérien, santé et NEDEX (neutralisation, enlèvement et destruction des explosifs) avec leur VAB. Un VAB à canon de 20 mm protège l'ensemble tout en barrant en partie de ses feux les abords de Sper Kunday. Le chef de corps du BATFRA, qui était présent à Tora au début des combats, a suivi le sous-groupement de renfort et s'installe sur le col 75-34 pour commander l'ensemble des opérations.

L'arrivée du sous-groupement de renfort empêche sans doute l'ennemi de s'emparer du village. Pour autant, Carmin 3 ne peut pas plus manœuvrer hors du village que Rouge 4 auparavant. Carmin 2 est toujours bloquée sur la piste vers le col et commence à manquer de munitions. Profitant de l'arrivée des renforts français, et de la sécurisation de l'axe entre le village et le col 75-34, les deux sections afghanes s'enfuient en prétextant ne plus avoir de munitions. Elles ont eu deux blessés au total.

Maintenant que les adversaires sont un peu moins imbriqués, le capitaine Crézé ordonne un tir de 24 obus de mortiers de 81 mm sur le col. Ses effets sont inconnus. Des aéronefs américains arrivent. La communication avec l'équipe de guidage française est mauvaise. Les Américains de la Task Force 10-02 facilitent alors beaucoup les choses. À partir de 17 h 20, un chasseur-bombardier F-15, un avion d'attaque A-10 et un hélicoptère OH-58 Kiowa interviennent successivement par des tirs au canon. L'ennemi est bien dissimulé et les forces adverses sont trop proches des Français pour qu'il y ait beaucoup de dégâts, mais ces tirs contribuent un peu à contenir l'ennemi.

À 18 heures, les deux Caracal de l'armée de l'air, enfin dégagés de leur obligation à Kaboul, commencent une série de rotations jusqu'au col 75-34 pour acheminer sur place des munitions et ramener les blessés au retour. Rouge 4 et l'équipe Santé assurent les mouvements entre le village et la zone de poser. Vers 19 heures, quatre premiers marsouins-parachutistes de Carmin 2, tous blessés, parviennent à rejoindre le village et sont évacués.

À la tombée de la nuit, la section Rouge 3 du lieutenant Florentville, en alerte à Kaboul, arrive sur les lieux. C'est une section mixte, avec seulement deux groupes de combat d'infanterie et une patrouille sur véhicules blindés légers (VBL) alors peu utile. Rouge 3 est engagée dans le village pour appuyer Carmin 3 qui elle-même, profitant de l'obscurité, tente de faire la jonction avec Carmin 2 qui se replie. Rouge 3 et Carmin 3 devront ensuite remonter vers le col, retrouver les blessés français et le matériel manquant.

La progression de nuit est très lente. Les soldats français tombent sur de grands fils à la sortie du village. Ignorant qu'il s'agit des fils de guidage des quatre missiles Milan tirés quelques heures plus tôt, ils pensent que ce sont des pièges et s'arrêtent. Rouge 3 et Carmin ont également du mal à se coordonner, car les premiers ne sont pas équipés de lampes *strobe-light*, qui permettent avec les appareils de vision nocturne de repérer les amis. Ils sont aidés à partir de 21 heures par le survol d'un drone Predator américain puis un peu avant 22 heures par un avion AC-130H *gunship*, qui traque les rebelles à l'est de la ligne de crête de Sper Kunday.

Pendant ce temps, le deuxième sous-groupement du BATFRA, baptisé « Démon », est arrivé au col 75-34 sous les ordres du capitaine de Saint-Blanquat, commandant la 2e compagnie du régiment de marche du Tchad. Il est utilisé pour sécuriser l'axe qui va de Tora jusqu'au col et assurer la protection d'une section de deux mortiers de 120 mm qui se met en place à deux kilomètres à l'ouest de 75-34.

À la recherche des victimes

Carmin 3 et Rouge 4 continuent leur progression vers le col. Les survivants de Carmin 2 sont repliés sur le village, mais il reste encore des soldats isolés et blessés. On s'aperçoit alors qu'un géotraceur individuel à quelques dizaines d'euros aurait été très utile pour les retrouver, d'autant plus qu'on ne sait pas alors si des Français n'ont pas été faits prisonniers. Le feu ennemi diminue à partir de minuit. Les premiers corps français sont trouvés à 1 h 40 par Carmin 3, ainsi que celui d'un rebelle, avec un téléphone portable qui est rapidement exploité. Carmin 3 arrive sur le col à 4 h 45 et le contrôle complètement au bout d'une heure. Les corps y sont déposés pour être récupérés par hélicoptères.

La section Rouge 2 du lieutenant Roullet est alors désignée pour être héliportée sur le col et relever Carmin 3, mais en se déplaçant vers le col 75-34, un VAB glisse dans un effondrement de terrain et provoque la mort d'un autre marsouin et fait trois blessés. C'est la section Carmin 1 du lieutenant Burtin qui est finalement héliportée sur le col de Sper Kunday depuis Tora à 7 heures le 19 août, avec une équipe norvégienne de forces spéciales. La mission de Carmin 1 est de tenir le col et de reconnaître la crête au nord et au sud. Peu après 9 heures, un de ses groupes qui progresse vers le nord est accroché par le feu d'une quinzaine de combattants rebelles et même quelques tirs de mortiers. Le groupe de Carmin 1 parvient à se replier tandis que le chef de section demande et règle un tir de 40 obus de 120 mm. À partir de 11 heures, l'ennemi se replie. Le combat de la vallée d'Uzbin est terminé. Tout le dispositif français, relevé par deux compagnies afghanes, se replie dans l'après-midi du 19 août 2008.

Dix soldats français ont été tués, ainsi que l'interprète qui les accompagnait, et 21 autres ont été blessés. Plusieurs véhicules ont été très endommagés et les rebelles ont capturé un certain nombre d'équipements. Les pertes de ces derniers sont très difficiles à estimer, puisqu'on n'a retrouvé qu'un seul corps le 18 août et deux autres le lendemain, sur le col. Les évaluations les plus crédibles évoquent entre 39 et 47 morts et 13 à 21 blessés. C'est un taux de pertes très élevé par rapport aux effectifs engagés, témoignage de détermination et de courage mais aussi sans doute d'une erreur de jugement : à quoi bon s'être obstinés après l'arrivée des renforts français, alors que leur objectif principal, la surprise et des pertes inédites pour une troupe française au combat, avait été atteint dès la première heure ? Leurs pertes sont finalement intervenues surtout après cette première heure, tandis que celles des Français se réduisaient. Au bilan, on peut considérer qu'ils ont subi une défaite tactique, mais qu'ils ont aussi incontestablement obtenu un succès stratégique tant le retentissement de l'embuscade a été important.

Polémiques à la française

Dès le lendemain du combat, une nouvelle bataille commence. Les rebelles fêtent une victoire, saluent leurs morts et vantent le courage de leurs combattants. Ils sont même aidés quelques jours après les combats par des journalistes français qui viennent les interviewer et les photographier avec les trophées pris aux soldats.

En France, on cherche surtout de quoi polémiquer. Le président et le gouvernement sont critiqués pour avoir caché la réalité de la guerre. Le 8 avril, le Premier ministre François Fillon affirmait encore devant l'Assemblée nationale que « *La France n'est nullement en guerre en Afghanistan* ». Le lendemain même de l'embuscade, le ministre de la Défense, Hervé Morin, explique qu'il « *réfutait toujours le mot de guerre* [qui ne] *s'applique qu'à des situations entre États* ». Il a ensuite beaucoup de mal à expliquer de quoi il s'agissait alors, parlant d'opération de stabilisation comprenant des opérations de guerre. La confusion est accrue par la réaction du président de la République traitant l'événement comme une bavure ou un accident dont les militaires français seraient seuls responsables. Au grand plaisir des rebelles qui revendiquent d'avoir fait déplacer le président d'un pays ennemi, Nicolas Sarkozy se rend immédiatement sur place en annonçant à plusieurs reprises que « *toute la lumière serait faite* » sur l'affaire. Fait inédit, les familles des soldats tombés au combat sont amenées sur place. Cela marque néanmoins un tournant psychologique. Les soldats « morts pour la France » seront désormais plus visibles et honorés. Mal assumée sur le moment, la qualification de « guerre » sera revendiquée par la suite.

Une menace sous-estimée

Les attaques ont porté ensuite sur les forces armées. En temps normal, les opérations sont analysées dans le cadre d'un processus bien établi de retour d'expérience. La surprise et l'ampleur des pertes, inédites en une seule journée depuis l'attaque du poste Drakkar à Beyrouth le 23 octobre 1983, imposaient cette fois un exposé rapide des faits. Or, l'exposé immédiat de faits aussi complexes est toujours incomplet et souvent partiellement faux, tandis que l'exposé officiel complet, qui tombe dix jours après les faits, est trop tardif. Les rumeurs en tout genre ont eu le temps de s'incruster. Il n'en reste pas moins que des erreurs ont été commises, la principale étant la sous-estimation de la menace par la force des habitudes. La dernière embuscade de la même ampleur et avec des pertes du même ordre datait de 1970, au Tchad. Les accrochages auxquels avaient été confrontées les forces françaises à Kaboul étaient restés très limités pendant des années et on considérait sans doute qu'il en serait de même encore longtemps.

En élargissant la perspective au-delà de Kaboul, on aurait pourtant trouvé de nombreux indices d'évolution des pratiques des rebelles, mais avec les réductions d'effectifs que connaissaient alors les armées, on avait réduit aussi le nombre de ceux qui justement ont pour fonction d'élargir la perspective. Un mois avant l'embuscade d'Uzbin, le 13 juillet, les talibans avaient organisé une attaque contre un poste américain près du village de Wanat, non loin du secteur Surobi-Kapisa. Ce combat d'une ampleur inédite depuis l'opération Anaconda en mars 2002 avait provoqué la destruction d'une section américaine avec neuf morts et vingt-sept blessés dans ses rangs, un bilan très proche de celui de Carmin 2. Cela n'avait guère modifié la préparation de la relève à Kaboul car personne dans l'armée de terre n'étudiait vraiment en détail ce qui se passait hors de Kaboul.

Les leçons administrées par l'ennemi sont les plus coûteuses mais ce sont hélas souvent les meilleures. Dans les jours qui suivirent l'embuscade, tout s'est accéléré. On a alors construit une architecture complète et très efficace de préparation à l'engagement en Afghanistan. Les groupements tactiques interarmes

Quatre marsouins-parachutistes du 8e RPIMa arpentent la zone où dix de leurs camarades, et un interprète afghan, se sont fait tuer cinq jours auparavant. L'ennemi a disparu, il reparaîtra plus loin. L'embuscade d'Uzbin a au moins permis de corriger les manques les plus criants du déploiement français en Afghanistan.

passent désormais autant de temps en préparation dans les centres d'entraînement – dont celui de Canjuers où l'on a reproduit le théâtre d'opérations en miniature – qu'en Afghanistan.

Cela n'a certes pas empêché les difficultés et d'autres pertes ; mais si la vision stratégique est restée toujours aussi floue, l'instrument tactique a été perfectionné jusqu'à un niveau remarquable. Les programmes d'achat d'équipements qui avaient été lancés – nouveaux gilets pare-balles, véhicules avec mitrailleuses télé-opérées, véhicules de lutte contre les mines et engins explosifs, etc. – se mettent en place. On renforce progressivement le détachement d'hélicoptères pour en faire à l'été 2009 un petit bataillon de transport et d'attaque – le groupement Mousquetaire – avec au maximum 14 appareils, dont 4 Tigre, tous basés sur l'aéroport de Kaboul. Huit canons Caesar sont également déployés dans les différentes bases. Les deux bataillons sont renforcés d'une compagnie d'infanterie supplémentaire. Le BATFRA est entièrement déployé à Tora, où il devient le Groupement tactique interarmes (GTIA) Surobi. En novembre 2009, les deux GTIA de Kapisa et de Surobi, le groupement Mousquetaire et un bataillon de soutien logistique formeront la brigade La Fayette, sous le commandement de la région Est. Un nouveau groupement de Forces spéciales sera également engagé.

Quelques mois après l'embuscade d'Uzbin, qui commençait une période de combats presque ininterrompus en Afghanistan puis au Sahel, et malgré toutes les difficultés des armées en France, l'armée de terre française s'était ainsi profondément transformée pour devenir un instrument tactique redoutable. Le choc subi le 18 août 2008 y est pour beaucoup.

Victor Faynzilber envoie le 17 août 1942 une lettre au maréchal Pétain, accompagnée de cette photo où il arbore sa médaille militaire et sa croix de guerre. Mutilé de la campagne de 1940, il en appelle à la clémence du chef de l'État pour sa femme Ita, arrêtée le 16 juillet précédent. Ita et Viktor disparaîtront à Auschwitz. Leurs deux enfants seront cachés et survivront à la guerre.

L'énigme des 75 %

Vache sacrée, l'historien américain Robert O. Paxton a posé jadis le cadre permettant de comprendre comment et pourquoi Vichy s'est fait complice de l'assassinat d'un quart des Juifs vivant en France. L'historien français Jacques Semelin a, lui, essayé de comprendre comment 75% des Juifs en France ont échappé à la mort. Il répond à nos questions.

PROPOS RECUEILLIS PAR JEAN LOPEZ

***DLG*: Quand est parue *La France de Vichy* en 1973, certains ont salué une « révolution paxtonienne ». Que fallait-il entendre par là ?**

Jacques Semelin : C'était une nouvelle façon de penser la place de Vichy dans l'Europe nazie. Avant Paxton, les thèses du « bouclier et de l'épée » et du « double jeu » avaient pignon sur rue. Selon la première, Vichy aurait servi de bouclier aux Français en leur évitant le sort des Polonais tandis que de Gaulle maniait l'épée aux côtés des Alliés en vue de libérer la France. Le bouclier et l'épée auraient œuvré de concert pour le bien de la France, au moins de manière tacite. La thèse du double jeu consistait à affirmer que Vichy faisait semblant de collaborer avec l'Allemagne mais qu'en réalité il limitait, voire sabotait du mieux qu'il pouvait les applications concrètes de cette politique. Paxton a balayé cette vision héritée des années cinquante, archives allemandes à l'appui : le gouvernement de Vichy a de façon volontaire engagé une politique de collaboration d'État avec Berlin, alors même qu'Hitler n'était pas demandeur. Quant à la thèse de l'épée et du bouclier, elle est évidemment risible si l'on entend par là que Vichy soutenait, même en esprit, de Gaulle : n'a-t-il pas immédiatement considéré le Général comme un ennemi et ne l'a-t-il pas condamné à mort ? Ce qui demeure solide dans le travail de Paxton, c'est cela : Vichy a voulu la collaboration, accepté l'ordre nouveau en Europe, cherché à y trouver une place pour une France remodelée selon l'idéologie de la Révolution nationale. Collaboration et Révolution nationale sont les deux faces de la même pièce. Voilà l'apport de Paxton, et il n'est pas mince.

Dans quel contexte paraît l'ouvrage de Paxton ?

Le gaullisme est alors mis en question, notamment son socle de légitimité, la Résistance. Mai 1968 et ses séquelles sont dans les esprits, le Général a disparu en 1970. Le film documentaire de Marcel Ophüls *Le Chagrin et la Pitié*, sorti en 1971, montre des Français peu résistants, souvent veules. À la suite de ce film le public était d'autant plus réceptif au livre de Paxton paru deux ans plus tard. Ce livre a eu un succès important dans les cercles universitaires. La présence de l'historien sur le plateau [*en 1976*] des *Dossiers de l'écran*, une émission de télévision très populaire, a donné encore plus d'audience à sa thèse. Je crois aussi que la nationalité américaine de Paxton a joué un rôle dans ce succès. Ce n'était pas un Français mais un étranger ressortissant d'un pays ami qui tendait à la France un miroir où elle regardait son visage des années sombres. Le problème, selon moi, est qu'il s'agissait d'un miroir déformant.

Y a-t-il eu des critiques de *La France de Vichy* au moment de sa sortie ?

Oui. Le premier critique a même été le préfacier de Paxton, Stanley Hoffmann, à l'époque directeur du Centre d'études européennes à Harvard. Paxton, remarque-t-il, aurait dû prendre en compte l'évolution de l'opinion française de l'époque. À mes yeux,

Paxton et Marrus font comme si l'existence d'une zone administrée par un gouvernement français n'avait pas pesé sur la survie des Juifs.

prendre Vichy comme un bloc sans articuler son évolution avec celle de l'opinion et des comportements collectifs est une lourde erreur. Comme si ce régime n'avait pas d'histoire interne ! Pourtant, le Vichy de 1940-1942 n'a pas grand-chose à voir avec celui de 1944. On ne peut porter de jugement global sur cette période, à moins d'écraser toute nuance, toute évolution.

Quel est l'apport de Paxton à la question des Juifs sous Vichy ?

Il en parle peu dans *La France de Vichy*. En revanche, ce thème devient central dans son ouvrage suivant, *Vichy et les Juifs*, publié en 1981. Il est cosigné par Michaël Marrus, un historien canadien qui a travaillé sur les Juifs de France au temps de l'affaire Dreyfus et dans les années 1930. La thèse soutenue est une prolongation de celle que l'on trouve dans le livre précédent : Vichy a pris, sans incitation allemande, des initiatives précoces pour persécuter les Juifs en France. Ce livre a eu moins d'impact que le précédent.

Il n'a pas suscité de critiques ?

Si, la même que pour le premier ouvrage : le rôle de l'opinion publique, son évolution, son importance sont ignorées. Paxton et Marrus partent du présupposé que la société française est largement antisémite dans les années trente, c'est d'ailleurs sur ce point que je suis entré dans la discussion. Ils en infèrent que celle-ci l'est tout autant dans les années quarante et, par conséquent, qu'elle acquiesce aux mesures antisémites du gouvernement, lequel aurait donc été libre d'agir comme bon lui semble en la matière. Une objection considérable vient aussitôt à l'esprit : si ce consensus antisémite entre Vichy et les Français était avéré, comment expliquer que 75 % des Juifs vivant en France aient échappé aux déportations, et même 85 % des Juifs de nationalité française ? On se retrouve devant une sorte d'énigme que Paxton et Marrus sont bien en peine d'éclaircir. Ils concluent leur ouvrage par une quarantaine de lignes sur ces 75 %, lignes qui sont d'une affligeante pauvreté.

Y aurait-il un biais dans l'interprétation de Paxton et Marrus ?

Je le pense. Ils se sont notamment appuyés sur les rapports de synthèse des préfets de région, expédiés au ministre de l'Intérieur. Au printemps 1941, ces rapports estiment qu'il existe en France un antisémitisme populaire en zone sud. J'ai fait remarquer à Paxton que ces préfets pouvaient avoir envoyé des rapports allant dans le sens souhaité par leur hiérarchie. N'est-il pas risqué de trop s'appuyer sur ce type de documents ? Qu'est-ce que ces préfets appellent antisémitisme ? Ce que j'ai montré dans mes travaux, c'est qu'il s'agit plutôt de xénophobie. On rejette celui qui vient d'ailleurs, pas spécifiquement les Juifs : les Italiens, les Polonais, les Espagnols « rouges »... Ce rejet est à mettre en rapport avec le fait que, dans les années trente, la France est le pays qui accueille le plus d'étrangers dans toute l'Europe, et ce au moment où les Américains ferment leurs portes à l'immigration. C'est ce sentiment-là qui domine dans les années trente et qui perdure ensuite. La xénophobie est ensuite alimentée en zone sud, la plus pauvre, par l'arrivée massive de personnes venues du Nord. Trois mouvements se sont combinés : les évacués des départements du Nord-Est en 1939-1940, le flux du grand exode de juin 1940 et l'arrivée de Juifs – non identifiés comme tels – depuis la zone occupée. On parle de centaines de milliers de personnes ! C'est ma grande divergence avec Paxton : nous ne regardons pas l'histoire de la même manière. Lui voit le problème des Juifs d'en haut, à partir des rapports des préfets de région, des négociations de Vichy avec les Allemands, et de mon côté, je regarde le même problème par le bas, au niveau des attitudes et des réactions des habitants de la zone sud. Je me sens proche ici de l'historien Pierre Laborie qui a également critiqué Paxton sous cet angle (*voir bibliographie p. 209*). Il suffit d'ailleurs de consulter des rapports à l'échelle du département, comme l'a fait l'historien Asher Cohen, pour se rendre compte que cette idée d'une population largement antisémite est hautement questionnable. Mon enquête a d'ailleurs montré que l'arrivée de réfugiés juifs dans des zones rurales a pu répondre à une demande sociale : en période de pénurie d'hommes (prisonniers), ils fournissent des services, dans les domaines médical (médecins, infirmiers, etc.) ou scolaire (répétition des devoirs par les étudiants). Ce qui ne veut pas dire, bien sûr, qu'il n'existe pas des attitudes antisémites, en particulier en lien avec le marché noir : c'est le thème du « juif profiteur ».

Dans l'ouvrage codirigé par Jean Lopez et Olivier Wieviorka, *Les Mythes de la Seconde Guerre mondiale* (Perrin, 2015), Robert Paxton écrit : « *Le public français semble avoir accepté le programme antijuifs de Vichy entre 1940 et 1942 avec un mélange d'indifférence et de satisfaction* ». Qu'en pensez-vous ?

C'est un jugement lapidaire. Encore une fois, c'est bien plus compliqué que cela. Il a certes pu y avoir indifférence et une forme de satisfaction chez certains, surtout dans ces deux premières années de l'Occupation ; encore que Jean-Marc Dreyfus y repère déjà dans cette période des conduites de solidarité. Et il n'est pas le seul. D'une façon générale, pour expliquer l'attitude des Français vis-à-vis des lois antijuives (comme du reste), Paxton néglige la contextualisation historique. Elle seule permet d'appréhender les perceptions et les attitudes de la population. Comment ne pas prendre en compte qu'un Français de l'automne 1940 vit encore dans la stupeur, la démoralisation, l'abattement dus à la défaite, la débâcle, l'exode, le dépècement du pays ? Peut-on reprocher à ce peuple écrasé de ne pas avoir manifesté ou protesté contre le statut des Juifs du 3 octobre 1940, alors que près de deux millions d'hommes sont partis en captivité, que des milliers de familles cherchent encore leurs enfants perdus sur les routes ou dans les gares ? Et comment parler d'un « public français » quand il y a six morceaux de France soumis à des autorités politiques et des situations administratives différentes : le Nord qui dépend de Bruxelles, les deux départements d'Alsace et celui de Moselle *de facto* annexés au Reich, la zone nord, la plus riche, administrée par la Wehrmacht, la zone occupée par les Italiens, la zone interdite le long de la côte et la zone sud ? Ce simple morcellement a des conséquences considérables sur le sort des Juifs : les chances de survivre à Lens sont bien moindres qu'à Nice ou Montpellier. Or, Paxton et Marrus font comme si l'existence d'une zone non occupée et administrée par un gouvernement français n'avait pas pesé sur la survie des Juifs. C'est une grave erreur.

Quelle est donc, selon vous, l'importance du maintien d'une zone libre sur le sort des Juifs ?

C'est là une critique fondamentale que j'adresse à Paxton, et à d'autres car il n'est pas le seul à manifester ce travers que je pense majeur quand on étudie le destin des Juifs européens : ne tenir aucun compte du maintien d'un gouvernement et d'une administration à ses ordres pour affirmer, autant que faire se peut, ses prérogatives en matière de souveraineté, de citoyenneté et de territoire. J'ai montré dans ma thèse *Sans armes face à Hitler* que le maintien d'un État ainsi défini est un facteur important de la possible survie des Juifs. Tout simplement parce que cela introduit de la distance entre occupants et occupés. Le taux de survie des Juifs est corrélé au maintien d'un État national – même proche de l'Allemagne – en Italie, en Roumanie, en Bulgarie ou dans la France de Vichy. En revanche, là où l'État est détruit, les Juifs sont en extrême danger. C'est le cas de la Pologne, des pays baltes, des zones occupées de l'Union soviétique. Je vais plus loin dans ma thèse en mettant en évidence l'existence de trois freins au génocide : le maintien d'un État, le rôle de l'opinion publique et l'existence de réseaux de sauvetage. Même les Allemands sont contraints de tenir compte des citoyennetés. Un exemple : Berlin ne touche pas aux Juifs argentins tant que ce pays leur est favorable, mais commence

LES OUVRAGES CITÉS PAR JACQUES SEMELIN

- *La France de Vichy, 1940-1944*, Robert O. Paxton, Seuil/Points Histoire. Première édition en 1973.
- *Vichy et les Juifs*, Michaël R. Marrus et Robert O. Paxton, Calmann-Lévy, 2015. Première édition française en 1981.
- *Le Chagrin et le Venin*, Pierre Laborie, Gallimard/Folio Histoire, 2014.
- *Persécutions et sauvetages. Juifs et Français sous l'Occupation et sous Vichy*, Asher Cohen, éd. du Cerf, 1993. Préface de René Rémond.
- *Pillages sur ordonnances*, Jean-Marc Dreyfus, Fayard, 2003.
- *Persécutions et entraides dans la France occupée. Comment 75 % des Juifs en France ont échappé à la mort*, Jacques Semelin, Seuil-Les Arènes, 2013.
- *Sans armes face à Hitler. La résistance civile dans l'Europe nazie (1939-1943)*, Jacques Semelin, réédition Les Arènes, 2013. Première édition 1989.
- *La Survie des Juifs en France 1940-1944*, Jacques Semelin, CNRS éditions, 2018. Préface de Serge Klarsfeld.
- *Vichy-Auschwitz. La « solution finale » de la question juive en France*, Serge Klarsfeld, 1983. Réédité en 2001 comme tome I de la série *La Shoah en France*, Fayard.
- *L'État contre les Juifs. Vichy, les nazis et la persécution antisémite*, Laurent Joly, Grasset, 2018. Réédition Flammarion/Champs histoire, 2020.
- *La Logique des bourreaux, 1943-1944*, Tal Bruttmann, Hachette Littératures, 2003.
- *Histoire des grands-parents que je n'ai pas eus*, Ivan Jablonka, Seuil, 2012.

Je conteste que seuls les Allemands **mènent le jeu**. Car ils sont obligés de tenir compte de **Vichy**, et Vichy de son **opinion publique**.

leur arrestation en janvier 1944 quand Buenos Aires rompt les relations diplomatiques. C'est pour exercer sa souveraineté que le gouvernement de Vichy décide de sa propre politique antisémite, de sa propre persécution qui n'est pas, il faut le rappeler, de nature éliminationniste comme celle des nazis. De même que c'est pour défendre sa souveraineté qu'il protège des déportations les Juifs français – qu'il a lui-même réduits au statut de citoyens de seconde zone. Cela dit, si ces Juifs français dérogent aux lois auxquelles ils sont astreints, Vichy n'hésite pas à les arrêter et à les faire déporter.

Quels exemples a-t-on des « freinages » dont vous parlez ?

On peut citer deux exemples. Les Juifs français ne sont pas concernés par la rafle du Vel d'Hiv de juillet 1942. Puis, fin août 1943, Vichy refuse la dénaturalisation des Juifs devenus français en 1927 ; ce qui aurait permis de les déporter aussitôt. C'est si vrai que les Juifs étrangers vivant en France cherchent avant tout à obtenir de faux papiers… français pour jouir de la protection de l'État. Si cette protection n'avait pas existé, pourquoi nombre de Juifs vivant en zone occupée auraient-ils cherché à se rendre en zone non occupée ? C'est bien parce que c'était leur meilleure défense dans l'immédiat. Le recensement des Juifs réalisé en 1943 par Vichy donne 143 000 Juifs venus se réfugier en zone sud, soit près des deux tiers des Juifs ayant survécu en France jusqu'à la fin de l'Occupation – j'estime qu'ils sont en effet au moins 200 000 à être toujours en vie fin 1944. Paxton donne l'impression, dans *La France de Vichy*, que la meilleure solution aurait été qu'il n'y ait pas eu du tout de gouvernement, comme en Belgique et aux Pays-Bas, et seulement une administration expédiant les affaires courantes en attendant la victoire.

Aurait-ce été pour les Juifs une bonne solution ? On peut sérieusement en douter sachant que 75 % des Juifs hollandais et près de 50 % des Juifs belges ont été assassinés, contre 25 % en France. L'administration de ces deux pays a dû obéir aux ordres directs de l'occupant. Pour interpréter ces écarts entre le nombre de victimes selon les pays, il faut bien distinguer l'existence de trois entités, de nature différente : un gouvernement, une administration d'État et l'évolution de l'opinion ; et garder à l'esprit que le premier n'est pas indifférent à la troisième. En effet, même dans un régime autoritaire, l'opinion peut compter. C'est ce que j'ai montré dans mes travaux sur les rapports entre dictature et résistance.

Paxton et Marrus, me semble-t-il, accordent un rôle secondaire aux protestations des hauts prélats de l'Église catholique contre les persécutions à l'été 1942. Qu'en pensez-vous ?

Que c'est tout de même un peu fort ! Je préfère m'appuyer sur Serge Klarsfeld qui insiste pour sa part sur ce point essentiel : le gouvernement de Vichy, qui compte sur le soutien de l'Église pour faire sa Révolution nationale, ne peut en effet ignorer ces protestations. Déjà, le second statut des Juifs du 2 juin 1941 avait suscité des remous dans l'entourage du cardinal Gerlier, primat des Gaules, sans que le public n'en ait été informé. C'est après la rafle du Vel d'Hiv que l'assemblée des cardinaux et évêques émet une protestation, le 22 juillet 1942, qui sera remise à Pétain. Et quand les arrestations de Juifs commencent en zone libre, le cardinal Gerlier écrit personnellement au Maréchal pour lui exprimer sa désapprobation. C'est pourtant le même Gerlier qui avait déclaré en novembre 1940 : « *Pétain c'est la France, la France c'est Pétain* ». Conséquence : lors de la réunion du 2 septembre 1942 avec les Allemands, Laval fait valoir qu'il ne peut livrer autant de Juifs que prévu, citant la « *résistance sans pareille de l'Église* ». À mon sens, les analyses de Paxton sont simplistes faute de s'inscrire dans ce champ de forces complexes dont les quatre pôles sont gouvernement, administration, occupant et opinion. Gardons d'ailleurs à l'esprit qu'à la même époque, les protestations des églises hollandaises n'ont aucun effet sur les déportations, faute d'un gouvernement pour en jouer.

Dans le cas de la rafle du Vel d'Hiv, on ne voit pas où est le rôle de frein de Vichy…

Il y a pourtant un double frein : administration et opinion. Et ceci au cœur de l'été 1942, quand la Shoah accélère partout en Europe. Les Allemands, en collaboration avec la police de Vichy, voulaient 27 000 Juifs : ils en auront 13 000 au Vel d'Hiv. Ce sont évidemment 13 000 de trop mais, pour les Allemands, il manque la moitié du quota fixé. Que s'est-il passé pour que cette opération soit un semi-échec pour les nazis et pour Vichy ? Laurent Joly a montré que plusieurs facteurs ont joué. Un : il y a eu des fuites depuis la préfecture de police qui ont alerté des familles. Deux : un tract communiste a fait passer, quelques jours auparavant, le mot d'ordre « *Planquez-vous !* » Seuls les hommes se sont malheureusement sentis concernés car jusque-là, ils avaient été les seuls à être inquiétés ; ce qui explique que la majorité des déportés du Vel d'Hiv aient été des femmes et des enfants. Trois : il y a eu de multiples gestes de solidarité et d'entraide. Combien de témoignages font état d'une concierge ou d'un voisin « bien placé » qui donne l'alerte ? Quatre : les commissaires de police, qui ont des listes de gens à arrêter – ce n'est donc pas une rafle au hasard comme on le croit – ne font pas toujours preuve de zèle. Souvent les policiers frappent à la porte et si personne ne répond, ils s'en vont sans en faire plus.

Vous contestez donc ce qu'écrit Paxton dans son ouvrage avec Marrus, à savoir : « *En définitive, c'est la volonté et les capacités allemandes qui constituent le facteur le plus déterminant* » dans le sort des Juifs ?

Oui, je conteste que seuls les Allemands mènent le jeu. Car ils sont obligés de tenir compte de Vichy, et Vichy de son opinion publique. Cette vision unipolaire fausse toute analyse historique sérieuse et ne peut pas expliquer l'énigme des 75 %.

Est-ce encore vrai après l'invasion de la zone libre, le 9 novembre 1942 ?

Oui. Vichy collabore moins aux déportations. Pour preuve, les chiffres baissent, passant d'environ 42 000 en 1942 à 17 000 en 1943. Paxton l'explique en affirmant que les Allemands manquent de trains. Où est-il allé chercher cela ? Klarsfeld n'est pas d'accord avec lui : les Allemands déportent moins parce que Vichy se dérobe et que ses forces de police et de gendarmerie se concentrent sur la chasse aux résistants et aux maquis. Dès lors, ce sont surtout les Allemands qui doivent de plus en plus se charger eux-mêmes d'arrêter les Juifs – français et étrangers – avec l'aide de collaborationnistes français et de préfets zélés qui vont continuer à faire déporter des Juifs étrangers jusqu'à la fin. Dans ce climat de guerre civile, tout un tissu social non conformiste, désobéissant et silencieux se développe ici ou là, protégeant à la fois les Juifs, les réfractaires au STO et les résistants.

Vous maintenez donc que 75 % des Juifs vivant en France ont été sauvés par leurs compatriotes ? Le fin mot de cette énigme est là ?

Pas du tout ! Je ne dirai jamais cela. En revanche je soutiens que 75 % des Juifs vivant en France ont pu survivre dans ce pays tel qu'il était. Ce n'est pas du tout la même chose. Pour comprendre comment et pourquoi ils ont survécu – tout mon travail est là –, il faut prendre en compte une multiplicité de facteurs : la présence d'un gouvernement qui entend faire valoir sa souveraineté, le rôle d'une opinion où l'Église catholique a une influence importante ; l'évolution de la guerre et des rapports internationaux ; l'entraide manifestée par de nombreux Français aux Juifs qui vivaient parmi eux.

Vos travaux ont beaucoup porté sur ce dernier

LES CHIFFRES

Serge Klarsfeld a établi que sur les 330 000 Juifs qui vivaient en France à l'automne 1940, 25 % ont été assassinés, pour la plupart à Auschwitz, soit 80 000 personnes, dont 11 385 enfants. Le président Jacques Chirac a reconnu dans son allocution du 16 juillet 1995 la responsabilité du gouvernement français de l'époque - Vichy - en déclarant que « *la France a commis l'irréparable* » en livrant « *ses protégés à leurs bourreaux* ». Il n'en reste pas moins que les trois quarts des Juifs vivant en France ont échappé à la déportation, soit au moins 200 000 personnes, sachant que d'autres ont réussi à passer en Suisse ou en Espagne. Dans l'Europe nazie, seuls le Danemark, la Finlande, l'Italie et, dans une certaine mesure, la Bulgarie ont fait mieux. Pour les trois derniers cités, leur statut d'allié ou de satellite du Reich a joué en faveur des Juifs nationaux. En effet, si 20 % des Juifs italiens ont été exterminés, il faut tenir compte du fait que l'Italie n'est occupée qu'à partir de 1943. En Europe occidentale, 80 % des Juifs hollandais sont morts et près de 45 % des Juifs de Belgique. Si l'on ne considère que les pays qui ont subi l'occupation allemande à partir de 1940, la France est donc, après le Danemark, cas très particulier (il n'y avait que 8 000 Juifs), le pays d'Europe où le pourcentage d'extermination est le moins élevé. Il est impossible d'attribuer le taux élevé de survie des Juifs vivant en France à la seule action des « Justes » - environ 3 500 Français reconnus comme tels -, pas plus qu'aux efforts des organisations juives. Tout le travail de Jacques Semelin a porté sur les mille et une façons dont les Juifs en France ont fait face à la persécution et réussi à échapper aux arrestations avec ou sans l'aide d'organisations, grâce à diverses complicités au sein de la population française.

aspect, notamment sur le rôle de l'école.

Les enfants juifs parvenus en zone sud ont été inscrits à l'école comme leurs camarades, sans qu'on les refuse en raison de leurs origines. C'est aussi vrai en zone nord, avec ou sans le port de l'étoile jaune. Les instituteurs, pénétrés d'esprit républicain, voulaient, dès l'avant-guerre, faire de ces jeunes de « bons petits Français », dans un idéal universaliste. Ils ont continué dans cette direction durant l'Occupation. La presse collaborationniste appelait pourtant à exclure les enfants juifs de l'école publique, mais Vichy n'est jamais allé jusque-là : ce gouvernement a exclu les professeurs juifs mais pas les enfants. Personne n'a proposé non plus d'établir une séparation entre les enfants, ce qui n'aurait de toute façon pas été accepté par les instituteurs. Vichy a aboli la République en juillet 1940 mais il n'a pas aboli l'esprit républicain des Français. C'est vrai aussi des maires. Le réseau des écoles publiques était plus dense qu'aujourd'hui, si bien que les familles juives réfugiées dans les plus petits villages gardaient un lien avec le voisinage via leurs enfants ; ceux-ci, non repérables à l'accent, à la différence des parents, ont joué en quelque sorte le rôle d'outil d'insertion, de médiation. Sans cette insertion des enfants, ces familles auraient été isolées et bien plus vulnérables face à l'occupant et aux plus zélés des collaborateurs. Ce qui n'exclut pas, bien entendu, qu'elles aient pu subir des vexations et des agressions : ça n'était pas une époque rose mais grise, très grise. J'ajouterai deux points étonnants. Si beaucoup d'enfants juifs, orphelins ou pas, ont été placés dans des familles paysannes, ils ont bénéficié en cela d'une tradition instituée par la loi du 20 mars 1797 (donc au lendemain de la Révolution française) à partir de laquelle va se développer à la campagne l'accueil des enfants sans parents. C'est par là que se développera au XIXe siècle l'Assistance publique via laquelle, durant l'Occupation, des enfants juifs ont été placés au sein de familles rurales, comme l'a démontré Ivan Jablonka dans un beau livre sur sa propre famille. Par ailleurs, nombre de familles juives ont continué à percevoir des aides et des allocations d'organismes publics, notamment du Secours national. C'est un cas étonnant de schizophrénie administrative, comme si la main droite de Vichy, qui exclue et spolie, ignorait ce que faisait sa main gauche, qui vient au secours des réfugiés, qu'ils soient juifs ou pas.

Paxton répète : si Vichy l'avait voulu, le bilan de la Shoah aurait été moins lourd encore…

Je suis d'accord, bien que le côté histoire-fiction de cette proposition soit gênant. Mais alors pourquoi ne pas dire aussi que si les réseaux de sauvetage et d'entraide n'avaient pas fonctionné, que si les Juifs n'avaient pas eu autant de possibilités de se cacher, d'avoir de faux papiers, de bénéficier d'alertes, d'allocations, le bilan aurait été plus lourd ? Or, ces réseaux ont pu exister du fait de la politique d'assimilation française qui a permis, je pense là aux Juifs étrangers, de ne pas les laisser isolés face à l'occupant. Gardons ici à l'esprit le contre-exemple des Pays-Bas, où les Juifs vivaient coupés du reste de la population au sein d'une communauté très auto-organisée : leur déportation en a été grandement facilitée.

Paxton a-t-il tenu compte de vos travaux ?

Sur quelques points, oui – notamment sur l'entraide – mais sans me citer, ou rarement. Pour la nouvelle édition de leur livre en 2015 (soit deux ans après la parution du mien), Marrus et Paxton ont toutefois pris soin d'expurger ces fameuses quarante lignes sur les 75 %, présentes dans l'édition originale de 1981. Mais sur le fond, Paxton demeure sur ses positions. Sans pouvoir expliquer pourquoi 75 % des Juifs en France ont survécu. Il a publié une très longue recension de mon livre dans le *New York Review of Books*, ce dont j'ai été très honoré, mais pour contester point par point mes travaux. Il y avait là de quoi dissuader un éditeur américain de traduire mon livre. Cela s'est pourtant fait et de belle manière avec Oxford

CHRONOLOGIE

3 OCTOBRE 1940
Premier statut des Juifs. Les citoyens juifs français sont exclus de la fonction publique, de l'enseignement, des médias.

29 MARS 1941
Création du Commissariat général aux questions juives.

14 MAI 1941
Rafle du « billet vert » organisée par la préfecture de police de Paris avec l'accord de la délégation générale du gouvernement français dans la zone occupée et à la demande des Allemands : 3747 Juifs étrangers (sur 6494 convoqués par la préfecture de police) sont parqués dans les camps de Pithiviers et de Beaune-la-Rolande, sous administration française.

2 JUIN 1941
Second statut des Juifs. Nouvelles interdictions professionnelles. Les Juifs contraints de se faire recenser en zone libre.

21 JUILLET 1941
« Aryanisation » des entreprises juives en zone libre.

University Press. Du coup, Paxton a accepté que nous débattions publiquement à New York en 2019, ce dont j'ai aussi été très honoré. Mais il est resté sur ses positions et… moi aussi.

Quelle vision des Français les travaux de Paxton ont-ils répandue dans l'opinion, surtout dans les pays anglo-saxons ?

Tous antisémites ! Ça me frappe quand je me rends aux États-Unis et même au Canada. On croit que les Français ont massivement été délateurs. Mais vous savez, même en France, une majorité de gens pensent qu'une très large partie des Juifs a été exterminée, sauf une poignée sauvée par des « Justes ». Et l'idée que les Français ont beaucoup dénoncé leurs voisins juifs a toujours cours. Or c'est un mythe absolu, comme Laurent Joly l'a montré. La délation antisémite en France est marginale, on ne le répétera jamais assez. Finalement, les travaux de Paxton vont dans le sens de ces idées fausses en confondant le gouvernement de Vichy et la majorité des Français dans le même opprobre. Tout mon travail a consisté à disjoindre les deux. S'il y a eu parmi eux des salauds, notamment dans le domaine économique, les Français ont aussi manifesté leur entraide, leur solidarité. Même leur silence peut être matière à étude : silence d'indifférence et d'acquiescement ou silence de réprobation ?

En introduisant ces nuances, ne craignez-vous pas d'être assimilé à un Éric Zemmour qui fait de Pétain le « sauveur » des Juifs français ?

Non ! J'ai d'ailleurs écrit dans *Le Monde* du 17 octobre 2014 que Zemmour propose ni plus ni moins qu'une falsification de l'histoire. À l'époque, déjà, il réduit l'énigme des 75 % à la seule action de Vichy. Moi, je travaille à en restituer toute la complexité, en analysant les interactions entre – je me répète – Vichy, son opinion publique, l'occupant, l'évolution de la guerre et les attitudes concrètes des Français. /

Directeur de recherche émérite au CNRS (CERI) et enseignant à Sciences Po, Jacques Semelin, né en 1951, est spécialiste de la résistance civile et des crimes de masse.

HERMANCE TRIAY/OPALE/BRIDGEMAN

27 MARS 1942

Le premier des 79 convois de Juifs quitte la France pour Auschwitz.

20 MAI 1942

Port de l'étoile jaune obligatoire en zone occupée.

16-17 JUILLET 1942

Rafle du Vélodrome d'hiver. 13 000 Juifs étrangers arrêtés à Paris et déportés (environ 6 000 femmes, 4 000 enfants, 3 000 hommes)

26-28 AOÛT 1942

Série de rafles en zone libre aboutissant à l'arrestation de 7 000 Juifs étrangers transférés à Drancy et, de là, déportés.

JANVIER 1943

Rafle du Vieux-Port à Marseille par les forces de l'ordre françaises et les Allemands, sous la supervision de René Bousquet, secrétaire général à la police de Vichy. Près de 2 000 Juifs marseillais arrêtés et déportés. Les rafles suivantes se font sans l'accord de Vichy (Nîmes et Avignon en avril, Nice en septembre 1943, Grenoble en février 1944).

15 AOÛT 1944

Départ du dernier convoi de déportation à partir de la France.

Achevé d'imprimer en France par l'imprimerie Clerc (18) en avril 2022